KEJI WEI QING ZHU TENGFEI
ZHONGGUO REDAI NONGYE KEXUEYUAN
KEJI FUPIN SHIJIAN

科技为擎助腾飞：
中国热带农业科学院
科技扶贫实践

谢江辉　何建湘　张　智　主编

中国农业出版社
北 京

图书在版编目（CIP）数据

科技为擎助腾飞：中国热带农业科学院科技扶贫实践 / 谢江辉，何建湘，张智主编 . —北京：中国农业出版社，2021.12
ISBN 978-7-109-29252-9

Ⅰ.①科⋯ Ⅱ.①谢⋯ ②何⋯ ③张⋯ Ⅲ.①农业技术－科技扶贫－工作概况－中国 Ⅳ.①F323.3

中国版本图书馆 CIP 数据核字（2022）第 048029 号

中国农业出版社出版
地址：北京市朝阳区麦子店街 18 号楼
邮编：100125
责任编辑：黄 曦
版式设计：王 晨　责任校对：刘丽香
印刷：北京通州皇家印刷厂
版次：2021 年 12 月第 1 版
印次：2021 年 12 月北京第 1 次印刷
发行：新华书店北京发行所
开本：700mm×1000mm　1/16
印张：18.25
字数：355 千字
定价：88.00 元

编　委　会

前言

FOREWORD

　　贫困是人类社会的顽疾。反贫困始终是古今中外治国安邦的一件大事。中国共产党从成立之日起，就坚持把为中国人民谋幸福、为中华民族谋复兴作为初心使命，团结带领中国人民为创造自己的美好生活进行了长期艰辛的奋斗。党的十八大以来，以习近平同志为核心的党中央把脱贫攻坚摆到治国理政的重要位置，采取强有力的举措，全面打响脱贫攻坚战，创造了减贫史上的最好成绩，区域性整体贫困得到解决，完成了消除绝对贫困的艰巨任务。

　　我国热带地区（下称热区）多处老、少、边、穷地区，深度贫困"三区三州"中的四川凉山彝族自治州（简称凉山州）、云南怒江傈僳族自治州（简称怒江州）就地处我国热区内。在这些地区，不仅贫困发生率高、贫困程度深，而且地理条件差、基础条件薄弱、致贫原因复杂、发展严重滞后、公共服务不足，脱贫难度大。我国热区是脱贫攻坚计划的主战场之一。我国热区"三农"事业的发展是全面建设小康社会的重点和难点。在脱贫攻坚战中，热带农业科技为促进我国热带农业发展，确保天然橡胶、热带水果等热带作物产业安全，带动热区农业发展和农民增收，保证民族地区稳定等方面发挥着重要作用。但由于教育水平相对落后，经济发展缓慢等原因，热带农业科技起步较晚，在热带农业科技支撑农业产业发展方面还存在一些不足，如对热带作物科学技术研发深度不够、热带农业自主创新能力还不够强、热带农业科技成果推广体系还不健全、热带农业科技人才规模数量和质量还需要提高等。

　　中国热带农业科学院（下文简称中国热科院）自20世纪50年代设立以来，伴随着新中国新时代发展步伐，走过60余载发展历程。作为我国唯一从事热带农业科学研究的国家级综合性科研机构，中国热科院始终不忘"应国家战略而生"的初心，一直牢记"为国家使命而战"的重任，与热带

农业发展同呼吸、共命运，在中国热区乃至世界热区的大地上谱写热带农业科技事业发展的壮丽诗篇。中国热科院深入践行"把论文写在大地上，成果留在千万家"的科技服务理念，紧紧围绕党中央和农业农村部的要求，准确把握打赢脱贫攻坚战的目标和重点任务，面向热区经济社会建设主战场，着眼我国热区农业产业发展，紧扣"特色产业精准扶贫"，以"百名专家百项技术兴百村"行动为核心，强化热作优势产业和特色产业科技创新、区域协同攻关、院地院企合作，提高科技创新效率和科技成果有效供给水平。中国热科院的科研创新与科技服务，不仅为热带农业插上了科技翅膀，也诠释了科技支撑热带农业提质增效、助力打赢脱贫攻坚战的使命担当。

本书立足中国热科院扶贫工作实践，梳理了近年来全院农业科技扶贫的工作进展、主要做法、成功经验，分析了问题和不足，提出了对策和建议。全书共六章：第一章主要阐述了我国的扶贫开发历程、党的十八大以来我国的精准扶贫和新时期我国热区科技扶贫的使命；第二章主要阐述了中国热科院科技扶贫发展历程，以及围绕"如何推""如何扶""谁来带""如何引"等问题，从加强组织体系建设、加强科技支撑、培育高素质农民、强化智力支撑等方面分析了中国热科院科技扶贫的主要举措；第三章为各院属单位科技扶贫工作的主要成效和亮点；第四章收集整理了在科技扶贫过程中中国热科院涌现出的部分先进人物事迹；第五章提出了科技扶贫存在的问题以及主要的对策和建议，并提出了助推乡村振兴2019—2022年的重要任务。本书的编写旨在进一步增强中国热科院科技服务产业的社会功能，对外提升声誉和影响，对内提升能力；同时希望本书能对农业科研单位开展科技服务，支撑地方产业发展有一定的借鉴意义。

本书的编写工作得到中国热科院各院属单位和相关部门的大力支持，书中的数据和图片资料由各院属单位和相关部门提供，编写工作还得到热带作物产业专家的指导和帮助，在此表示感谢！除所列参考文献外，还有其他参考文献未一一列出，在此，谨向有关作者表示歉意。由于时间紧、任务重，加上笔者的研究和水平有限，本书中难免存在一些遗漏和缺陷，恳请同行专家和学者批评指正。

编　者

2021年11月

目录
CONTENTS

第一章　新时期使命召唤

习近平总书记在全国脱贫攻坚总结表彰大会上指出，贫困是人类社会的顽疾。反贫困始终是古今中外治国安邦的一件大事。摆脱贫困，是中国人民孜孜以求的梦想，也是实现中华民族伟大复兴中国梦的重要内容。

中国共产党从成立之日起，就坚持把为中国人民谋幸福、为中华民族谋复兴作为初心使命，团结带领中国人民为创造自己的美好生活进行了长期艰辛的奋斗。新民主主义革命时期，党团结带领广大农民"打土豪、分田地"，实现"耕者有其田"，帮助穷苦人翻身得解放，赢得了最广大人民广泛支持和拥护，最终夺取了中国革命胜利，建立了新中国，为摆脱贫困创造了根本政治条件。新中国成立后，党团结带领人民完成社会主义革命，确立社会主义基本制度，推进社会主义建设，组织人民自力更生、发愤图强、重整山河，为摆脱贫困、改善人民生活打下了坚实基础。改革开放以来，党团结带领人民实施了大规模、有计划、有组织的扶贫开发，着力解放和发展社会生产力，着力保障和改善民生，取得了前所未有的伟大成就。① 党的十八大以来，精准扶贫、精准脱贫方略深入实施，创造了历史上最好的减贫成绩，谱写了人类反贫历史新篇章，走出了一条具有中国特色的减贫之路。②

第一节　我国的扶贫开发历程

一、体制改革推动扶贫阶段（1978—1985 年）

这一阶段确定贫困户的基本标准是"食不果腹，衣不遮体，房不避风"，即"三不户"，扶贫工作集中在依据相应规定认定的贫困地区实施，具有局部扶贫和救济式扶贫的特征。1980 年我国设立"支援经济不发达地区发展资金"。1982 年 12 月，国务院决定成立"三西"（河西、定西、西海固）地区农

---

① 李雪云，杨军虎等．打赢打好脱贫攻坚战　开启乡村振兴新征程——脱贫攻坚"平凉答卷"综述［N］．平凉日报．2021 年 4 月 27 日（003）．

② 陈锡文，罗丹等．中国农村改革 40 年［M］．北京，人民出版社，2018.

业建设领导小组。除对"三西"地区进行专项扶贫外，1984 年国家开始实施以工代赈，同年我国还划定 18 个贫困地带进行重点扶贫。经过几年的扶贫实践，我国农村的贫困人口由 1978 年的 2.5 亿人减少到 1985 年的 1.25 亿人，平均每年减少 1 786 万人，相应的贫困发生率由 30.7% 减少到 14.8%，平均递减速度为 9.4%。①

二、大规模开发式扶贫阶段（1986—1993 年）

在这一阶段，我国从中央到地方建立扶贫开发领导机构，重点通过加强贫困地区基础建设，改善贫困地区的发展条件，救济式扶贫开始向开发式扶贫转变。1986 年，国务院贫困地区经济开发领导小组成立。5 月 14 日，国务院贫困地区经济开发领导小组召开成立后的第一次全体会议，会议确定了区域扶贫和开发式扶贫的基本方针，提出争取在"七五"期间解决大多数贫困地区人民的温饱问题。1993 年 12 月 28 日，国务院贫困地区经济开发领导小组正式更名为国务院扶贫开发领导小组，下设国务院扶贫开发领导小组办公室，县以上政府建立了对应的专门机构，在全国范围内形成了负责扶贫开发工作的行政系统。有组织、有计划、大规模的开发式扶贫开始在全国实施，标志我国扶贫工作进入开发式扶贫阶段。

经过 8 年的努力，国家重点扶持贫困县农民年人均收入从 1986 年的 206 元增加到 1993 年的 483.7 元；农村贫困人口由 1.25 亿减少到 8 000 万人，平均每年减少 640 万人，年均递减 6.2%；贫困人口占农村总人口的比例从 14.8% 下降到 8.7%。通过改变扶贫资金及物质无偿地直接发放到贫困人口手中的方式，也改变了贫困人口"等、靠、要"的依赖思想，更加积极发挥了群众的自主性，确保了扶贫的持续性。②

三、八七扶贫攻坚计划阶段（1994—2000 年）

1994 年 3 月，《国家八七扶贫攻坚计划》出台，要求到 2000 年，集中力量基本解决全国农村 8 000 万贫困人口的温饱问题，并对方针与途径、资金的管理使用、政策保障、部门任务、社会动员、国际合作、组织与领导提出了明确的要求，扶贫开发进入了攻坚阶段。经过 7 年的努力，国定贫困县农业增加值年均增长 7.5%，粮食产量年均增长 1.9%，农民年收入从 648 元增长到 1 337 元，年均增长 12.8%。按照 2000 年农民收入年人均 625 元的标准，

---

① 陈锡文，罗丹等．中国农村改革 40 年［M］．北京，人民出版社，2018.
② 同①

2000 年贫困人口减至 3 000 万左右，比 1978 年减少了 2.2 亿人。①

四、集中连片地区扶贫开发阶段（2001—2010 年）

2001 年 6 月，国务院发布《中国农村扶贫开发纲要（2001—2010 年）》，标志着我国的扶贫开发工作进入了一个新阶段。这一阶段国家扶贫目标更加明确，扶贫工作更加具有针对性，通过实施"雨露计划""春分行动"等一系列扶贫措施，增加就业、增收扶贫的力度；通过实行种粮补贴、农机补贴、良种补贴等，建立了比较完整的补贴体系；通过建立农村义务教育、新型农村合作医疗等制度，加快推进城乡基本公共服务均等化进程。随着消费价格指数等相关因素的变化，2009 年和 2010 年扶贫标准分别上调 1 196 元和 1 274 元。按照 2010 年的标准，全国农村贫困人口已减少到 2 688 万人，占农村人口的比例下降到了 2.8%。②

五、精准扶贫阶段（2011—2020 年）

2011 年，中央决定将农民年人均纯收入（按 2010 年不变价计算）2 300 元作为新的国家扶贫标准。按照这一标准，当年农村贫困人口数量从 2 688 万人增加到 1.28 亿人，而且农村返贫困现象时有发生，农村相对贫困问题凸显，并呈现出集中连片特殊困难分布和个体贫困共存现象。2011 年，中共中央、国务院印发《中国农村扶贫开发纲要（2011—2020 年）》，确定了将集中连片特殊困难地区作为扶贫脱贫主战场。2013 年党中央提出精准扶贫理念，创新扶贫工作机制。2014 年初，中共中央办公厅、国务院办公厅发布《关于创新机制扎实推进农村扶贫开发工作的意见》，对我国扶贫开发工作做出战略性创新部署，提出建立精准扶贫工作机制。自此，中国扶贫开发进入到了精准扶贫新阶段。2015 年，党中央召开扶贫开发工作会议，提出实现脱贫攻坚目标的总体要求，实行"六个精准"和"五个一批"举措，发出打赢脱贫攻坚战的总攻令。

2017 年，党的十九大把精准脱贫作为三大攻坚战之一进行全面部署，锚定全面建成小康社会目标，聚力攻克深度贫困堡垒，决战决胜脱贫攻坚。2021 年 2 月 25 日，习近平总书记在全国脱贫攻坚总结表彰大会上庄严宣告中国脱贫攻坚战取得了全面胜利，完成了消除绝对贫困的艰巨任务，创造了又一个彪炳史册的人间奇迹。③

---

① 陈锡文，罗丹等．中国农村改革 40 年［M］．北京，人民出版社，2018．

② 同①

③ 中华人民共和国国务院新闻办公室．人类减贫的中国实践［M］．北京，人民出版社，2021．

第二节　党的十八大以来中国的精准扶贫

一、实施精准扶贫的基本背景

随着我国经济发展水平的提高、贫困人口的迅速减少，贫困人口"插花式"分布的特征更为明显，传统区域开发方式的贫困户和贫困人口底数不清、项目安排"大水漫灌"、资金使用"撒胡椒面"、扶持措施大而化之、帮扶工作走马观花、贫困县不愿"摘帽"等一系列问题凸显出来。① 长期以来，我国关于贫困的数据来源于国家统计局农村贫困监测体系，而农村贫困监测体系的数据是通过抽样调查获得，这虽然可以反映贫困的总体状况，但抽样调查的样本量有限，不能反映每个家庭的状况，在以户为单位的精准扶贫过程中，不能完全满足要求。对于贫困人口规模庞大的国家，找准贫困人口、实施扶真贫是普遍性难题。2014 年，我国在全国范围内建立贫困户、贫困村、贫困县和连片特困地区的电子档案信息，并以此为基础构建全国扶贫信息网络系统。建档立卡和国家统计局农村贫困监测体系相互印证，为我国推进精准扶贫、精准脱贫奠定了统计基础。建档立卡在中国扶贫史上第一次实现贫困信息精准到村到户到人，精确瞄准了脱贫攻坚的对象，第一次逐户分析致贫原因和脱贫需求，第一次构建起国家扶贫信息平台，为实施精准扶贫精准脱贫提供了有力的数据支撑。针对扶贫出现的问题，习近平总书记明确提出了实施精准扶贫、精准脱贫的基本方略，要求树立精准思维，将长期由主要依赖经济增长的"涓滴效应"的扶贫机制转为对目标人群进行"靶向式"干预的机制，真正做到"扶到点上、扶到根上、扶贫扶到家"。②

二、党中央高度重视扶贫开发工作

党的十八大以来，以习近平同志为核心的党中央高度重视扶贫开发工作。习近平总书记常常把新年首访放在贫困偏远地区，数十次到国内各地考察，走遍了 14 个贫困片区，到贫困地区、贫困群众家中"看真贫"，听民声、体民意、察民情。先后在河北阜平及出席部分省区市扶贫攻坚与"十三五"时期经济社会发展座谈会、2015 减贫与发展高层论坛、中央扶贫开发工作会议、东西部扶贫协作座谈会、中央政治局第三十九次集体学习、中央政治局常委会会议审议《关于 2016 年省级党委和政府扶贫开发工作成效考核情况的汇报》、陕甘宁革命老区脱贫致富座谈会、深度贫困地区脱贫攻坚座谈会、打好精准脱贫

---

① 陈锡文，罗丹等．中国农村改革 40 年［M］．北京，人民出版社，2018.
② 同①

攻坚战座谈会、解决"两不愁三保障"突出问题座谈会、决战决胜脱贫攻坚座谈会时发表重要讲话，全面部署和推进脱贫攻坚。习近平总书记多次主持召开重要会议，研究作出重大决策，作出重要指示。

2012年12月，习近平总书记在河北省阜平县考察扶贫开发工作时提出，治贫先治愚。要把下一代的教育工作做好，特别是要注重山区贫困地区下一代的成长。下一代要过上好生活，首先要有文化，这样将来他们的发展就完全不同。义务教育一定要搞好，让孩子们受到好的教育，不要让孩子们输在起跑线上。古人有"家贫子读书"的传统。把贫困地区孩子培养出来，这才是根本的扶贫之策。

2013年11月，习近平总书记在湖南考察时提出，发展是甩掉贫困帽子的总办法，贫困地区要从实际出发，因地制宜，把种什么、养什么、从哪里增收想明白，帮助乡亲们寻找脱贫致富的好路子。要切实办好农村义务教育，让农村下一代掌握更多知识和技能。抓扶贫开发，既要整体联动、有共性的要求和措施，又要突出重点、加强对特困村和特困户的帮扶。脱贫致富贵在立志，只要有志气、有信心，就没有迈不过去的坎。2013年11月，习近平总书记在同菏泽市及县区主要负责同志座谈时提出，抓扶贫开发，中央有明确部署，一是要紧紧扭住发展这个促使贫困地区脱贫致富的第一要务，立足资源、市场、人文旅游等优势，因地制宜找准发展路子，既不能一味等靠、无所作为，也不能"捡进篮子都是菜"，因发展心切而违背规律、盲目蛮干，甚至搞劳民伤财的"形象工程"、"政绩工程"。二是要紧紧扭住包括就业、教育、医疗、文化、住房在内的农村公共服务体系建设这个基本保障，编织一张兜住困难群众基本生活的安全网，坚决守住底线。三是要紧紧扭住教育这个脱贫致富的根本之策，再穷不能穷教育，再穷不能穷孩子，务必把义务教育搞好，确保贫困家庭的孩子也能受到良好的教育，不要让孩子们输在起跑线上。2013年12月18日，中共中央办公厅、国务院办公厅印发《关于创新机制扎实推进农村扶贫开发的工作的意见》，首次提出建立健全贫困县考核、精准扶贫工作、干部驻村帮扶、财政专项扶贫资金管理、金融服务、社会参与等六大创新机制，标志着我国的扶贫开发工作进入到精准扶贫、精准脱贫阶段。

2014年1月，习近平总书记在内蒙古调研考察时提出，我们党员干部都要有这样一个意识：只要还有一家一户乃至一个人没有解决基本生活问题，我们就不能安之若素；只要群众对幸福生活的憧憬还没有变成现实，我们就要毫不懈怠团结带领群众一起奋斗。2014年10月，习近平总书记在首个"扶贫日"之际作出的重要批示，认为全面建成小康社会，最艰巨最繁重的任务在贫困地区。全党全社会要继续共同努力，形成扶贫开发工作强大合力。各级党委、政府和领导干部对贫困地区和贫困群众要格外关注、格外关爱，履行领导

职责，创新思路方法，加大扶持力度，善于因地制宜，注重精准发力，充分发挥贫困地区广大干部群众能动作用，扎扎实实做好新形势下扶贫开发工作，推动贫困地区和贫困群众加快脱贫致富奔小康的步伐。2014 年 4 月 2 日，国务院扶贫办印发《扶贫开发建档立卡工作方案》，6 月 12 日印发《扶贫开发建档立卡指标体系》，为实施精准扶贫、精准脱贫提供了基础信息。2014 年 5 月 12 日，国务院扶贫办、中央农办等 7 个部门印发《建立精准扶贫工作机制实施方案》，进一步细化精准扶贫、精准脱贫工作。

2015 年 2 月，习近平总书记在陕西延安主持召开陕甘宁革命老区脱贫致富座谈会上提出，幸福美好生活不是从天上掉下来的，而是要靠艰苦奋斗来创造。各级党委和政府要增强使命感和责任感，把老区发展和老区人民生活改善时刻放在心上、抓在手上，真抓实干，贯彻精准扶贫要求，做到目标明确、任务明确、责任明确、举措明确，把钱真正用到刀刃上，真正发挥拔穷根的作用。2015 年 3 月，习近平总书记在参加十二届全国人大三次会议广西代表团审议时提出，要把扶贫攻坚抓紧抓准抓到位，坚持精准扶贫，倒排工期，算好明细账，决不让一个少数民族、一个地区掉队。要帮助贫困地区群众提高身体素质、文化素质、就业能力，努力阻止因病致贫、因病返贫，打开孩子们通过学习成长、青壮年通过多渠道就业改变命运的扎实通道，坚决阻止贫困现象代际传递。2015 年 4 月，习近平总书记在中共中央政治局第二十二次集体学习时提出，全面建成小康社会，最艰巨最繁重的任务在农村特别是农村贫困地区。我们一定要抓紧工作、加大投入，努力在统筹城乡关系上取得重大突破，特别是要在破解城乡二元结构、推进城乡要素平等交换和公共资源均衡配置上取得重大突破，给农村发展注入新的动力，让广大农民平等参与改革发展进程、共同享受改革发展成果。2015 年 11 月 29 日，中共中央、国务院印发《关于打赢脱贫攻坚战的决定》，作为指导当前和今后一个时期脱贫攻坚的纲领性文件，对脱贫攻坚做了全面的部署。

2016 年 7 月，习近平总书记在宁夏银川主持召开东西部扶贫协作座谈会时提出，扶贫开发到了攻克最后堡垒的阶段，所面对的多数是贫中之贫困中之困，需要以更大的决心、更明确的思路、更精准的举措抓工作。要坚持时间服从质量，科学确定脱贫时间，不搞层层加码。要真扶贫、扶真贫、真脱贫。他还指出，脱贫攻坚是干出来的，靠的是广大干部群众齐心干。贫困地区要激发走出贫困的志向和内生动力，以更加振奋的精神状态、更加扎实的工作作风，自力更生、艰苦奋斗，凝聚起打赢脱贫攻坚战的强大力量。2016 年 11 月，国务院印发《"十三五"脱贫攻坚规划》，提出"十三五"时期国家脱贫攻坚总体思路、基本目标、主要任务和重大举措。

2017 年 2 月 21 日，习近平总书记在中共中央政治局第三十九次集体学习会议的讲话中强调，要强化领导责任、强化资金投入、强化部门协同、强化东西协作、强化社会合力、强化基层活力、强化任务落实、集中力量攻坚克难，更好推进精准扶贫、精准脱贫，确保如期实现脱贫攻坚目标。2017年6月，习近平总书记在山西太原主持召开深度贫困地区脱贫攻坚座谈会时提出，造成各地深度贫困的原因各不相同，集中优势兵力打歼灭战要从各地实际出发，充分发挥我们集中力量办大事的制度优势。要把夯实农村基层党组织同脱贫攻坚有机结合起来，选好一把手、配强领导班子，特别是要下决心解决软弱涣散基层班子的问题，发挥好村党组织在脱贫攻坚中的战斗堡垒作用。2017年1月，国务院扶贫办、财政部发出《关于对在扶贫开发工作成效中真抓实干成效明显地方进行激励的实施办法》，8月，国务院扶贫开发领导小组发出《东西部扶贫协作考核办法（试行）》《中央单位定点扶贫工作考核办法（试行）》，强化了脱贫攻坚工作的考核评估。2017年11月，中共中央办公厅、国务院办公厅印发《关于支持深度贫困地区脱贫攻坚的实施意见》，对深度贫困地区脱贫攻坚工作作出全面部署。

2018年2月，习近平总书记在四川成都主持召开打好精准脱贫攻坚战座谈会时提出，中央统筹，就是要做好顶层设计，在政策、资金等方面为地方创造条件，加强脱贫效果监管。省负总责，就是要做到承上启下，把党中央大政方针转化为实施方案，促进工作落地。市县抓落实，就是要从当地实际出发，推动脱贫攻坚各项政策措施落地生根。要改进考核评估机制，根据脱贫攻坚进展情况不断完善。

2019年4月，习近平总书记在重庆主持召开解决"两不愁三保障"突出问题座谈会时提出，脱贫既要看数量，更要看质量。贫困县摘帽后，要继续完成剩余贫困人口脱贫任务，实现已脱贫人口的稳定脱贫。贫困县党政正职要保持稳定，做到摘帽不摘责任；脱贫攻坚主要政策要继续执行，做到摘帽不摘政策；扶贫工作队不能撤，做到摘帽不摘帮扶；要把防止返贫放在重要位置，做到摘帽不摘监管。

2020年3月，习近平总书记在决战决胜脱贫攻坚座谈会时指出，脱贫摘帽不是终点，而是新生活、新奋斗的起点。要针对主要矛盾的变化，理清工作思路，推动减贫战略和工作体系平稳转型，统筹纳入乡村振兴战略，建立长短结合、标本兼治的体制机制。习近平总书记强调，农村贫困人口全部脱贫必须如期实现，没有任何退路和弹性。这是一场硬仗，越到最后越要紧绷这根弦，不能停顿、不能大意、不能放松，要求全党全国以更大的决心、更强的力度，做好"加试题"、打好收官战，信心百倍向着脱贫攻坚的最后胜利进军。

习近平总书记在脱贫攻坚阶段不同时期的讲话和我国在脱贫攻坚的体系化部署是以习近平同志为核心的党中央审时度势、主动作为而提出的治贫新模

式，是对中国特色扶贫开发道路的最新探索与贡献，展现了习近平总书记在扶贫开发方面的高度智慧，深刻阐明了新时期我国扶贫开发的重大理论和实践问题，形成了内涵丰富、思想深刻、体系完整的扶贫开发战略思想。习近平总书记扶贫开发战略思想是党中央治国理政新理念新思想新战略的重要组成部分，是我们党关于扶贫开发的重大理论创新，是打赢脱贫攻坚战的思想指南和行动遵循。

三、打赢脱贫攻坚战

党的十八大以来，以习近平同志为核心的党中央把脱贫攻坚摆到治国理政的重要位置，采取超常规的举措，全面打响脱贫攻坚战。创造了减贫史上的最好成绩，建立了中国特色脱贫攻坚制度体系，做到了扶持对象、项目安排、资金使用、措施到户、因村派人、脱贫成效"六个精准"，实施发展生产、易地搬迁、生态补偿、发展教育、社会保障兜底"五个一批"，解决好扶持谁、谁来扶、怎么扶、如何退、如何稳"五个问题"，增强了脱贫攻坚的目标针对性，提升了脱贫攻坚的整体效能。经过 8 年持续奋斗，到 2020 年年底，我国如期完成新时代脱贫攻坚目标任务，现行标准下 9 899 万农村贫困人口全部脱贫，832 个贫困县全部摘帽，12.8 万个贫困村全部出列，区域性整体贫困得到解决，完成消除绝对贫困的艰巨任务。

第三节　新时期我国热区科技扶贫的使命

一、我国热区基本现状

热带地区是指在南北回归线之间，即南北纬 $23°26'$ 之间的区域，主要分布在亚洲东南部、非洲大部、南太平洋岛国以及拉丁美洲，包括 138 个国家和地区。我国热区除南北纬 $23°26'$ 之间的区域外，还包括同时满足日平均气温 $\geqslant10℃$ 的天数 285 天以上、年积温 $\geqslant6\,500℃$，最冷月平均气温 $\geqslant10℃$，年极端最低气温多年平均值 $\geqslant2℃$ 等四个指标的区域。主要分布在海南、台湾地区，香港、澳门特别行政区，福建、广东、广西、云南、湖南、江西南部，四川、贵州干热河谷地带，以及西藏墨脱、察隅、波密的低海拔地区。

我国热区主要省（自治区，不含台湾地区）中有 3 个是边境地区和少数民族聚居区，其中包括 2 个西部省（自治区），人口 1.7 亿，占全国总人口的12%，少数民族 36 个，国家级贫困县占全国贫困县的 40%，其中 60% 的农民主要靠热带农业获取经济收入，收入来源单一，收入水平低。深度贫困"三区三州"中的四川凉山州、云南怒江州就地处我国热区内。这些地区不仅贫困发生率高、贫困程度深，而且地理条件差、基础条件薄弱、致贫原因复杂、发展严重滞后、公共服务不足，脱贫难度更大。我国热区是脱贫攻坚计划的主战场之一，我国热区"三农"工作是全面建设小康社会的重点和难点。

二、我国热区省（自治区）将脱贫攻坚列为重点工程

"十三五"是脱贫攻坚战关键的五年，"十三五"期间，我国热区主要省（自治区）都加强了脱贫攻坚力度，明确了脱贫攻坚的目标任务，制定了重点工作措施，为打赢脱贫攻坚战布好局、绘好蓝图。

海南省制定确保 47.4 万农村贫困人口全部脱贫，5 个国定贫困县全部摘帽，300 个贫困村实现整体脱贫的目标。重点实施精准脱贫攻坚工程，加大财政金融支持力度，增强脱贫造血功能，立足当地资源做大做强热带特色农业和乡村旅游，实施生态扶贫搬迁工程，对丧失劳动能力的，由社会保障兜底，因病致贫的要加强医疗保险和救助，提高贫困地区公共服务水平，强化脱贫攻坚责任制等。

广东省提出全面完成扶贫开发任务，到 2018 年全省小康指数达到 97% 以上，力争提前实现地区生产总值和城乡居民人均收入比 2010 年翻一番。重点实施脱贫攻坚工程，强化对口帮扶工作，完善扶贫考评标准和考核机制，完善财政扶贫资金增长机制，加强贫困地区基础设施建设，健全金融扶贫服务机制，建立健全农村留守儿童和妇女、老人关爱服务体系等。

广西壮族自治区坚持精准扶贫、精准脱贫方略，全力推进脱贫攻坚"八个一批"和"十大行动"，完善扶贫开发政策，创新脱贫长效机制，大力发展特色优势产业，集中力量解决贫困突出问题，确保现行标准下农村贫困人口全部脱贫，贫困县、贫困村全部脱贫摘帽。重点建立完善精准扶贫机制，创新脱贫攻坚工作机制，完善脱贫摘帽激励机制，开展特色产业富民行动，推进金融扶贫，构建资产收益扶贫机制，做好移民搬迁工作，实施教育扶贫工程等。

贵州省制定现行标准下农村贫困人口实现全脱贫，贫困县、贫困乡镇全部摘帽，解决区域性整体贫困的目标。着力实施"33668"扶贫攻坚行动计划，实施扶贫攻坚示范县、扶贫特色优势产业、扶贫产业园区"3 个 10 工程"，实施"雁归兴贵"行动计划，以武陵山片区、乌蒙山片区、滇桂黔石漠化片区为扶贫攻坚主战场，实施集中连片特困地区区域发展与扶贫攻坚规划和县级规划，实施麻山、瑶山、雷公山、月亮山专项扶贫行动计划，促进特困地区加快发展等。

云南省制定实现现行标准下全省 574 万贫困人口全部脱贫，贫困县全部摘帽，区域性整体贫困得到解决的目标。重点要扩大贫困地区基础设施建设覆盖面，探索对贫困人口实行资产收益扶持制度，推进贫困地区基本公共服务均等

化，以整村、整乡、整县、整州和整族为单元，推进区域发展与扶贫开发，促进区域整体脱贫，增加各级财政专项扶贫资金规模，开辟新的资金渠道，以县为平台整合扶贫项目资金，提高资金使用效率等。

四川省落实扶贫攻坚"3＋10"组合拳，集中力量攻坚，精准实施"五个一批"扶贫攻坚行动计划，认真实施扶贫攻坚10个专项方案，建立健全贫困地区基本医疗卫生计生服务体系，实施文化惠民扶贫行动，建立完善生态补偿机制。构建资产扶贫机制，探索资产收益、投资收益、理财收益扶贫模式，创新社会帮扶机制，形成脱贫攻坚强大合力。

湖南省制定现行标准下农村贫困人口实现脱贫，贫困县全部摘帽，消除武陵山、罗霄山连片地区区域性整体贫困的目标。着力以湘西自治州为重点，以武陵山、罗霄山连片特困地区为主战场，深入实施精准识贫、精准扶贫、精准脱贫，因人因地施策，统筹抓好发展生产、公共服务、全民教育三件大事。

江西省坚持把脱贫攻坚工程作为"第一民生工程"和推动发展的重大举措，以罗霄山集中连片特困地区、革命老区贫困县为重点，推进产业扶贫、保障扶贫、安居扶贫、教育扶贫等，坚决打赢脱贫攻坚战，打造全国扶贫攻坚样板区。实行低保政策和扶贫政策有效衔接，对贫困人口应保尽保。

福建省通过扶持生产和就业发展一批、移民搬迁安置一批、低保政策兜底一批、医疗救助扶持一批，实现现行标准下的贫困人口全部脱贫。进一步扶持23个省级扶贫开发工作重点县经济社会发展。持续开展整村推进扶贫开发，继续实施造福工程。完善山海协作机制，推进沿海与山区的产业深度合作联动发展。支持原中央苏区、革命老区、少数民族聚居区、水库库区、海岛等欠发达地区加快发展。

"十三五"期间，我国热区主要省（自治区）脱贫攻坚取得决定性胜利。海南省5个国家扶贫开发工作重点县如期摘帽，600个贫困村出列，64.97万建档立卡贫困人口全部脱贫，贫困地区农民人均收入年均增长10.9%；广东省累计161.5万相对贫困人口全部脱贫，2 277个相对贫困村全部达到出列标准，广西、四川、贵州、云南4省（自治区）93个国定贫困县实现500多万人口脱贫，西藏、新疆和四川甘孜共29个县（市、区）脱贫摘帽；广西壮族自治区634万建档立卡贫困人口全部脱贫，5 379个贫困村全部出列，54个贫困县全部摘帽，提前完成71万建档立卡贫困人口易地扶贫搬迁任务；贵州省66个贫困县全部脱贫摘帽，五年减少贫困人口507万人，累计实施易地扶贫搬迁192万人，减贫人数、搬迁人口全国最多；云南省88个贫困县脱贫摘帽，150万人通过易地扶贫搬迁实现"挪穷窝""斩穷根"，11个"直过民族"和人口较少民族实现整族脱贫；湖南省全省51个贫困县、6 920个贫困村全部脱贫摘帽，69.4万人实现易地扶贫搬迁，477.6万农村贫困人口实现脱贫，十八洞村成为全国精准脱贫样板；江西省全省 25 个贫困县全部"摘帽"，3 058 个贫困村全部出列，88.61 万城镇贫困群众有效解困；福建省 2 201 个贫困村全部出列、23 个省级扶贫开发工作重点县全部摘帽。

三、热带农业科技在脱贫攻坚中发挥着重要作用

在脱贫攻坚战中，热带农业科技为促进我国热带农业发展，确保天然橡胶、热带水果等热带作物产业安全，带动热区农业发展和农民增收，保证民族地区稳定等方面发挥着关键作用。但由于热带、南亚热带地区多处老、少、边、穷地区，教育水平落后，经济发展缓慢，基础设施条件薄弱，导致热带农业科技起步较晚，热带农业科技支撑农业产业发展还存在诸如对热带作物科学技术重视不够、热带农业自主创新低于大农业、热带农业科技成果推广体系不健全，热带农业科技人才规模和数量不足等问题。热带农业科技应该发挥更大的作用和效能，应围绕提升热带高效农业发展水平，着力增加热区农民收入，提高农村居民生活质量，促进农业结构调整，健全农业科技推广网络和服务机制，提高农业综合生产能力，推动巩固脱贫攻坚成果同乡村振兴有效衔接。应以农业科技成果示范推广和转化应用为主线，以标准化、规模化优质农产品原料生产基地建设为载体，通过科技培训、技术咨询、技术服务和技术转让等多种形式，积极参与地方政府建立和完善农业科技推广服务体系，真正发挥热带农业科技支撑乡村产业发展作用，推动热区科技富民。

目前，我国热带农业科技建立了以中国热科院为龙头、包括海南、广西、广东、云南等省（自治区）农垦系统的农业科研机构，海南、广西、广东、云南、四川等省（自治区）的农业科学院部分研究机构，华南、西南等部分农业院校的科研力量等组成的热带农业科技体系。[①] 建立热带经济作物、热带水果及热带香辛饮料、热带药用作物等育种、栽培、植保、加工、废弃物综合利用等为重点的学科体系和研究领域，取得了一批显著的科技成果，为热区经济社会的发展做出了重要的贡献。

中国热科院是隶属于农业农村部，创建于 1954 年，前身是设立于广州的华南热带林业科学研究所，1958 年迁至海南儋州，1965 年升格为华南热带作物科学研究院，1994 年更为现名。60 多年来，周恩来、朱德、邓小平、叶剑英、董必武、王震等老一辈革命家和习近平、江泽民、胡锦涛、温家宝等 70 多位中央领导到中国热科院视察指导，为热带农业科技事业发展倾注了殷切期望与关怀。作为我国唯一从事热带农业科学研究的国家级综合性科研机构，中国热科院始终不忘"应国家战略而生"的初心，一直牢记"为国家使命而战"

---

① 王庆煌，孙好勤.中国热带农业科技战略研究［M］.北京，中国农业出版社，2012.

的重任，与热带农业发展同呼吸、共命运，在中国热区和世界热区的大地上谱写了一部热带农业科技事业发展的壮丽史诗。

成立之初，中国热科院在党中央的支持下，在以何康老院长、黄宗道院士为代表的老一辈创业者的带领下，以天然橡胶为主要研究对象，创造了北纬18°—24°大面积植胶的奇迹，并探索总结出一整套初加工技术体系，引领形成了独具特色的中国天然橡胶产业体系。改革开放以来，致力于全面推动热带作物种植业、热带林业、热带畜牧业、热带渔业，以及其他附带经营的生产事业等热带大农业发展，在热带作物种质资源收集评价与创新利用，热带农产品加工关键技术研发集成及应用等方面取得了显著的成效，具备了引领我国热带农业科技发展的基础和优势。进入新时代，作为党、国家和人民可以依靠、可以信赖的热带农业国家战略科技力量，面对国家脱贫攻坚的决策部署和习近平总书记的殷殷嘱托及战略安排，中国热科院坚持面向世界科技前沿，面向国家重大需求，面向国民经济主战场，面向人民生命健康，将脱贫攻坚与乡村振兴有效衔接，主导了天然橡胶、木薯、香蕉等3个国家产业技术体系建设，取得了包括国家发明一等奖、国家科技进步一等奖在内的近50项国家级科技奖励成果及省部级以上科技成果1 000多项，培育优良新品种300多个，获得授权专利1 600多件，获颁布国家和农业行业标准500多项，开发科技产品400多个品种。推动了重要热带作物产量提高、品质提升、效益增加，为保障国家天然橡胶等战略物资和工业原料、热带农产品的安全有效供给，促进热区农民脱贫致富和服务国家农业对外合作做出突出贡献。

踏上新的征程，中国热科院完善政策体系、工作体系、制度体系，树立忧患意识，始终居安思危，面向我国热区经济社会建设主战场，着眼我国热区农业产业发展，整合集聚创新资源，紧扣"特色产业精准扶贫"，坚持以问题为导向，运用科技手段构建精准扶贫新模式，为贫困地区培育科技产业、培养科技人才，助推热区农业增效、农民增收，为打赢脱贫攻坚战提供强有力的科技支撑。

第二章　新时期科技扶贫担当

打赢脱贫攻坚战是全面建成小康社会的底线任务,是我们党的庄严承诺。农村贫困人口全部脱贫,是检验全面小康成色的标志性指标,是实施乡村振兴战略的基础性工程。中国热科院深入践行"论文写在大地上,成果留在千万家"的科技服务理念,紧紧围绕党中央和农业农村部的要求,准确把握打赢脱贫攻坚战的目标和重点任务,强化热作优势产业和特色产业科技创新、区域协同攻关、院地院企合作,提高科技创新效率和科技成果有效供给水平。中国热科院的科研创新与科技服务为热带农业插上了科技翅膀,诠释了科技支撑热带农业提质增效、助力打赢脱贫攻坚战的使命担当。

第一节　中国热科院科技扶贫发展历程

一、农业科技扶贫内涵和特点

科技扶贫是中国在反贫困战略中,由国家科委于 1986 年提出的一个重要举措。其宗旨是应用成熟的科学技术和现代管理科学,增强贫困地区农民的开发能力,大幅度提高贫困地区资源开发水平和劳动生产率,求得最佳经济、社会和生态效益,促进贫困地区商品经济发展,加快农民脱贫致富步伐。党的十八大后,以习近平同志为核心的党中央发布一系列关于扶贫攻坚的"决定""纲要"及重要论述,明确提出,2020 年我国彻底消除贫困,全面建成小康社会。中国将精准扶贫、精准脱贫作为新时代扶贫开发的基本方略,农村扶贫开发成效显著。

农业科技扶贫作为扶贫与扶智扶志协同发展的重要手段,是贫困地区良性可持续发展的重要途径。在科技扶贫模式摸索过程中,各地围绕区域资源禀赋、产业基础及贫困特征,摸索出"科技网络推广模式""区域支柱产业开发带动模式""易地科技开发模式""龙头企业扶持模式""专业技术协会服务模式""小额信贷扶模式"等多种农业科技扶贫模式,一定程度上促进了产业扶贫、智力扶贫、精神扶贫和协同扶贫的有效链接。

农业科技扶贫的关键在于通过向贫困地区示范推广成熟、适用技术,将农

业、科研和教育有机结合，使农村经济实体内部或农户内部能够积累和掌握先进的生产技术与经营管理技能，增强农业产业发展动力和贫困人口内生动力。发挥农业科技示范基地带动效应，发挥科技人才智力资源优势，合理开发优势资源，科技支撑产业发展，促进农业繁荣和农民增收，实现脱贫致富从短期效益到长期效益、从"输血"到"造血"的质的转变。

二、中国热科院科技服务能力建设发展阶段及成效

中国热科院创业初期（1954—1979 年），以何康、黄宗道等为代表的中国第一代热作科技事业的开拓者们，通过技术引进和吸收再创新，加速建立起了我国的橡胶树选育种技术体系和热带北缘减灾丰产技术体系，打破了国际橡胶界公认的"北纬 17°以上是植胶禁区"的论断，与天然橡胶生产者们共同创造了在北纬 18°—24°大面积种植橡胶树的世界植胶史上的奇迹，奠定了我国热带作物产业发展的坚实基础。探索出利用所有叶芽的绿色芽片繁殖技术，将良种的年增量速度从 20 倍提高到 200 倍，并在全国垦区建立了 21 个适应性试验区，同时在生产上大规模推广，使我国橡胶产量提高了 1～2 倍，为我国在 20 世纪 60 年代中期实现橡胶良种化做出了不可磨灭的贡献。研制出培肥改土、刺激割胶、营养诊断、产胶动态分析等技术，作为橡胶高产综合技术的四项基本措施，使橡胶树年割胶刀数减少到 56 刀，亩产干胶达到 200 千克（而生产上一般年割 120 刀，亩产干胶仅 70～80 千克）。据估计，1977—1986 年的十年间，由于采用了这项技术，全国每年平均增产天然橡胶 7 000 吨以上。

稳步建设时期（1979—1994 年），科技支撑地方发展见成效。在天然橡胶研究及技术推广方面，运用我国独创的种植技术，解决了抗寒品种配置和防台风等栽培技术难关，成功地在南起海南岛最南端、北至福建龙溪地区盘陀岭以南地区种植橡胶树 646 万亩，投产 283 万亩，产值 7.6 亿元，为我国社会主义事业做出了重大贡献。在龙舌麻研究及示范方面，引进剑麻 H·11648，经过多省（自治区）协作，在全国不同环境类型区进行栽培试验和适应性试验，使之迅速成为我国剑麻当家品种，使我国剑麻产量跃居世界前列，单产比世界平均单产高 4 倍。在热区科技援助方面，与云南省临沧地区签订科技支援协议书（1988 年），以帮助该地区发展天然橡胶种植和加工等 6 个农业科技项目。同时开展海南省地方政府的科技支撑工作。

快速成长时期（1994—2007 年），科研成果对天然橡胶业科技发展和经济增长、社会进步起到了重大的推动作用，使我国的橡胶育种研究和品种产胶水平赶上世界其他主要植胶国；1998 年，我国橡胶产量在世界橡胶国家中位于第 5 位，解决了 200 万国家农场职工及家属和近 200 万农村人口生计，稳定和繁荣了边疆；在 1995 年税收方面，橡胶税收占海南省农业税收的 50%，占西

双版纳地方财政收入的 51%。

跨越发展时期（2007—2020 年），中国热科院始终着眼于热区各地产业发展、脱贫攻坚存在的重点和难点，提出"中药方案"，调配资金、技术、人才等要素资源，精准发力，破解疑难，推动发展。构建全链条的科技成果转化应用体系，转让、许可、作价入股成果 140 多项，研发上市科技产品 160 多个。研发的"美月"西瓜，"热农 1 号"芒果，热科 1、2 号沉香，中糖 1、2、3、4 号甘蔗，热研 3 号咖啡和文椰系列椰子新品种得到市场的广泛认可，相继获得海南省名牌产品、湛江-东盟博览会优秀产品、中国国际高新技术成果交易会优秀产品等荣誉称号。电动割胶刀被推广到全球 11 个主要植胶国。胡椒间作槟榔高效栽培、芒果果实软化控制、澳洲坚果嫁接育苗、沉香整树结香、澳洲淡水龙虾种苗繁育与高效生态养殖、椰心叶甲防治等 30 多项技术被广泛应用于农业生产，取得良好的社会和经济效益。建立四川攀枝花"南亚热带干热河谷芒果产业发展模式"，实现产值近 40 亿元，芒果产业成为攀枝花农业供给侧结构性改革的重要支撑。建立贵州兴义"石漠化综合治理扶贫模式"，实现了"果上山，草盖地，藤盖石，草养畜，粪还林"，平均亩产值增长 20 倍至 30 倍，让"石漠"变"沃土"，让"荒山"变"宝山"。

三、中国热科院科技服务"三农"发展阶段与新时期工作成效

中国热科院的科技扶贫工作与科技服务"三农"工作紧密相连，共同发展。科技服务"三农"工作大致经历了起步阶段、转型阶段、发展阶段和新发展阶段等四个阶段。起步阶段（1954—1977 年）是在国家实行计划经济和属农垦部管辖的大背景下，面向热区农垦部门，通过科技人员与农场合作或无偿提供热作生产技术服务，方法与形式单一；转型阶段（1978—1987 年）是在国家开始由计划经济向商品经济过渡，探索科技体制改革的背景下，开始由单一的面向热区农垦向同时面向农垦和地方转变，从以技术推广为核心向以技术推广与科技产品兼顾转变，从无偿服务向无偿服务与有偿转让相结合方面转变；[①] 发展阶段（1988—2015 年）除了继续转型阶段的做法外，还创新推广模式和方法，如选派科技副县（区）长、副乡（镇）长到地方任职，实施"走出去"战略等；[②] 新发展阶段（2015 至今），在扶贫攻坚战、乡村振兴战略以及海南自由贸易港建设的背景下，中国热科院以习近平新时代中国特色社会主义思想为指导，围绕热带农业产业发展需求和热区经济社会发展需要，统筹做好

① 张溯源，张令宏等. 论文写在大地上成果 惠及千万家——中国热带农业科学院科技推广与服务"三农"工作 55 年总结 [J]. 热带农业科学，2009，11（29）.
② 同①

巩固脱贫攻坚成果与乡村振兴的有效衔接，充分发挥科技、人才、资源等优势，实现大联合、大合作，为热区农业增效和农民增收做出积极贡献。

在新的发展阶段，中国热科院不断探索创新科技服务"三农"工作模式，不断破解科技供需对接不畅、科技供给不足、科技支撑成效不显著等科技创新服务发展深层次矛盾，推动科技服务"三农"能力不断提升。强化整体谋划，根据热区各省（自治区）的资源禀赋，结合院属各单位的特色专长，整体谋划科技支撑乡村振兴的规划布局，形成"一张网"效能，提升工作的系统性。聚焦产业发展需求，从科技、智力、人才等多个维度，探索集规划咨询、技术转移、成果转化、示范带动、人才培育等为一体的支撑服务的"整装集成"模式。完善服务体系，强化资源要素支持和制度供给，引导科技、人才、信息等要素向乡村汇集，形成院所"一盘棋"全力攻坚的良好工作格局。组织实施推进，根据综合支撑服务方案，按照"工作项目化、项目目标化、目标节点化、节点责任化"的工作要求，制定切实可行的行动举措，全面保障工作目标能够达成，工作整体成效得以实现。跟进落实监督，建立信息共享、交流会商、督办落实等工作机制，实时掌握工作进展动态，据实调整工作力量，及时跟进工作落实，确保工作落实有合力、有动力、有执行力。

经过不懈努力，全院科技支撑脱贫攻坚、助力乡村振兴成效显著。云南怒江州、海南白沙县等深度贫困地区如期脱贫出列，四川攀枝花、广西扶绥县、贵州黔西南州等地产业经济高质量发展，科技赋能效果显著。2021年是巩固拓展脱贫攻坚成果同乡村振兴有效衔接的开局之年。这一年，院地合作有成效、示范点建设有亮点、智力支撑有影响、服务能力有提升，充分发挥了科技支撑产业发展的效能。例如，支持广西扶绥成功申报创建全国农业科技现代化先行县，成为全国首批72个农业科技现代化先行县建设县（区）之一；与四川攀枝花开启合作新进程等，院地双方达成合作新共识；成功申报创建海南省特色产业小镇（热科橡胶产业小镇），刷新了院直接主导探索建设省级（国家级）微型产业集聚区的记录；与地方政府和涉农企业签订合作80余份，推动了我院科技与地方产业的深度融合；在云南怒江州建成草果高标准种植示范基地，助推当地绿色香料产业蓬勃发展；建成优稀水果优质品种选育和示范基地，为澜沧江干热河谷产业发展开拓了新的途径；在四川攀枝花建设热带优稀水果试验示范基地，储备适宜攀枝花热作的优质品种，促进地方产业结构优化。在滇桂黔石漠化地区示范推广澳洲坚果、芒果、百香果等热带高效经济作物，为促进乡村振兴和实现农业农村现代化奠定了坚实的基础；2021年，5项科技成果入选海南省主推技术、3项科技成果入选农业农村部主推技术，持续丰富了科技服务的内涵。

第二节　加强组织体系建设，解决"如何推"的问题

一、强化组织领导，集优势资源集中攻坚

中国热科院一直高度重视科技帮扶产业扶贫工作，成立了由院长任组长的院科技助力热区打赢脱贫攻坚战工作领导小组，建立院所两级管理机构，贯彻落实中央和农业农村部相关文件精神，规划设计院服务"三农"体系，构建支持服务"三农"的制度环境。制定发布《实施科技支撑我国热区农业特色产业促进贫困地区精准脱贫的工作方案》《"百名专家百项技术兴百村"行动工作方案》《科技助推热区实施乡村振兴战略行动计划》《科技支撑海南农业特色产业助力打赢脱贫攻坚战实施方案》《中国热带农业科学院关于实施科技支撑我国热区农业特色产业促进贫困地区精准脱贫的工作意见》《中国热带农业科学院进一步加强科技支撑云南怒江州脱贫攻坚工作方案》等系列制度和措施，完善院乡村振兴服务体系，强化人力、财务等资源要素支持和制度供给，理顺单位内部乡村振兴服务主体，初步建成院助推热区实施乡村振兴和国家热带现代农业基地项目库，促进院服务"三农"工作有效推进，形成院所"一盘棋"全力攻坚，全面推动院科技助推热区乡村振兴和产业扶贫各项工作的实施。

二、建立科技服务网络，集热区力量合力扶贫

中国热科院充分发挥全国热带农业科技协作网、中国热带作物学会等组织和平台的作用，强化与各省农科院、地方农业主管部门、农业行业协会、专业合作社、涉农企业等的协作，广泛发动、引导、凝聚各方力量共同参与科技服务"三农"工作。目前，中国热科院在福建福州、四川成都、广西南宁、云南昆明等地已建立科技帮扶服务站，拥有科技服务志愿者 1 200 多人；在热区组织开展了实用技术讲座和现场观摩会 700 多场次，培训农民超 5 万人；承办"院士专家乡村振兴老区行"专项活动，组织 30 多名农业专家深入革命老区罗源县中房镇的 5 个行政村和 3 个农业企业开展面对面的技术指导，搭建专家与企业、农户联系的桥梁，科技助力乡村振兴和企业创新发展。另外，中国热科院与海南、广东、广西、云南、四川、贵州、福建、江西、西藏等省（自治区）40 多个市、州、县、区人民政府及农垦、农业院校等建立了科技合作关系，建立与各省农科院协作推广工作机制，整合资源，优势互补，共同推进服务热区"三农"工作和科技支撑热区脱贫攻坚工作。

三、加强监督检查，为扶贫工作保驾护航

（一）抓住"关键少数"　院纪检组组长在院党组会、院常务会、院党风

廉政建设教育会等各种会议中反复强调，要进一步加大科技扶贫监督力度，对科技扶贫领域失职失责行为进行严肃问责，提出加大科技扶贫和监督检查力度的建议。同时，督促院属单位党政主要负责人和班子成员进一步加大科技扶贫力度。强化科技扶贫精准监督，深化运用监督执纪"四种形态"特别是第一种形态，要求各单位纪检组织对本单位科技扶贫领域存在的问题线索，优先研判处置，及时谈话提醒、约谈函询，防止小毛病酿成大问题。

（二）开展教育与自查 2019 年 8 月，院纪检组组织观看《蝇贪蚁腐之害》等扶贫警示教育片，院纪检组组长强调，各单位、各部门特别是领导班子和党政主要负责人，要在精准扶贫攻坚关键阶段认真落实科技扶贫各项任务，时刻绷紧拒腐防变之弦。2019 年 12 月，院纪检组组织开展科技扶贫全面自查，着力解决各单位党组织、纪检组织在脱贫攻坚工作中存在的形式主义、官僚主义问题。

（三）推进全面监督 2020 年 3 月，院纪检组印发了《关于加强科技扶贫监督的通知》（院纪检组〔2020〕3 号），着力推动院系统纪检组织加大科技扶贫监督力度。院纪检组召开中国热科院全院重点领域监督工作视频会议，院党组书记对院系统科技扶贫等三项重点领域监督工作进行部署，院纪检组组长提出明确要求，强调把学习贯彻习近平总书记关于脱贫攻坚重要论述放在重要位置，并把科技扶贫工作中存在的形式主义、官僚主义等问题作为整改的监督重点。

（四）突出监督重点 2020 年 4 月，院纪检组组长主持召开云南怒江州科技扶贫专题推进监督会，对各相关单位党政主要负责人、纪委书记和部门负责人再次提出明确要求。同年 5 月，院纪检组组长带队到相关单位调研，督促各单位党组织、纪检组织落实科技扶贫主体责任和监督责任。

（五）强化督促推进 2020 年 4 月，院纪检组对科技扶贫任务落实不到位的相关单位党政主要领导和班子成员进行集体谈话提醒，督促抓紧落实各项任务。在院纪检组推动下，各单位党组织、纪检组织负责人分别与分管扶贫工作的副所长、科技扶贫业务部门负责人、科技扶贫干部进行个人谈话和集体谈话累计 28 次，共计 208 人，撰写科技扶贫总结 13 份、监督工作报告 13 份，及时跟踪干部履职情况和科技扶贫工作成效，针对工作中出现的问题要求他们限期整改完成；院机关科技处、计划基建处、产业发展处、人事处等职能部门进一步履行监督职能职责，共同参与扶贫方案设计、共同参与监督检查，既强化本部门内部监督，又重点加强对本系统的监督检查，做到科技扶贫工作推进到哪里，检查部署就跟进到哪里，把科技扶贫监督责任牢牢扛在肩上、抓在手上、落实到行动上。院纪检组进一步总结提炼科技扶贫经验，形成了《关于科技扶贫监督情况的报告》（热科院纪检组〔2020〕8 号），并整理形成《2020 年履行科技扶贫监督责任材料汇编》，丰富了科技扶贫数据库内容。

四、树立先进典型，优化扶贫工作队伍

中国热科院结合科研领域方向及热区产业需求，明确责任单位、帮扶区域和帮扶内容，进一步加强热区试验示范基地建设，强化技术集成和示范推广，持续开展科技服务"三农"活动。中国热科院科技特派员工作受到肯定，作为唯一的一家国家级农业科研组织实施单位受到科技部先进典型表彰，多名科技工作者被评为优秀科技特派员和省优秀挂职科技副乡镇长。2020—2021 年，全院 10 余名科技帮扶干部获国家和省部级以上表彰，7 名科技帮扶干部被当地政府授予"荣誉市民"称号，一批科技帮扶干部受到当地政府表彰（表扬），多个先进事迹被国家级、省级等主要媒体报道。

第三节　加强科技支撑，解决"如何扶"的问题

一、科技成果转化，推动农业提质增效

中国热科院以国家扶贫开发重点县和"三区三州"重点扶贫区域为重点，在热区各省区广泛开展科技助推贫困地区精准脱贫行动，支撑热区天然橡胶、果蔬、木薯、咖啡等重要热作的高效栽培、绿色防控等新技术示范、推广，助力做强做优区域热带特色高效农业，使之成为带动地方经济发展和农民致富的主导产业（图 2-3-1）。

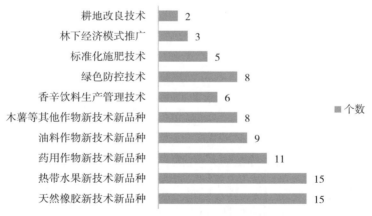

图 2-3-1　中国热科院在扶贫区域科技成果转化情况

中国热科院重点推广了应用热研 7-33-97、热研 917、热研 879 等天然橡胶新品种，建立了一套高效安全的刺激采胶新技术，提高产量 10%～15%；研发出的我国第一代电动胶刀，提升割胶效率 15%～20%，降低劳动力成本

30％以上，有力保障了橡胶产业的可持续发展，增加了植胶农民种植的经济收入。选育推广的华南系列木薯新品种实现了我国木薯产业发展主栽品种良种化，在我国木薯产区保持覆盖率80％以上，累计推广面积1.93亿亩，新增产值579亿元；推广应用木薯加工综合技术，形成年产值200亿元的木薯加工产业，显著提高了我国木薯产业的经济效益和种植农户的经济收入。建立了香蕉组培苗快繁技术体系和病毒检测技术，使发病率由92.5％降至1％以下；研发果实养护技术和无伤采收技术，使优质果率提高到90％；研发香蕉枯萎病综合防控技术，使枯萎病发生率在大面积辐射推广区降低至10％以下，为保证我国香蕉健康和可持续发展奠定了坚实的基础；实现了菠萝叶纤维提取加工的规模化和菠萝叶纤维纺织产品的工业化，带动辐射企业形成菠萝叶纤维纺织产业链，新增产值百亿元以上。

二、示范村（镇）建设，促进产业以点带面

中国热科院立足海南、广东，面向全国热区，找准区域农业产业需求点，发挥院技术成果和人才优势，坚持以科技服务农业农村现代化发展为目标，以科技创新和技术推广应用为抓手，整合技术成果和人才优势，主动作为，在我国热区找准帮扶点，在帮扶点中找关键点和突破点，建设科技支撑村（镇）产业发展现代化示范点（图2-3-2）。

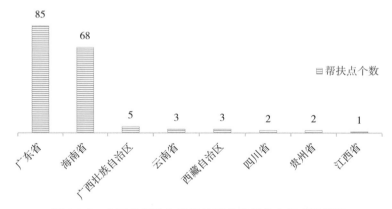

图 2-3-2　中国热科院在我国热区扶贫帮扶点的建设情况

海南省白沙县青松乡拥处村，以科技支撑培育特色小产业，支持小农"以小取胜"。通过组建专家团队长期帮扶、派驻第一书记扎根引导、推广关键技术稳定支持等方式，培育特色产业，构建全产业链发展。开展橡胶、南药、山兰稻等特色产业升级，提质增效、绿色发展，推广农业产业化关键技术示范应用，形成"天然橡胶保收、林下经济增收、山兰稻文化创收"的发展思路，取得了良好的社会、经济效益。拥处村贫困发生率由2014年的55.6％到2019

年实现全部贫困人口脱贫。2020 年，山兰稻年产值达到 120 多万元，南药益智项目年产值达到 65 万元，精品水果项目帮助 55 名贫困户获得入股分红近万元，全村 344 户人均收入稳定达到 6 000 元以上。

贵州省兴义市南盘江镇田房村，实施石漠化山地高效治理，使"岩窝"变"银窝"。联合开展石漠化治理技术研究，通过产学研深度结合，政府、科研单位、企业、合作社和农户协同合作，以系统研究石漠化山地绿色高效热带农业的发展路径为重点任务，集成构建林（果）—草（药、菌）—畜（禽）—肥（沼气）一体化生态循环农业，生态修复与产业扶贫并重，实现绿色发展，走出一条经济发展与生态文明建设相得益彰的致富之路。通过近 6 年的努力，曾被称作"岩窝"的田房村，如今一片生机盎然。"果上山，草盖地，藤盖石，草养畜，粪还林"，石山变成了青山。之前在石漠化地区原种植的玉米亩[①]产值不到 300 元，在同类地区种植的澳洲坚果投产第三年，亩产鲜果 200 千克，亩产值 6 000 元；种植的芒果（红象牙）投产第二年，亩产鲜果 1 785 千克，亩产值 12 495 元；种植的油梨投产第二年，亩产鲜果 450 千克，亩产值达到 10 000 元。

海南省定安县龙湖镇尧什村，发展生态循环经济产业，促进农业发展"高产、高质、高效"。采取"企业生产、科技支撑、农户参与"的方式，建立多产业融合、多主体组合发展的产业发展新模式，服务企业开发整村推进的"农光互补—光伏食用菌"发展路径，利用当地丰富的农作物秸秆原材料和橡胶林地空间，推广资源循环利用、立体种植食用菌技术，引导农户参与创业与就业，逐步形成地方食用菌品牌，促进了当地经济的发展。尧什村实现了从以零散、传统农业为主体，耕地撂荒现象严重到产业规模化发展的转变，经济、社会、生态效益明显。该村食用菌产业规模达到年产 3 000 万菌棒，年收入 1.8 亿元左右，在当地提供就业岗位 230 多个，其中尧什村就业人数超过 40 人，农户平均每年增加经济收入 3.6 万元以上。

广东省湛江市南三岛巴东村，建立特色示范基地，打造区域经济发展的"驱动引擎"。按照"精准识别、精准施策、精准帮扶、精准管理"的要求，结合南三岛传统农业产业，在南三岛建立黑山羊一体化循环养殖示范基地，以村企合作为纽带，充分发挥科研机构、龙头企业在产业扶贫中的作用，加快脱贫致富步伐，做好脱贫攻坚与乡村振兴的有效衔接。通过基地示范、科技持续供给，巴东村改变了田地撂荒严重、产业经营模式单一、农业生产能力低下、经济效益不高的现象，实现了主导产业带动发展。目前，巴东村饲养优质黑山羊 350 多头，种植优质牧草 25 亩，年出栏优质黑山羊 200 多头，粪便无害化处

---

① 亩为非法定计量单位，1 亩≈667 平方米。——编者注

理率达到 98% 以上，年加工农业废弃物秸秆饲料 500 多吨，实现年产值达 100 万元以上。

海南省临高县东英镇，党员专家结对帮扶，党建带动农业产业"腾笼换鸟"。通过党建帮扶，充分发挥了两级党组织的战斗堡垒作用，以党支部结对共建促进产业发展，形成了"政府＋科技＋合作社＋党支部共建"的发展模式，推动当地传统产业"腾笼换鸟"，实现新型产业"凤凰涅槃"。有效推动了脱贫攻坚，助力乡村振兴。实施黄皮幼树间作大蒜的栽培模式，初步形成了长短结合，短期作物实现脱贫，长期作物促进致富的发展路径。东英镇解决了传统农业产值低效、结构单一、主导产业不明晰等发展瓶颈问题，实现了农业产业结构调整优化升级。2019 年，东英镇间作面积 350 亩，仅间作的大蒜产值就达到了 9 000 元/亩以上，净收益达到 6 000 元/亩以上，脱贫农户 62 户共270 人，实现了东英镇居留村全村脱贫。

三、"示范基地＋产业帮扶"带动农业发展农民增收

中国热科院在我国热区建立天然橡胶、木薯、咖啡、果树等重要热作的高效栽培、绿色防控等新技术示范、推广基地 65 个，以科技示范带动地方产业的发展，"做给农民看，带领农民干"，在扶贫过程中，逐步形成一套帮扶典型模式，并示范推广。中国热科院始终着眼热区各地产业发展、脱贫攻坚存在的重点和难点，调配资金、技术、人才等要素资源，精准发力，破解疑难，推动发展。

在云南怒江州，助力地方完成了怒江绿色香料产业研究院建设；积极建言献策，参与撰写形成了《云南省怒江州现代农业香料产业园区建设方案》《云南省怒江州泸水市国家现代农业产业园创建方案》，着力开展草果产业提质增效技术和草果新产品研发，实施草果产业园规划、种质资源圃建设等，绿色香料产业提质增效发展初显成效。

在贵州黔西南州，持续推广"果—草（药）—畜（禽）—沼—肥"生态循环发展模式，加大热带果树新品种引进种植示范力度，完成了近 20 个热带果树新品种的引进，在贞丰县建立了百香果产业示范基地和热带果树品种试验示范基地，推动了贞丰县山地特色高效农业产业发展。同时，进一步建立适合不同石漠化区域作物生态的发展模式，提升滇桂黔石漠化地区土地经济及生态效益，为滇桂黔石漠化地区产业发展和脱贫攻坚提供了一条生态与经济双赢的道路。

在四川攀枝花市，继续做好当地芒果品牌管理和技术提升支持，加强"攀枝花晚熟芒果优质高效栽培技术示范点"建设，集成创新节水、节肥、减药技术，推动芒果产业绿色发展，促进产业转型升级；加快引进"草畜一体化"和

"芒果园种草控草、养地养树养畜生态化管理技术"等先进科学技术，芒果园土壤有机质3年从种植前的0.5%提高到3.5%，果农每亩增加收入1000多元。同时大力推广种植西瓜、牛油果等热带水果和热带花卉等重要热带经济作物，推进攀枝花现代农业产业发展和促进农民增收拓展更多渠道。

在西藏林芝市，扶持建立主导产业，做深做实西藏林芝市产业扶贫示范点，引种试种澳洲坚果、香蕉、菠萝、莲雾、火龙果等特色热带果树新品种，目前莲雾、香粉一号（香蕉）和菠萝等水果已经开花结果，澳洲坚果长势喜人、硕果累累，展现出在西藏发展热带果树生产的喜人前景。

在广西百色市，推动田东国家芒果种质资源圃建设，打造国家级集芒果交易、研发、农产品深加工等为一体的功能齐全的大型产旅融合特色小镇，进一步提升田东县芒果产业发展和核心竞争力。推广甘蔗新品种与配套栽培技术和农机农艺结合全程机械化、有害生物可持续防控技术应用等，解决制约甘蔗产业发展的关键技术问题，为甘蔗产业可持续发展提供技术支撑。

在广东湛江市，集成热带草畜一体化循环养殖、农田"水肥一体化"等先进管理技术，推广建立了10余个热带草畜一体化循环养殖（牛羊）示范基地，覆盖区域达到广东10余个市县，示范区整体效益提高30%以上，通过应用农田"水肥一体化"技术，平均亩产5000千克，增产26.7%。创新服务"三农"新模式（"新型农民学校""农家课堂"和"科技小院"等），大力实施菠萝科技推广应用，助推"广东雷州半岛菠萝"优势产区的建立和发展。

在海南省，重点围绕天然橡胶、椰子、槟榔"三棵树"产业发展，强化科技支撑能力和科技推广应用水平。在白沙县推广天然橡胶"三统一"产业模式，11个乡镇共建1240亩橡胶示范园，辐射促进橡胶产业发展；椰子文椰系列新品种在海南的推广应用，显著提升了产业效益。目前，全岛18个市县均有种植，其中，种植面积较大的市县有文昌、琼海、万宁、昌江、东方、陵水、屯昌、澄迈等，推广种植面积达7万亩左右，已投产面积2万多亩，产生经济效益近2亿元。槟榔黄化病综合防控技术和科学水肥管理技术的集成推广应用，取得了阶段性成效，在万宁、保亭、屯昌、琼海、定安等市县示范区内的槟榔黄化率降低30%以上，新发病率控制在3%以内；低产槟榔园改造技术累计示范推广4.2万亩，每亩新增产值约3760元，纯增收2590元以上，累计增收达1.6亿元，辐射带动改造低产槟榔园面积近20万亩，对海南精准扶贫、产业脱贫发挥了重要作用。在定安县实施"农光互补-光伏食用菌"项目，构建"光伏食用菌＋产业＋扶贫"模式，建成食用菌生产大棚60000平方米，年生产食用菌3000万袋，年产值1.1亿元以上，提供就业岗位300个以上，助力当地打造龙湖"光伏食用菌"特色小镇。

四、强化科学普及，提高农民科学素养

中国热科院依托中国热带作物学会，建设科学传播专家团队，组建了天然橡胶、香料饮料作物、薯类、高原特色热带农业、产品加工、植保6支科学传播专家团队。中国热科院李开绵、易克贤、李积华等6位研究员被中国科学技术协会聘任为第六批全国首席科学传播专家。依托首席科学传播专家和科学传播专家团队，大力普及科学知识、弘扬科学精神、传播科学思想、倡导科学方法，不断提升科普水平和社会影响。以2018年为例，中国热科院联合中国农学会、云南省热带作物学会、云南省农业科学院、海南省农业科学院等单位，主办以"创新引领时代，智慧点亮生活"为主题的全国科普日、以"科技创新，强国富民"为主题的全国科技活动周暨第二届热带农业科技活动周、海南省科技活动月等活动。活动期间，举办各类科普宣传活动80余项，开展科技咨询服务10 000多人次，发放科普读物近80 000份，受益群众达30 000余人次；活动期间，举办农业技术、转基因、地震和气象等科普讲座80余场。中国热科院连续多年组织参加"海南省科技活动月"活动，借助科技活动月的契机，强化扶贫与扶智扶志紧密结合，集中开展科技普及、成果示范、服务指导等活动，连续多届获评海南省科技活动月"优秀组织奖"（表2-3-1）。

表 2-3-1　中国热科院近三届参加"海南省科技活动月"情况统计

届别/ 时间	参加活动 人员数量 （人）	公众参与 数量 （人）	经费投入 数量 （万元）	资料发 放数量 （份、册）	科技咨询 数量 （人次）	下乡 指导 数量 （次）
第十四届 （2018年）	200	4 000	99.45	30 000	2 000	60
第十五届 （2019年）	589	7 250	66.00	5 300	2 290	91
第十六届 （2020年）	206	8 488	116.00	9 183	9 360	47

第四节　培育高素质农民，解决"谁来带"的问题

一、农民教育培训概况

农业人才培养是推动脱贫攻坚和实施乡村振兴战略重要抓手，农业科研机构是农民教育培训体系中不可缺少的中坚力量。中国热科院从事农民教育培训的时间较早，院成立初期，主要围绕天然橡胶种植管理培训大批植胶农户。中

国热科院经过 60 多年的发展，已逐步建立了热带作物科技体系和现代热带农业全产业链的科研与学科体系，在热带农业科技创新、农业科技人才智力、科研试验基地、国际交流与合作、条件保障体系等方面优势明显，为农民教育培训聚合了发展动能。

为解决全院农民教育培训工作力量分散、资源不集中的问题，推动全院培训工作"拳头"效应的形成，中国热科院在 2017 年组建院培训中心，培训工作在充分利用国内外创新资源、提升热带农业科技创新水平、支撑我国热区经济社会发展和中国农业"走出去"等方面发挥了积极作用。

围绕热区经济社会发展需求，中国热科院"十三五"期间，在海南省以及中国热区系统举办农民教育培训班 200 多期（注：每期培训班在 3～15 天），培训了 17 000 多名脱贫致富带头人、农村实用人才等（表 2-4-1）。年均派出专家 2 000 多人次，培训农民 23 000 余人次，接受技术咨询 36 000 余人次，带动培训 48 000 余人次，参训人员实现海南省 17 个市县全覆盖，并辐射至广东、广西、四川一带，通过持续培养，推动高素质农民成为产业发展的"主力军"，青年创业创新人才成为产业发展的"生力军"，农村实用技术人才成为产业发展的"领头雁"，乡土技能人才成为产业发展的"专业队"，农业管理干部成为产业发展的"引路人"，为热区脱贫攻坚、乡村振兴提供了人才智力支撑，为热带农业发展，热区农村繁荣以及农民增收作出了贡献。

表 2-4-1　2016—2020 年中国热科院举办农民教育培训班一览表

年份	2016	2017	2018	2019	2020
期数（期）	31	39	41	47	49
脱贫致富带头人（人）	2 080	1 014	100	2 008	
农技推广人才（人）	80	360	562	213	
农村实用人才（人）	2 138	581	1 276	1 315	3 302
农村管理人才（人）	393	685	602	1 018	50
总计人数	4 691	2 640	2 540	4 554	3 352

注：表格中的培训班均为集中办班，培训期为 3～15 天；空白处为未开展此类培训。

围绕"一带一路"建设，中国热科院聚焦国际减贫与发展，着力开展国际援外培训工作，先后承办商务部、联合国粮农组织等国内外机构资助的国际培训班 100 多期，培训来自 100 个发展中国家的 4 000 多名学员，为共同推进"一带一路"国际热带农业人才培养和教育培训奠定了基础（表 2-4-2）。

表 2-4-2　2015—2019 年中国热科院举办减贫国际援外培训班一览表

年份	2015	2016	2017	2018	2019
期数（期）	4	7	12	18	10
人数（人）	86	159	941	945	382
国家数（个）	21	33	31	34	37

二、农民教育培训特色

（一）实施"五个一"工程，推动教育培训可持续发展

中国热科院农民教育培训始终围绕"三农"、"三生"以及"五大振兴"需求，以"围绕农业转、做给农民看、指导农民干、科技连两端，共育新农人"为育人理念，建立起农科教协同发展（农业生产过程、农业科学研究、农业技术推广与人才培养融合发展）的高素质农民培养模式。围绕教育培训提质增效，实施"五个一"工程（打造一批特色班、推广一批新成果、创新一批新教学模式、建立一个培训联盟、培育一批带头人），强化农民教育培训的针对性、实效性和创新性。

1. 打造一批特色班　聚焦产业发展新需求，坚持规划引领，分层分类实施培训。每年打造一个特色班，逐年构建特色班集群，持续推进，久久为功，最终形成精品班级群，引领培训工作。特色班在师资聘请、课程设计、创业孵化、智力扶持等方面凸显特色和优势。例如农业经理人培训班的教学中融合成人教育参与式教学方法，围绕农业生产管理、产品市场营销、农业田间技能、政策研读应用能力能方面设计了风险管理、财务管理、采购与库存管理、人与生产力管理、市场调研与市场需求分析等课程。课程中采取了沙盘演练、翻转课堂、农业经理人大赛模拟等形式组织课堂教学，以教师为主导、学员为主体，形式多样的组织教学工作。例如，2018 年在海南省首次举办农业经理人培训班，重点培养 50 名农业经理人，助力打造"田野 CEO"；2019 年聚焦"直播电商＋特色产业"举办电商销售"网红"班，培训 100 名农产品销售"网红"，助力打造"一地一品"品牌和"小而美"网络新品牌；2020 年在海南省首次举办女性农业生产经营能力提升培训班，重点培育 80 名女性农业创业致富带头人。

2. 推广一批新成果　中国热科院是我国高效热带农业集成示范区，在热带农业领域形成了"旅游＋科技"、林下生态种养、废弃物循环利用、热区立体循环生态农业技术集成、天然橡胶"三统一"产业模式、椰子林下综合种养模式、热带草畜一体化技术、农光互补——光伏食用菌产业模式等应用技术。通过在培训班推广和应用新成果，一定程度上改变了农业生产经营者传统农业生产管理方式，产生了较大的经济、社会和生态效益，推动了海南生态文明试验区建设，科技支撑农业增效、农民增收效果明显。

3. 创新一批教学模式　一是构建立体化后续服务体系，延长培训链条。根据学员产业发展基础、现实需求、能力水平等，分区域、分产业、分组别进行集中回访，提高服务针对性；联合企业共同推进，提高学员后续发展后劲；利用热作 12316 短信服务平台、"热带农业科技服务""中国热科院培训微信公众号"等平台，适时向培训点学员发布农业生产管理、市场销售等信息，组建"学员＋导师"微信群，搭建学员与导师长期联系的平台，建立导师对学员"终身"指导的服务机制，搭建智慧培训管理系统，建立培训学员成长档案，为制定学员后续发展方案提供大数据支撑。二是组织学员学习全国现代农业发展经验，省外游学真看真学取"真经"。目前中国热科院已经组织学员到山东、浙江、湖北、贵州、江苏、四川等省的优秀农业企业学习，通过省外游学，学员结合自身实际，结合优秀农业企业发展模式，为产业发展找到了新思路、新路子和新合作。三是采取"1＋N"导师制，长期点对点服务跟踪，强化线下培训、线上指导融合。四是构建"百名专家兴百村""百项技术兴百县"科技振兴乡村模式；构建以挂职干部为纽带、当地政府为主导、创新团队为支撑的"政研产学"紧密结合的"攀枝花模式"，以"政府＋科研＋农户＋基地"的产、学、研结合的"兴义模式"等科技扶贫模式。

4. 建立一个培训联盟　利用中国热科院牵头建设的全国热带农业科技协作网、中国热带作物学会等组织，搭建农民教育培训联盟，在我国热区联合培养高素质农民，实现大联合、大协作。例如，联合广东省江门市农业局举办农业管理干部培训班，联合四川攀枝花市举办米易县农业技师培训班等。借助牵头建设的"国家热带农业科学中心"，与海南大学、海南省农业科学院等涉农院校协同合作，技术攻关，实现资源共享，联合培养服务于乡村振兴的人才。

5. 培育一批带头人　近年来培训工作全覆盖海南 17 个市县，并辐射至广东、广西、四川一带，涌现出一批"学得好、干得好、带得好"的优秀学员，50 多名学员获得海南省南海乡土人才、全国百名优秀学员、全国百名农村青年创业致富带头人、全国道德模范提名等称号。培训的学员在产业所在地发挥典型示范引领作用，带动当地贫困户脱贫致富，助力脱贫攻坚和乡村振兴。例如，2017 级青年农场主培训班学员，通过百香果种植产业带动临高县农民就业，全年累计用工约 32 850 人次，其中贫困户占 35%，直接带动贫困户 3 000多户；2016 级青年农场主培训班学员，创办助村公社，以电商平台为依托，带动东方市三家镇贫困户 70 多户脱贫，为贫困家庭带来直接经济效益 50 多万元；2018 级青年农场主培训班学员，通过电商平台帮助农户销售农产品，深耕消费扶贫领域，帮助乐东县贫困户销售本土农产品金额达 1 029 万，带动 49户贫困户脱贫致富；2019 年农业经理人培训班学员，通过发展畜牧养殖产业，带动琼中县上安乡 500 多户贫困户脱贫。

（二）实施"三类"培育计划，构建人才培养体系格局

农民教育培训立足我国热区，全方位构建农业农村人才培养格局，形成多层次、多类别的人才培训体系，为我国热区农业农村人才知识更新和技能提升提供持续不断的教育培训供给。

1. 实施高素质农民培育计划 围绕农村人才职业素质和能力提升，重点开展了农业经理人培训、新型经营主体带头人轮训、农村创业创新青年培养、乡土技能人才培养、农业产业致富带头人轮训以及小农户农业技术培训等。

2. 实施农业服务管理人员培育计划 围绕农业干部能力素质提升，加快建设一支"懂农业、懂农村、爱农民"的"三农"服务队伍，重点开展了农业系统干部业务培训、基层"两委"干部轮训、地方市（县）和热区事业单位干部教育培训、专业技术人员培训、基层农技推广人员知识更新培训、大学生村官培训等。

3. 实施热带农业"走出去"人才培育计划 围绕热带农业"走出去"人才能力提升，重点开展了境外农业管理和专业技术人员培训、农产品出口管理、龙头企业"走出去"培训，打造企业家、技术专家、政策资讯等农业对外合作专业队伍。

（三）围绕"四个"品牌建设，搭建人才培育品牌集群

围绕农业农村人才培育提质增效，重点抓好培训品牌化建设，形成教育品牌集群。

1. 师资品牌化 按照专兼结合的原则，在中国热科院原有的师资基础上，加强与行业内著名科研院所、高水平研究型大学、大型骨干涉农企业和高端智库机构等的合作，充实了师资队伍，现有入库专家 1 100 人，涉及热带农业多个领域，入选省级专家库专家 200 多名，2020 年 6 名教师获"海南省农民教育培训优秀教师"。为农民教育培训提供强有力的师资保障。

2. 教材品牌化 实施精品教材计划，组织专家编写农民培训教材。精品教材《热带农业科技服务技术系列丛书》《可可栽培与加工技术》《橡胶树栽培管理技术彩色图说》被遴选为 2017 年全国农民培训优秀教材；《南方农区畜牧业实用技术丛书》获得农业农村部科普奖。

3. 基地品牌化 构建实训基地库。在院内外遴选一批"有看头、有干头、有说头"的学员实训基地，提升实训效能，增强培训效果。实训基地涉及农业资源保护利用、育种栽培、立体种养、生态循环农业、病虫害综合防控、农业生物技术、农产品精深加工、智能农机装备、畜禽生态养殖、农业经济与信息化等多领域，集成示范技术成熟，引进示范成效显著，满足了农民教育实训需要。

4. 培训信息化 建设"院培训中心微信公众号"平台和"专家线上服务平台"，打造"线下"培训、"线上"服务模式，逐步健全培训条件支撑体系；

建立智慧培训管理系统，实现了培训管理的数字化、科学化、高效化，为培训提供大数据支撑。近年来，农民教育培训工作在中央电视台、中国日报、农民日报、海南日报等媒体发布新闻报道 100 多次，提高社会对农民教育培训的认知度，提升了影响力。

三、农民教育培训工作建议

（一）明确产业方向，推进培训与产业的融合发展

农业人才培育以热带特色高效农业产业发展为重点，以提高农民技术、经营、管理等综合素质为抓手，在产前、产中、产后各环节实施农业农村人才教育培训，支撑农业产业结构调整和农业发展方式转变。

在总体布局方面。遵循农业资源地域分异规律，结合区域产业基础和发展规划。在海南，教育培训坚持抓"两头"，带"两线"，促"中间"，以北部和南部产业基础条件好的区域为重点，带动东部、西部热带农业人才发展，促进中部产业人才发展，形成"点上突破、两头发展，两线拓展、中间带动、面上推进"的空中发展格局。在广西、广东、云南等地按照当地产业发展规划，结合院科技优势，有计划推进农业人才培训工作。

在专业分布方面。立足海南全岛，重点在全省区域内（不含三沙市）开展瓜类、豆类、椒类以及在五指山、白沙、琼中、保亭开展高山蔬菜、地方特种菜、山野菜生产经营管理培训；在昌江、乐东、东方、三亚、海口、琼海、文昌、澄迈等地开展芒果、香蕉、荔枝、莲雾、红毛丹等热带水果生产经营管理培训；在中西部地区开展橡胶、茶叶和在全岛区域开展槟榔、椰子、胡椒等热作生产经营管理培训；在东西部开展生猪、肉牛技术培训，在中西部开展肉牛生产管理培训，在东北部开展家禽生产经营管理培训；在环岛中间商品林圈、中部南部山区林业生态保护核心区开展花卉、林下经济、木本油料等生产经营管理培训；在文昌、白沙、临高、海口等地开展标准化健康养殖技术培训；在全岛区域内开展加工物流技术培训；在全岛区域内开展休闲农业人才培训；在全岛开展新型农业经营主体和农业社会化服务主体素质提升培训。在广西、广东、云南等地根据产业发展需求设置相应的培训专业领域。

（二）完善培训模式，推进培训支撑体系建设

1. 加强配套设施建设 重点对现有的具备教学、住宿、餐饮、实训等基本功能的基础设施分步骤、分阶段进行改造利用，逐步健全培训设施功能。逐步推进实训基地建设，分类建设一批集科研、示范、培训、推广为一体的实训基地。加大与农业龙头企业、农科科技园区、产业示范园等，合作共建一批集教学实践、技术展示、创业孵化等功能一体的实训基地，将教育培训与生产实践紧密结合。

2. 加强培训口碑建设 着力开展培训模式、师资队伍、培训资质、教材体系等方面的建设，提升自身能力水平，提升培训竞争实力，促进培训的提质增效。

3. 完善多维度的培训模式 发挥院科技、人才和资源的叠加优势，突出特色，强化共享，完善"农科教深度融合，产学研一体化，产加销一条龙"的特色培训模式，推进培训产品和线路的多样性。开展远程教育培训，整合课程、讲座等优质资源，推进培训现代化和资源利用的高效化。构建研学循环体系，依托现有的研学基础条件，打造院属单位研学内循环系统，加强院属单位互通互联教学线路设计，形成经典培训产品和精品教学路线，增强研学的互补性和黏合度。

4. 建设高素质的教师队伍 推进教师库建设，建立教师绩效考核与奖励机制，形成教师准入与退出常态化管理。按照"需求为本、统筹资源"原则，进一步遴选聘用一支以院内专家为主，院外专家为辅的专业教师队伍，打造一支结构合理、理论扎实、经验丰富、教学能力较高的专业团队。

5. 建立含金量高的培训证书体系 围绕乡村振兴、"一带一路"建设等，积极申报农业农村部、科技部、人社部、商务部等相关部委以及热区九省（区）等地方政府认定的培训资质和职业技能鉴定资质并获批，整合、用好现有的培训资质，促进培训项目提质增效，增加培训资质内涵，提升培训资质的显示度。积极与职业院校和涉农高校深度合作，合作开展农民学历教育，在职业教育"1＋X"证书体系中实施好培训职能。积极与涉农企业合作，定向培养企业紧缺、急需农业技术人才，为涉农企业提供持续人才供给。

6. 建立立体化培训教材格局 以需求为导向，科学制定规划，加强教材开发的顶层设计。建立分层分类的培训教材开发机制，突出实用性、先进性、针对性和特色性。建立传统教材、音像教材与多媒体教材融合开发模式，创新培训教材呈现形式。建立科普读物、职业技能教材、农业实用技术教材、经营管理教材等多类型的教材体系，增加培训教材的广度与深度。

（三）加强资源共享，推进培训协同合作体系建设

1. 打造农业教育培训基地联盟 以开放的姿态，主动作为，积极与涉农科研院所合作，打造农业科研院所培训联盟。实行专兼职师资、课程共享，联合攻关，共同开发新课题，共同编制培训教材。积极与地方政府合作，打造培训基地体系，构建"培训基地—田间学校—科技小院"三级培训网络，分层分类实施培训，服务地方经济社会发展。

2. 建立院校、院企长效合作机制 充分发挥自身资源和优势条件，积极探索产学研深度融合的人才培养模式，积极与涉农高等院校联合开展农业农村人才培养。在构建互利互赢的驱动机制的基础上，建立科学、长期、有效的院企合作运行机制，将合作企业作为农业农村人才教育培训的实训基地，提高人才培养的针对性，延长培训的链条。

3. 构建内容丰富的培训基地分系统　按照"科学规划、统筹安排、定位明确、责权清晰、特色鲜明"的原则，依托全院培训基地资源禀赋、区位优势，规划全院培训基地分基地建设内容，形成优势互补的培训分基地系统。把基地打造成特色鲜明、功能齐全、设施完善、开放共享、管理规范、保障有力的培训平台。

第五节　强化智库支撑，解决"如何引"的问题

一、科技人才下乡，智力支撑乡村发展

（一）选派优秀干部服务基层

中国热科院坚持发挥国家级热带农业机构技术人才优势，把选派优秀年轻干部到基层挂职锻炼作为推进产业扶贫的重要手段，帮助贫困地区引进优良品种、推广实用技术并培育脱贫带头人，不断强化贫困地区特色产业发展的支撑能力。自2016年以来分批次选派优秀科技人员到海南、广西、云南、四川、广东等省（自治区）的贫困地区挂职帮扶干部57人（其中2016—2018年38人，2018—2019年13人，2020年6人）、中组部博士服务团2人、援疆援藏1人，组成科技扶贫联络组，负责院与扶贫地区政府及生产部门相关工作的有机衔接，强化同热区地方政府、相关社会组织沟通与合作，科技支撑热区脱贫攻坚，推动地方特色农业产业发展。选派的挂职干部积极发挥桥梁纽带作用，全面宣传推介院最新科研成果，探索产学研合作新型组织模式和运作方式，推动产学研合作由"点对点"合作、松散合作、单项合作向系统合作、紧密合作、长期合作的转变，推动企业与专业对接、产业与科研单位对接，努力构建并完善院地长效合作机制。

（二）遴选优秀科技人员服务产业

中国热科院主要通过遴选海南省"三区"人才服务地方产业及依托科技特派员服务地方产业等形式选派科技人员服务地方产业。近三年，中国热科院选派了174名海南省"三区"（边远贫困地区、民族地区和革命老区即"三区"，海南省"三区"为中西部11个市县）科技人才到海南省"三区"市县和辐射市县开展科技援助工作。2019年，选派了64名科技人员到海南省陵水、乐东、东方、昌江、临高、定安、屯昌、琼中、五指山、保亭和白沙共11个"三区"市县，61个镇（乡），131个村开展科技援助与服务工作。2020年，选派了65名科技人员到海南省"三区"市县和辐射市县开展科技援助工作，涉及44个镇（乡），113个村。"三区"人才围绕"三区"市县农业产业结构调整，引进新品种、推广新技术，转移转化一批科技成果，培育提升一批企业、专业合作社，带动农民依靠科技致富，为"三区"经济社会发展提供有效

的科技人才支持和智力服务。选派海南省科技特派员 660 名（占全省科技特派员 59%），海南省三区人才共计 108 名（占全省三区人才的 46%）深入基层、投身脱贫攻坚、开展科技服务，助力乡村振兴，贡献热科院力量。

二、实施"三百"行动计划，促进农科深度融合

为进一步贯彻落实党和国家、农业农村部实施脱贫攻坚工作和乡村振兴战略部署，充分发挥全院的科技和人才优势，推动新农村建设和热带现代农业发展。2018 年，中国热科院决定在热区全面开展"百名专家百项技术兴百村"行动（简称"三百"行动），其工作目标为，通过实施"三百"行动，在热区 9 省（自治区）示范村（点）开展持续、有效的科技入村服务、示范和帮扶行动，到 2022 年，实现百名专家联系或进驻百个村庄，推广百项新品种、新技术与新模式，带动广大新型生产经营主体参与打造地方特色高效农业，最终打造百个院科技助推乡村振兴联系点，使科技成果得到充分展示、科技助推热区乡村振兴的位置和作用得到充分彰显。

近三年，中国热科院按照"三百"行动计划方案，积极统筹全院科技、人才资源，以"百名专家百项技术兴百村"行动为中心，遴选海南白沙县、广西扶绥县、四川攀枝花市、贵州省兴义市等联合创建农业农村部"乡村振兴科技引领示范村镇"，组织专家联系或进驻村庄，推广新品种、新技术与新模式，带动新型生产经营主体参与打造地方特色高效农业，为实施乡村振兴提供强有力的科技支撑和引领。建立了科技服务专家库、成果库、示范库（一期）库，遴选优秀科技专家 109 名、应用型成果 78 种（个），确定科技帮扶示范村（点）36 个，建立了 17 个扶贫扶持点和 83 个乡村振兴联系点，集成创新了 30 多种应用技术、推广 60 多种新品种，示范推广面积超过 200 万亩。

三、开展工程咨询，助力产业项目落地实施

2015 年，中国热带农业科学院科技信息研究所（下文简称信息所）组建工程咨询业务团队，提出并贯彻实施以打造"热带农业工程规划设计咨询中心，提供全产业链的农业智库咨询服务"为目标，以"以客户为中心，为客户创造价值"的服务理念，以"服务为先、专业为本、质量制胜、追求卓越"服务宗旨。"十三五"期间，信息所工程咨询团队承担包括规划咨询（主要包括农业产业规划、园区规划、共享农庄规划和美丽乡村规划等）、项目咨询（主要包括可行性研究报告、项目建议书、资金申请报告）、评估咨询、全过程策划咨询、政策咨询和市场调研咨询等业务 150 余项。近年来，信息所咨询服务范围不断扩大，已为海南、广东、云南、四川、广西等我国热区省（自治区），以及我国企业在柬埔寨、泰国等热区国家农业项目提供咨询智库服务，服务业

主单位百余家，为企业争取各类农业补贴资金超过 2 亿元。有效助力热带农业"走出去"，助力了当地脱贫攻坚和乡村振兴发展。实现工程咨询智库工作既"更上档次"又"更接地气"；既提高了院地合作的含金量，又擦亮了中国热科院"国字头"金字招牌。

【贫困乡村产业规划案例】

◆ 案例1　海南省白沙黎族自治县青松乡拥处村乡村振兴发展规划

该规划根据乡村全面振兴要求，实施"三区一带多节点"全域覆盖发展振兴布局。"三区"指天然橡胶产业融合发展区、林下经济产业融合发展区、山兰稻产业融合发展区；"一带"指休闲观光产业融合旅游带；"多节点"指全域发展一批重点项目。

天然橡胶产业融合发展区：按照"稳面积、保收益"的思路，结合拥处村天然橡胶生产功能区划定工作，优化拥处村天然橡胶产业结构与产业布局，推广全周期间作模式和割胶自动化等新技术，实现保障天然橡胶有效自给、产业保收增效目标。规划到 2033 年，天然橡胶种植面积 7 304 亩，橡胶干胶总产量达到 480 吨，建成集天然橡胶标准化种植、教育培训、科技成果培育与转化创新为一体的现代天然橡胶产业区。

林下经济产业融合发展区：以益智种植示范基地为依托，推进拓展区、辐射区向全村除耕地、村落以外的所有橡胶林下的丘陵缓坡、山地面积扩展。大力发展橡胶林下种植益智和砂仁、林下间作种植食用菌、林下规模养山鸡、林下养蜂、森林旅游、林下产品经营加工等产业模式，发挥集群作用，提高经济效益，互动融合发展。

山兰稻产业融合发展区：占地面积 1 500 亩，主要位于青开老村南面、青开新村东面、拥处村南面、拥东村东南面的田洋地及山坡地。布局建设山兰稻示范点、山兰稻生态种植区、稻鸭共生体验区、七彩山兰游览区、稻田迷宫游览区、山兰稻品种展览馆、山兰稻加工产品研发和种植培训服务基地等。

休闲观光旅游带：依托仙婆岭自然山水风光和山兰农耕文化资源优势，以种养业为基础，以休闲农业为载体，以顾客需求为导向，以科技为支撑，以休闲体验为主线，以特色文化民俗为亮点，将拥处村建设成集观光型、体验型、科技型、休闲型于一体的休闲观光产业融合旅游带，为白沙县亮出绿色新名片，助力白沙创建海南西部中心城市。

全域发展一批重点项目： 重点建设有重大带动和支撑作用的区域和项目。包括一批生态治理和建设工程，一批文化和景观建设工程，"三区一带多节点"重要建设项目等（图2-5-1）。

图 2-5-1 "三区一带多节点"全域覆盖发展振兴布局图

◆ 案例2 怒江大峡谷乡村振兴产业示范园总体规划

该规划坚持"全州一盘棋、全江一体化"，对接怒江州乡村振兴战略规划、巩固拓展脱贫攻坚成果同乡村振兴有效衔接规划和"十四五"农业农村现代化规划，谋划怒江流域的三县（市）乡村振兴空间布局，构建"一核引领、一谷聚集、一廊辐射，五集群协同、十园区支撑、全域化覆盖"战略布局。

一核： 乡村振兴"引领核心"。依托泸水市乡村振兴为核心载体，围绕现代产业基础，提升科技支撑和创新引领能力，推进一二三产深度融合，促进产学研游一体化发展。

一谷： 沿江特色生态现代农业"产业硅谷"。依托怒江沿岸乡村振兴示范区为载体，把"峡谷"变"硅谷"，推动土地、生产力、资本、市场和信息等现代农业资源要素聚集，促进沿江产业经济带发展。

一廊： 农业对外开放合作经济"支撑廊道"。依托片马对缅国家口岸和鲁掌三河片区"百里长廊"的通道串联作用，推进六库—片马城岸一体、边境农工贸一体，促进"双循环"枢纽通道。

五集群：建设"六库—上江—老窝""鲁掌—片马""鹿马登—石月亮""匹河""丙中洛—独龙江"5个乡村振兴示范集群。贯彻"创新、协调、绿色、开放、共享"五大发展理念，引导大峡谷乡村振兴"跨市县、跨乡镇、跨园区"组团式发展。

十园区：打造形成省级、州级和县市级三级共10个乡村振兴产业示范园，形成"1—3—6"的发展梯次。其中，省级1个，为六库镇乡村振兴产业示范园；州级3个，分别为鲁掌镇、鹿马登乡、丙中洛镇乡村振兴产业示范园；县市级6个，分别为老窝镇、上江镇、片马镇、石月亮乡、匹河乡和独龙江乡乡村振兴产业示范园。

全域化：按照"全州一盘棋"理念，依托怒江大峡谷乡村振兴产业示范园，一方面推进"全域农业＋全域旅游＋全域文化"发展；另一方面为怒江州全域化推进乡村振兴树立标杆，为全省乃至全国"三区三州"地区推进乡村振兴探索可复制、可推广的"怒江经验"和"怒江模式"（图2-5-2）。

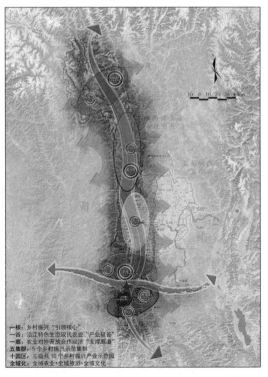

图 2-5-2 怒江大峡谷乡村振兴产业示范园总体规划图

◆ **案例3 怒江绿色香料产业园总体规划**

聚焦"三区三州"等深度贫困地区，作为怒江扶贫攻坚硬骨头之一，怒江绿色香料产业园建设偏重生命力和发展力，确立特色香料种植和"山水相依·情满怒江"为园区建设的产业主线和文化主线，以科技服务支撑怒江特色产业发展为主要抓手，着力推进香料作物的现代高效特色种植，大力加强科技研发和转化应用，努力提升生产管理科学水平和技术含量，延长香料产业链，丰富相关业态、产品和服务，以产业发展带动农村人居环境和生态环境治理改善，以资源整合拓展怒江香文化传播范围，打造全国领先、全球知名的绿色香料产业园，带动农民持续稳定增收，为实现脱贫致富、乡村振兴注入新动能。怒江绿色香料产业园根据不同的功能，按照"一核两园四区"分为七大主题区。

一核：香料科技创新发展核。以科技先导、三产融合为核心，科学规划种植示范、科普会展、研学旅游等业态，持续发挥核心示范辐射作用。

两园：特色香料种植体验园分为"负阴"特色香料休闲观光园和"抱阳"特色香料休闲观光园两园。以立体景观带种植为手段，建设赏、玩、游、品四位一体特色休闲观光园。

四区：以香、养、文、食为主题，以新、特、奇、异香料作物景观为特色，以人性化体验为目标，打造特色香料种植区域，设置名人名家工作室。分为高端香水香料种植体验区、健康养生香料种植体验区、民族风情香料种植体验区、地域美食香料种植体验区四区（图2-5-3）。

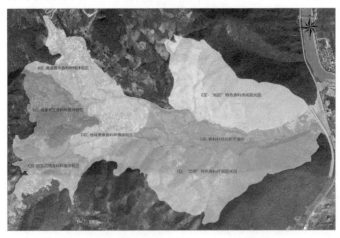

图 2-5-3 怒江绿色香料产业园总体规划图

第三章 科技扶贫实践

脱贫攻坚，产业是根。党的十八大以来，中国热科院以习近平总书记对脱贫攻坚的系列重大部署为指导，认真贯彻落实党中央、农业农村部关于扶贫脱贫工作的部署要求，紧密围绕热带农业产业发展需要和热区农民增收需求，聚焦热区脱贫攻坚的重点难点问题，充分调配技术、人才、资金等要素资源，精准发力，破解疑难，促进一批地方特色产业"从无到有、从小到大、从弱到强"的跨越式发展，打造一批具有较强综合竞争力的现代农业产业经济带，为热区脱贫攻坚和乡村振兴提供重要支撑。多年来，一批批中国热科院的科研人员活跃在我国热区大地，进村入户到田间地头，手把手教农民技术，通过科技引领、赋能、兜底，为热区脱贫攻坚培育新产业、激活老产业，担起了科技扶贫的使命担当。

第一节 敢啃脱贫攻坚"硬骨头" 小作物发挥大作用
——科技支撑云南省怒江傈僳族自治州绿色香料产业发展

怒江州位于云南省西北部，怒江中游，因怒江由北向南纵贯全境而得名。整体呈"V"字形峡谷地貌，96％的国土面积为25°以上的坡地、山地，地处边疆山区，为少数民族地区，是典型的"直过"民族。2020年末，怒江州常住总人口55.7万人，其中农村人口47.08万人，乡村从业人员29.7万人。全年农林牧渔业总产值47.08亿元，其中农业产值16.62亿元，林业产值8.52亿元，牧业产值20.68亿元，渔业产值0.08亿元，农林牧渔服务业1.17亿元。怒江州灌溉耕地占总耕地面积的24％，农机作业面积73.3万亩，主要农作物耕种收综合机械化率达到38％。每百平方公里建有公路38.6公里，比云南省低39.87％，比全国低23％。怒江州是国家深度贫困地区"三区三州"之一，是国家脱贫攻坚重中之重，是脱贫攻坚政策重点帮扶的对象。

党的十八大以来，以习近平同志为核心的党中央把贫困人口脱贫作为全面

建成小康社会的标志性指标，对自然条件差、经济基础薄弱、贫困程度深的"三区三州"实施重点帮扶。2019年，中国热科院与怒江州人民政府签署了战略合作框架协议，科技结对帮扶怒江州脱贫攻坚和产业振兴。近年来，中国热科院科技人员广泛深入怒江州开展农业产业技术指导、人才培训等科技服务工作，助推怒江州以草果为主的绿色香料产业转型升级，为怒江特色农业发展提供科技支撑，有效促进了农业提质增效、农民增收，在助力打赢脱贫攻坚战中发挥了重要作用。

问诊把脉，开良方谋发展

为摸清家底，找准产业发展难点、痛点，找到科技帮扶的切入点，中国热科院多批次在怒江州开展全方位的深入调研，从怒江州文化、民族、地理、农业、经济、基础设施、各市县产业发展情况、异地搬迁情况、特色旅游情况等方面进行了调查分析；针对农业种质资源、香料产业、草果产业、技术服务范围、人才服务范围、信息服务范围、社会服务范围等方面，多批次与各市县管理部门进行座谈、走访群众和深入一线摸底，对怒江州的现实困难和亟待解决的问题进行了全面、深入的收集整理，形成一系列的考察、调研报告，呈报怒江州政府，为精准谋划和战略决策工作打下坚实理论基础。

怒江州拥有丰富的水、动植物和旅游等自然资源，以及独具特色的多元民族文化，但在农业产业发展上，存在基础设施薄弱、农村劳动力受教育水平偏低、农业产业组织化程度不高、科技支撑产业发展不足等问题。在农业产业结构中，草果产业优势明显。截至2018年，怒江州种植草果108.21万亩，为我国种植面积最大的市（州），挂果面积40万亩，鲜果总产量3.34万吨，产值5.3亿元。草果产业带动沿边3个县（市）21个乡（镇）116个村的4.31万农户，覆盖人口16.5万人，其中建档立卡贫困人口1.08万户3.78万人，占全州贫困人口的23.05%，带动贫困人口人均增收2 700元。草果产业是怒江州农业发展的重要优势特色产业之一，目前怒江州草果产业面临着科技支撑滞后、基础设施建设滞后、市场投机过度、产业布局不合理等问题。针对这些问题，中国热科院专家团队从科技支撑、产业布局、强链补链、品牌打造等方面提出了推动草果产业的提质增效的对策与建议。

为加快构建怒江州绿色香料产业技术体系，延长产业链、提升价值链，助推怒江州绿色香料作物产业升级，中国热科院与怒江州政府和中交集团联合组建绿色香料产业研究院，推进产学研深度融合；针对怒江州草果种质资源本底不清、种植品种混杂、产量不高、品质不优等问题，开展资源收集、保存和鉴定评价等工作，积极筹备国家草果种质资源圃建设；为带动区域经济发展和整体实力提升，中国热科院积极推动绿色香料产业园建设，启动香料植物引种种植和香料植物博览园建设等工作。

聚合力量，助力脱贫攻坚

集中全院力量，联合攻关，助力怒江州乡村产业全面发展。在服务承诺上，推动院州《战略合作框架协议》的实施，为特色农业产业发展提供规划咨询、科技创新、技术服务、人才服务、信息服务、社会服务等内容；形成《战略合作事项清单》，为精准对接怒江州科技扶贫打下坚实基础；签订《怒江傈僳族自治州人民政府全过程科技科技服务合作协议》，明确以产前、产中、产后一条龙配套农业科技服务，保证科技支撑工作顺利推进。在联合调研上，2020 年，组织全院不同领域多批次深入调研，形成《科技助力怒江州农业特色产业发展工作对接和调研报告》，为精准施策打下基础；在产业规划上，组织全院相关单位承担《怒江绿色香料产业园总体规划》《怒江州绿色香料产业园植物种植规划》《怒江州绿色香料产业园景观规划》《怒江州福贡县国家草果种质资源圃规划》《怒江大峡谷乡村振兴产业示范园总体规划》《福贡国家草果种质资源圃总体规划》《怒江大峡谷乡村振兴产业示范园总体规划》共 7 项产业规划项目，为怒江州产业导航；在智力支撑上，选派 4 名科研人员在怒江州挂职，选派 3 名科研人员兼任怒江州绿色香料产业研究院相关负责人，成立项目专家工作组，采取短期出差、时段进驻、长期驻点等工作方式，推动产业项目的高效实施，设立怒江州产业发展相关科研专项 4 项，支持科技人员开展草果等相关研究，解决怒江州草果产业发展的相关技术难题（图 3-1-1）。

图 3-1-1　中国热科院相关专家赴怒江香料产业园进行规划调研

技术支撑，护航产业发展

针对草果种植过程中的病虫害防控问题，积极组织多家单位科技力量多次深入田间地头，联合开展病虫害的鉴别和生态防控策略的研究。怒江州草果主要虫害为舞毒蛾、斑蛾、木毒蛾等，主要病害为草果腐烂病、枯萎病、叶斑病、炭疽病等。在干旱年份，病虫害发生尤其严重。针对病虫害，热科院专家团队提出了结合物理、生物、化学等多种策略进行防治，积极为怒江州生态保护和草果产业发展保驾护航。

针对草果技术推广和应用方式单一等问题，中国热科院专家团队进一步完善农业技术推广体系（图 3-1-2）。

图 3-1-2　草果种质资源圃建设讨论会

在示范基地建设方面，组织院属单位在怒江州建设标准化示范基地 3 个，在泸水市建立芒果新品种试种示范基地 1 个，建立番荔枝、波罗蜜、黄晶果等优稀果树示范基地 1 个，在三河村建设草果标准化种植示范基地建设 50 亩。在草果种质资源圃建设方面，目前已经收集保存 108 份种质资源，流转土地 143 亩。在新品种应用方面，在怒江州兰坪县澜沧江干热河谷成功试种了由中国热科院自主培育出来的热研墨玉、琼香、琼丽等 8 个精品西甜瓜新品种，得到州委州政府和周边百姓的一致好评，下一步将采取政府主导，合作社主体，百姓参与的模式开展产业推广，积极带动当地百姓增收致富。在大数据支撑方面，通过热作"12316"短信平台向贫困户推送市场行情、农业保险、病虫害防治等信息 6 万余条，并及时通过微信等渠道发布农产品宣传及滞销等消息，助力农产品产销。在人才培养方面，专家团队把输血式帮扶变成造血式帮扶，以"传帮带"的方式重点培养当地本土化农业人才，为当地培养了一支带不走的"永久牌"科技队伍，为产业发展提供了基础人才保障。在怒江州组织开展5 期培训班，培训 500 多人；联合举办"2020 年怒江州农业农村系统乡村振兴业务培训班（海南）"，培训学员 65 人，培训时间 8 天，使海南省乡村振兴"什寒模式"在怒江州得到推广。注重"扶智、扶志"与技术帮扶相结合，鼓励农户发展产业，宣讲政府扶持新业政策支持，传授农民科学种植技术以及科普知识，增强了建档立卡户的脱贫信心并激发了他们的致富动力，让他们感受到了党和政府的关怀。

打造品牌，拓展产业链条

目前怒江州建成了 111.5 万亩种植规模的全国草果核心主产区和云南省最大的草果种植区，带动全州 4.31 万户 16.5 万人增收。草果已经成为全州带动力最强、辐射面最广、贡献率最大的支柱产业，但草果产业链仍不强和不全。

为补齐草果产业链发展短板，专家团队着力特色香料精深加工技术研究和产品开发，开发产品 20 余款，实现商业化推广应用 7 款；科技支撑怒江州农业企业发展，与怒江州福贡云能产业有限公司、永强科技有限公司等 5 家草果加工企业，建立战略合作关系，支持企业开展草果绿色干燥、精深加工；积极引导企业进入怒江州拓展香料加工业务，与北京、河北、江苏等地的多家企业、产业园区联合进行产品开发、市场开拓，有效带动了怒江州香料加工产业的发展；围绕特色香料药用功效挖掘，开展基础理论研究，发现其功能活性成分具有抗癌、消炎等一系列医用价值，为进一步提升产品价值、延伸产业链提供了科学理论支撑。全面收集草果基础数据，分析不同果型、不同区域等条件下，草果品质、营养及质量安全，为筛选优质草果品种和推广示范提供科学支撑。按照云南省打造"绿色食品牌"要求和部署，发挥中国热科院优势，推进怒江州农产品质量检验检测中心"双认证"工作，推动"怒江草果""兰坪乌骨绵羊""兰坪绒毛鸡"地理标志登记申报工作，加快怒江州"三品一标"认证，构建农产品品牌体系，促进怒江州"厨房工程"建设。开展《草果》行业标准制定，规范草果品质，推进草果地理标志产品认证和名特优新产品认证，打造草果第一品牌。协助市县申报第十批全国"一村一品"示范村镇，其中老窝镇银坡村、上帕镇达普洛村及马吉乡获批。积极推动福贡县草果产业"一县一业"示范县申报。积极为农户和企业牵线搭桥，让农户与企业形成直线对接，带动贫困户发展产业，增加收入，帮助当地专业合作社、农户等销售草果、咖啡、核桃等农产品 50 余次，让"滞销"变"畅销"，解决了农产品丰收不增收问题。

第二节 干热河谷开出"科技花" 晚熟芒果变成"致富果"
——科技支撑四川省攀枝花市芒果产业发展

"以前想都不敢想，种芒果能致富"，果农陈西平兴奋地向前来调研的领导说。在 20 多年前，谁会想到一座被誉为"钢铁之城"的攀枝花，能够成为我国"纬度最北、海拔最高、成熟最晚、品质最优"的芒果优势产区呢！中国热科院的专家们，真真切切地把它变为了现实。

四川省攀枝花市，坐落在蜿蜒 2 300 多公里的金沙江干热河谷，山地面积超过 90%。有贫困村 70 个，建档立卡贫困人口 9 533 户 37 855 人。20 世纪 90 年代以前，当地一直没能找到合适的农业主导产业。

20 世纪 90 年代中期，攀枝花市委、市政府提出了建设热带优质水果基地、大力发展热带高效农业、促进地方经济快速发展的战略部署。但在实施过程中，由于缺乏热作技术人才，农业科技人员还是以研究和开发温带作物为主，存在亚热带水果品种杂乱、品质差以及农民的栽培管理技术落后的问题。因此，攀枝花迫切需要寻求具有热作科研能力和生产技术的农业科研院校，为发展当地热带高效农业提供技术支持和保障。

中国农学会组织的专家组实地考察后建议，攀枝花可以建成出口创汇型优质南亚热带果品生产基地，是种植芒果、龙眼等热带、亚热带水果的最适宜地区之一。中国热科院科技及人才资源能够满足攀枝花市农业发展对科技的需求，许多热带作物品种以及配套的研究技术成果可以直接落地示范推广，能迅速转化为生产力，实现经济效益。同时随着科研体制的改革，面临生存和发展挑战的形势，需要中国热科院借助西部大开发的有利时机，寻求有效手段和载体，将自身的科研成果迅速转化为现实生产力，服务于产业。寻求合作既可以发挥其专业特长和优势，拓展科研空间，又可以丰富科教职工实践技能和积累经验，促进科研人才快速成长，同时打造热科院校品牌，促进科技进步和科技成果的推广应用。因此，四川省邀请热农院校（中国热科院与原华南热带农业大学简称）名誉院校长黄宗道院士为领队的热带、南亚热带果树考察队一行，前往攀枝花地区考察热带、南亚热带果树生产，研究和制定发展规划，确定了攀枝花市发展芒果的主推品种，论证了芒果的适生区域为海拔 900 米至 1 400 米的范围，并根据全国芒果生产情况，明确了攀枝花市以"发展优质晚熟芒果为主"的战略思路，为攀枝花市发展芒果生产指明了道路和方向。1997 年 3 月，中国热科院与攀枝花市人民政府首次签订合作协议，开启了以团队式选派科技副县长为主要内容的一揽子科技支撑产业发展行动计划。

因地制宜，科学规划

从中国热科院选派的科技副县（区）长在工作期间，协助四川省科协等有关单位，组织热作专家组 3 批次，深入攀枝花、西昌地区开展调查研究，先后向国家有关部门提交《攀西地区建设 10 万亩一流的优质芒果商品生产基地的建议》《在攀西地区建设 52 万亩优质南亚热带果品商品生产基地的建议》《攀西地区优质南亚热带果品发展规划》《攀西地区芒果品种与病虫害调查报告》《盐边县红格地区脐橙基地土壤测试结果分析报告》《攀枝花市盐边县两万亩优质芒果商品生产基地建设项目可行性研究报告》等建议和论证报告，为攀西地区南亚热带水果发展献计献策，为特色南亚热带作物产业发展积极争取国家的支持。

发挥优势，指导生产

攀枝花市聘请中国热科院专家教授担任市委市政府顾问。一方面通过中国热科院牵线搭桥，邀请国家有关部委领导人来攀枝花考察，指导当地发展热作产业；另一方面，通过挂职科技副县（区）长，每年组织中国热科院有关专家来攀枝花，对广大农户、农业技术员开展实用技术培训，提高技能，同时深入田间地头，实地指导农户开展热作生产，解决技术难题。

利用技术和丰富的热带作物品种资源优势，以科技副县（区）长为桥梁和

图 3-2-1 攀枝花芒果喜获丰收

中介，中国热科院在攀枝花先后推广热带作物（包括热带果树）优良品种近100 个；以芒果产业为龙头，发展了以龙眼、香蕉等为代表的一大批水果基地。热带果树优良品种的大力推广，极大地改善了当地农产品结构，丰富了当地热带作物品种和热带水果市场，并为广大种植户带来了良好的经济效益，受到了当地农民的普遍欢迎（图 3-2-1）。

示范带动，推动发展

双方建立合作以来，目前中国热科院选派了 8 届共 20 余名热作方面的专家、技术骨干到攀枝花主要农业县（区）任科技副县（区）长。协助县（区）长分管农业、科技等工作，主抓以芒果为重点的热带水果产业和热带牧草发展，并大力开展热作技术人才的培养工作。

选派的科技副县（区）长主要协助地方政府抓热带作物基地建设，大力发展芒果生产。从 1997 年起，中国热科院在攀枝花地区先后推广 20 多个国内外芒果优良品种，共计 2 万余株（图 3-2-2）。经过科学试种和严格筛选，确定了凯特、肯特、爱文、海顿、吕宋、台农 1 号、金白花和吉禄 8 个品种为攀枝花市芒果主推品种，建立了母本园和示范园。2002 年，爱文芒果在中国西部农业博览会上获得金奖，吉禄、凯特芒果获得银奖。经过多年的努力，对攀枝花原有的芒果基地有计划、有步骤地实施了品种改造升级。向农民提供大量的优质果苗，有力地带动和促进了攀枝花市及周边地区的优质水果发展。新建的芒果基地，全部种植优良品种，如凯特、肯特、爱文等。通过对老果园的改良和推广优良品种，攀枝花市芒果品质得到根本改变，产量和经济效益大幅提高，

图 3-2-2　芒果新品种推介

芒果产业跨上了一个新台阶。

攀枝花市每年以新发展 6 000 亩芒果的速度，迅速扩大种植面积。至 2020 年种植面积 73 万亩，投产面积 37 万亩，产量 38.3 万吨，产值 16.4 亿元，产生了一批如攀农集团、锐华公司、大祥公司、德益公司等的龙头企业，培养了一批芒果生产大户，形成了规模种植优势。同时辐射带动位于攀枝花市周边的云南省华坪、元谋等地区发展优良芒果品种种植基地。

培养人才，注入动能

针对攀枝花市热作人才严重缺乏、热作栽培和管理技术滞后的实际，中国热科院充分发挥办学优势，培养了一大批热作专业人才和实用技术人员。

联合设立攀西函授站。1998 年 5 月，原华南热带农业大学成人教育学院西南分院攀西函授站在攀枝花市米易县正式挂牌成立。函授站根据攀枝花市实际需要，以培养懂技术、会经营、善管理的热作人才为宗旨，科研、教学、试验示范相结合，开办了 3 年制的热带果树专业大专函授班。主要以农村基层干部、农林科技人员、农村专业户、待业青年等为对象，培养能从事果树、蔬菜、花卉生产和推广工作的应用型人才。函授站的管理和教学工作主要由中国热科院选派的科技副县（区）长承担，依托中国热科院专家、教授为学员进行面授辅导和现场指导。

几年来，函授站培养的热带果树专业学员达 350 余名，已毕业的 290 名学员中，担任副乡（镇）长以上职务的 37 人，评为高级农艺师的 2 人，经营 50 亩以上果园的 9 人。培养了一批懂技术、善管理、扎根当地的热作人才，学员中涌现出了一大批水果万元户、十万元户和百万元户。如首批学员韩大祥，现已是攀枝花市芒果发展企业业主，其开发的 1 500 亩芒果园现已投产，集资开发的 3 000 亩攀枝花生态植物园已初见成效，2001 年和 2002 年两年仅经营芒果生产收入就达 500 多万元。学员井源，是米易县攀莲镇青皮村果农，2001 年被评为攀枝花市"十佳科示范户"，由他发起成立的米易县龙眼芒果专业技术协会，带动了米易县龙眼、芒果的大发展。他们在攀枝花南亚热带水果基地建设中，发挥着极其重要的示范作用。

大力开展农村实用技术短期培训。发挥科技副县（区）长的作用，通过举办培训班、送科技下乡、开现场会、印发技术资料等形式，广泛开展了芒果、龙眼、荔枝等果树的修剪、嫁接、病虫害防治、水肥管理和老果园改造等栽培技术培训。立足挂职科技副县（区）长，邀请一大批热带农业专家、教授深入攀枝花两县三区传授热带农业科学技术，累计举办热带水果技术培训班近 100 期，培训农民 20 000 多人次。结合攀枝花市生产实际，编写了《芒果果园管理技术》《龙眼果园周年管理工作历》《香蕉栽培管理技术》《芒果叶瘿蚊及防

治方法》等实用技术手册，共印制 20 000 余册，免费发给广大果农。

联合举办多种类型培训班。作为攀枝花市市委组织部农村干部培训基地，1997 年接受攀枝花为期 1 个月的干部培训任务，共培训 60 余人；2002 年接受攀枝花为期半个月的农村干部"农业产业结构调整培训班"任务，共培训 32 人；2003 年接受攀枝花为期半个月的农村干部"热带高效农业培训班"任务，共培训 30 人。同时组织多批由攀枝花各县、区组织的农村干部和种养大户到中国热科院进行学习考察和技术培训。攀枝花市农业农村局（原农牧局）、市委组织部等单位与中国热科院联合举办各种类型培训班 50 余期，培训了包括乡镇干部、专业人员、经营人员、农民等各类人员共计 1 万余名（图 3-2-3）。

图 3-2-3　芒果技术现场培训

20 多年来，中国热科院每年派出上百人次科技专家深入攀枝花市各县（区），深入到乡村基层开展科技服务，摸索和创建科技推广"攀枝花模式"，助力攀枝花市成为全国"纬度最北、海拔最高、成熟最晚"的晚熟芒果主产区。攀枝花芒果种植面积由 1997 年不到 1 万亩，发展到目前的 65 万亩，产值超过 15 亿元，芒果产业成为攀枝花农民脱贫致富的支柱产业。

2020 年 6 月 5 日，中国热科院四川攀枝花研究院（简称攀枝花研究院）在四川攀枝花市揭牌成立，标志着院市合作进入了新阶段。接下来将整合科技资源，联合攀枝花市开展干热河谷资源环境高效利用，热带果树、特色瓜菜资源收集与创新利用，循环农业和休闲农业、乡村振兴等方面的研究和成果转化。将攀枝花研究院打造为金沙江干热河谷特色热带农业科技创新中心，把攀枝花市建成全国现代农业示范基地，再创攀枝花芒果产业及热带特色农业产业新辉煌，全面助力攀枝花市乡村振兴，辐射带动川西南、滇西北热带农业发展。

第三节 生态治理"点石成金" 荒山穷山变"花果山"
——科技支撑贵州省石漠化治理脱贫实践

中国是世界上喀斯特分布面积最大的国家，几乎所有省区都有喀斯特的分布。喀斯特地貌即石漠化，是由地表失去土壤而逐渐形成，通常伴随着水土流失、物种消失、生物多样性降低等生态灾难，被学术界称为"生态癌症"。我国目前石漠化面积 1 200 万公顷，主要分布在贵州、云南、广西、湖南、湖北、重庆、四川、广东等 8 省（自治区、直辖市），其中以云南、广西、贵州最为严重，滇、桂、黔 3 省（自治区）石漠化面积 779 万公顷，占全国的 65%。

"生态癌症"往往造成深度贫困。滇、桂、黔石漠化片区辖 91 个县，其中国家级贫困县 81 个，国家扶贫开发重点县 67 个，总人口 3 427.2 万人，贫困人口占 11.1%，这些地区由于贫困人口多、贫困程度深、脱贫难度大、脱贫攻坚任务艰巨，是全国脱贫攻坚主战场之一。

以往，在石漠化地区，我国主要采取生物措施、工程措施与自然修复等技术开展生态保护与综合防治，但重生态、轻效益，生态建设与农民增收的矛盾日益突出，生态恶化与贫困的双重压力严重制约石漠化地区的可持续发展。

2017 年，中国热科院联合贵州农科院、云南农科院、广西农科院、海南大学、华南农业大学等 17 家热区科教单位、3 个农民合作社和 4 家龙头企业共同成立热区石漠化联盟。热区石漠化联盟紧紧围绕我国热带地区产业扶贫和生态保护的技术需求，重点针对滇、桂、黔石漠化区域生态环境脆弱、支撑产业发展良种缺乏等问题，开展特色热作产业提质增效和生态环境修复研究，构建热区石漠化区域生态修复与高效种养可持续发展模式，为区域生态环境改善、脱贫攻坚和乡村产业振兴提供科技支撑。

科技为民，咬定"石山"不放松

2013 年，中国热科院把目光盯上了群山环抱、石漠化严重的贵州，在黔西南再造一个"攀枝花"，成为中国热科院的又一帮扶目标。神秘美丽的黔西南，是滇、黔、桂石漠化特困核心区域，生态环境脆弱，山地面积占国土面积的 71%。开展石漠化综合治理、发展特色产业是农民增收的迫切需求。

自 2013 年起，中国热科院连续 4 年向贵州派出 7 位科技工作者定点对口开展科技帮扶，同时，还向望谟、兴义、罗甸派出 3 位博士任当地政府科技副职。中国热科院牵头在贵州建立石漠化综合治理示范点，开始探索林下生态种养模式（图 3-3-1）。

图 3-3-1　石漠化乡村如今美如画卷

在充分调研的基础上，经过认真分析和研究，科研团队提出在贵州石漠化地区种植芒果或澳洲坚果林，以优质牧草、特色地道药材为主要配置资源，根据林下环境特点开展不同物种间生态配置技术研究，集成研发了坡地间套作种植、高光效带状种植等资源高效利用技术，构建水土保持型生态模式。鼓励石漠化农民改变传统的低效作物玉米和花生种植模式，发展热带特色果树（牧草）生态种植模式，实施小规模牧放养殖，引导农民改变传统的饲养方式，发展山地畜牧业，既提高植被覆盖率和生物多样性、提高水分和土壤养分的资源利用率，又优化了土地利用结构，使当地农业生产方式得到良性循环，进一步缓解人地矛盾。同时，科研团队结合石漠化治理长期计划，开展泌酸植物研究。由于柱花草具有较强的根系分泌苹果酸和柠檬酸能力，科研团队在石漠化地区推广牧草生态种植，以此改变石漠化地区土地性质，并实施小规模畜牧养殖。

科技像魔术，石山结硕果

贵州省黔西南州兴义市南盘江镇田房村是典型的石漠化村子，当地交通路牌标注的地名为"岩窝"。田房村人口 37 户 147 人，总耕地面积 2 894 亩，山地 1 900 多亩，其中石漠化面积 1 200 多亩。农民收入主要为种植业（玉米、水稻、甘蔗）、劳务输出、渔业、经济林木（桉树）。

中国热科院专家第一次来到田房村时发现，村里垃圾遍地，周围全是黑黑的大石头，石块与石块之间，残存着薄薄的灰黑色土壤。勤劳的人们在石头与石头之间见缝插针地播种着玉米，几乎是一个缝隙栽种一株作物。

土层浅、肥力不足，在这样的环境里种植作物，其收成可想而知。每逢降雨，都有可能将这些历经千百年才形成的土壤冲走。土地面积越来越少，裸露于地面的石头却越来越多，石漠化也越来越严重。

为破解难题，中国热科院专家扎根到田房村，做调研，编规划，建工作室，种果树、牧草，养羊，建立观测点，下田除草，建农家学堂，与农民沟通，教农民知识，建立合作社等，立志在田房村建立可复制可推广的热区石漠化山地绿色高效农业种植样板，让广大农民自愿接受，并广泛推广。

图 3-3-2　石缝里长出"希望果"

在石漠化严重的地方种植果树，土壤是重要的因素之一，而水是最重要的决定性因素，把水留在土壤里成为摆在专家面前的首要任务。为了解决水的问题，专家们想尽各种法子。最终利用"水窖原理"，拿保水剂来提前储存雨季部分水分，也就是和常见的"尿不湿"原理一样，把雨天土壤多余的水分吸住留住，再缓慢释放，供植物生长。

果树种植前，在每个种植穴提前放 100 克左右保水剂，雨季自动吸饱水，这样就可以保证每棵树下的土壤中含有 20 千克的水，然后再定植，旱季再慢慢往土壤里放水，确保前三年果树有充足的水分供应，等果树长大根系变大后，根系就能从石缝中吸水了。

解决好水的问题后，专家们还联合企业研究出石漠化地区施肥新办法——"石山棒棒肥"。此肥料携带方便，简单易行，只要把含有肥料的"棒棒"往土里一插，肥料就会慢慢释放出来，为植物生长提供养分，解决了石山地区运输困难的问题。实践证明，此方法可行，效果出来了。果树种活了，还结了果，当地农民看到了效果，就主动找专家，要求种植果树。

为了解决劳动力问题，专家们创造性地研制出另一个栽培措施，即果树

"环扎"技术。不用剪枝，不用"环割"，用"环扎"来调节枝条的长势，这样不仅达到修剪整形的效果，又能提高产量。专家们曾在海拔380米河谷的果园里，对长势壮旺的澳洲坚果品种试验"环扎"技术，试验树结果量明显提高。

在实际操作中，专家坚持了因地制宜，适地适种，选用抗旱耐瘠品种，实施林下种草，岩下种藤，测土施肥，生态耕作，保持水土。

优势热带作物品种在当地的推广有力带动了贫困农户的增收致富。贵州的特殊气候，种植中晚熟芒果，可填补全国八九月份无芒果上市的空档期。专家算了这么一笔账，在石漠化地区原种植的玉米亩产值不到300元，在同类地区种植的芒果（红象牙）投产第二年，亩产就能达到1 785千克，亩产值12 495元；种植的澳洲坚果投产第三年，亩产鲜果200千克，亩产值6 000元。

农民的微笑，最好的回报

因地制宜，久久为功。中国热科院牵头的热区石漠化联盟集成示范"林（果）—草（药、菌）—畜（禽）—肥（沼）"一体化热区山地生态农业种养模式，石缝间定植的芒果开了花结了果，灰白色的石质荒山被优质的牧草覆盖，乡村经济、生态、社会效益一体化发展初见成效。在典型的石漠化地区重点打造产业振兴的科技引领示范基地，该模式已经成功推广到云南临沧、广西罗城等石漠化严重地区，建立核心示范基地5个，辐射面积80 000亩。

胡志方是田房村一个普通的布依族农民，家有22亩石山地。过去一直种植玉米，年产值不足7 000元，且劳动强度很大。如今，在专家的指导下，种上了10亩芒果和12亩澳洲坚果，2017年首次试果的芒果卖了好价钱，看到了致富的希望（图3-3-3）。

图3-3-3　果农丰收的喜悦

一谈到近几年村里发生的变化，田房村村民们露出微笑，他们说：以前大家在石头缝里种玉米和甘蔗，收入很少，吃都不够吃。自从专家来了之后，教我们种芒果、坚果，种草，养羊。没想到，种下两年就结了果，草也长了起来。

2017年8月，热区石漠化山地绿色高效农业科技创新联盟现场观摩会在田房村召开，150多名专家、学者、政府官员、石漠化区域市（县）代表共聚田房村，实地观摩石漠化治理示范点、山地芒果和澳洲坚果生态栽培示范基地。中国热科院专家在2021年生态文明贵阳国际论坛上做了《热带农业科技对石漠化地区的治理成效》的报告，向世界分享了热带农业科技石漠化地区治理成效。

中国热科院强化责任担当，在石漠化地区推动科技创新与乡村经济发展深度融合，集成"果上山—草盖地—藤盖石—畜吃草—粪养果—农民喜欢"的石漠化治理综合措施，生态修复与产业扶贫并重，实现绿色发展，做到土地不流转，用耐心、用爱心帮着老乡慢慢做，树是老乡的，果也是老乡的，没有第三者，老乡直接当老板，产业和人一起扶，走出一条经济发展与生态文明建设相得益彰的致富之路。

第四节　百香果成为农民致富的"金果果"
——科技支撑贵州省贞丰县鲁容乡
百香果产业发展

鲁容乡位于贵州省贞丰县东部，北盘江畔，平均海拔650米，年平均气温18.5℃，年降雨在500毫米以上，属典型的亚热带低河谷自然气候区。境内居住着布依、汉、仡佬等民族，布依族人口占总人口数的87.5%。全乡辖10个行政村，50个自然村寨，86个村民组，全乡总人口17 000多人。国土面积为138.04公里。曾列为贵州省100个、全州10个重点扶持乡镇之一。

锁定帮扶产业

中国热科院帮扶贵州省的热作产业由来已久，在牧草、芒果、澳洲坚果、三角梅等经济作物的科研和产业提升方面有长期合作。在贵州省黔西南州贞丰县，一提到"两江三果"，就会想到中国热科院，百香果产业扶贫合作工作借着前期合作的"东风"，也随之在贵州省热区土地上如火如荼地开展起来。

2017年底，受贵州省黔西南州贞丰县的邀请，中国热科院百香果团队在院领导的统一部署下，深入贵州省贞丰县鲁容乡，开展长期驻点百香果种植基地一线。团队成员帮助鲁容乡在4年的时间里，由全省极贫乡镇变成"全国脱贫攻坚先进集体"，如期完成新时代脱贫攻坚目标任务。

团队到达之初，所有最初的期待、兴奋、雄心被现实完全击碎。下了高速公路就是山路，且在瓢泼大雨下尽是泥泞，深浅水坑让车子在山路中摇摇晃晃，让从不晕车的部分同事都眩晕作呕。大约半小时以后，到了鲁容乡委员会所在的鲁容村。这是一处少数民族居住的偏远山区，随处可见漆黑的房屋、屋内到处散落的衣服，还有辍学的小孩留守家中。看到这里，团队成员心里涌动着莫名的心酸。在县长、乡长和其他干部的陪同下，团队攀爬山路来到了正在筹建的2 000亩百香果标准化生产种植基地，听着县长"百香果脱贫、金芒果致富"的规划和方案，看着成片陡峭的荒山，感受到脱贫工作神圣的同时，更多的是荒山拓垦的艰难。根据签署的脱贫攻坚框架协议，一批百香果等热带果树相关的科研人员被聘为贞丰县脱贫攻坚指导专家。百香果研究团队进驻贞丰县鲁容乡种植基地，与乡村干部、工人一起吃住，克服蚊虫叮咬、停水停电等生活和工作困难，指导当地企业、农户发展产业，受到鲁容乡人民的欢迎。

技术解决难题

解决百香果技术瓶颈，开启产业扶贫之路。在贞丰县政府脱贫攻坚的决心的鼓舞下，百香果基地的规划、开荒、改土、起垄、搭架和种植有条不紊地加速进行。团队成员每个月驻地5～7天，积极参与解决园区规划、搭架方式、树形构建和管理、肥水管理和病虫害基本防治等关键问题。建园初期，搭架方式是决定百香果藤蔓生长的关键因素，通过不同海拔山地地形和坡面的陡缓考察，再结合后期种植管理中的人员管理方便和农资、果品的搬运和采收，设置了不同宽度的台位大小、亩种植株数和肥水管道布局，产业道路的方位和宽度，土质疏松程度等，最终确定了搭架模式为平顶式，这种方式在当初的客观条件下相对省力和高效。

随着百香果的快速生长，藤蔓植物杂乱生长的特性逐步凸显，枝条和叶片堆积导致通风不畅、病虫害暴发增长、功能叶光和效率低，严重影响树体的生长和发育，影响产量和品质。树形构建和管理方式的建立是这一时期重点需要解决的关键问题。通过理论研究和基地的一线近10亩地的试验，制定了一套包括苗期生长、上架后主蔓固定、侧蔓牵引、挂果枝自然下垂等技术的枝蔓管理方式，优果率提升了30%以上，挂果数量由单株30～80个果增长到120～180个。随即在鲁容乡1.2万亩的种植基地进行推广。通过乡里组织集中学习，十几个种植主体（自然村的合作社和种植大户）进行现场交流和指导，几天时间跑了上百里的山路进行推广应用，取得了经济效益的大幅度提高。

随着产业连片种植规模增加，百香果产业最棘手的病毒病问题再一次暴发。其传播速度快、防治困难的特点，导致短短数月，百香果的产量和品质急速下降。优质的健康种苗及配套的病虫害传播病毒的预防管理，便成为产业发展中最主要的问题，积极协助引进相对优质的健康种苗和制定可行的防治手段，在团队前期的基础上，积极开展栽培种脱毒种苗技术的研发，不同的栽培品种组培配方完全不一样，团队进行了大量的研发和试验工作，经过 1 年多的研发，获得了栽培种组培种苗，并通过组培技术实现种苗不带病毒，目前已初步应用于工厂化母本园构建的生产，预计会取得较高的经济和社会效益。

种植过程中产生大量的残次果，通过团队成员的积极沟通和广泛联系，在上海、海南、福建和广西等地联系到原浆生产和果皮加工果脯等有实力的企业收购卖相较差的残次果，实现了产业的高值化利用，也为经济效益的提高做了贡献。同时提议和配合在鲁容乡建设原浆加工、气调冷链保鲜等，并在鲜果市场开拓等方面积极参与、献计献策，协助产业的多渠道发展。

积极助力鲁容的"百香果脱贫、金芒果致富"的减贫富农产业目标。通过团队的努力，积极协助引进和协调全院的芒果专家多次进行现场指导和技术交流，将丰富的种植经验传授给鲁容乡。同时促成热带其他重要果树的引种和试种，协助建设"百果园"，协调相关专家进行技术指导和交流，形成了贵州小有名气独具特色的热带百果园基地。

付出收获成果

近年来，鲁容乡在中国热科院科技帮扶下，围绕贞丰"一江三果"产业规划布局，大力实施百香果种植，让群众通过土地流转、务工、承包管理等方式获利，实现稳定增收。

2020 年 3 月，鲁容乡成功实现了"脱贫摘帽"目标，彻底撕掉了千百年来绝对贫困的标签。据统计，截至 2020 年 12 月，鲁容乡全乡"两果"（百香果、芒果）产业累计发放劳务工资及土地分红 1 亿余元，全乡人均可支配收入从 2014 年的 5 427 元增加到 2020 年的 11 290 元，10 个贫困村 2 416 户共计 11 163 名贫困人口稳定脱贫，贫困发生率由 2014 年的 58.63% 降至 0。鲁容乡在 4 年的时间里，由全省极贫乡镇发展成为全国脱贫攻坚先进乡镇，如期完成新时代脱贫攻坚目标任务，鲁容乡党委被中共中央、国务院授予"全国脱贫攻坚先进集体"荣誉称号。

到了百香果成熟的季节。在鲁容乡百香果种植基地，一大早，工人们就开始忙着采摘百香果。

"我们一天上班 8 个小时，早上 7 点上到 11 点，下午 3 点上到 7 点，一天差不多 100 块钱，一个月结一次账，和在外面打工都差不多的。"鲁容乡鲁容村村民岑元行说。

百香果生长周期短、见效快，是贞丰重点发展的特色产业之一。目前，鲁容乡百香果种植面积已发展到 13 000 多亩，平均每亩产量为 800～1 000 千克，带动像岑元行这样的贫困群众共 2 406 人。而这个产业在实施初期，不少群众还抱着质疑的态度，参与的积极性不高。

"这个百香果的产量很高，一亩玉米的收入百把块钱，现在一亩百香果的收入 1 500 到 1 600 块钱，这个百香果一年是结果三次，现在我们老百姓很高兴，跟公司、合作社学到了技术，老百姓现在种植百香果的积极性很高。"鲁容乡鲁容村村民李顺兵说。

鲁容乡还引进龙头企业，通过企业带动、合作社加入、群众参与的模式，由企业负责统一技术指导，统一品牌，统一销售，帮助群众解决销售问题。如今，百香果已成为当地群众增收致富的"金果果"。

"通过招商引资的方式引进了龙头企业，采取公司负责技术指导，负责品牌的统一，以及负责市场的销售的三统一的模式解决了种植户销售的后顾之忧。如果市场价格低迷，公司就按照保底价来收购；市场价格高起来的时候就参照市场价格进行收购，这个模式把我们老百姓种植出来的百香果销售问题给解决了。"鲁容乡人民政府乡长胡鲲说。

隆冬时节，在鲁容乡惠农科技发展有限公司百香果冷库分拣加工车间内，工人们把最后采摘的一批百香果进行分拣、套袋、装箱，为外运销售做好准备。

"我们现场在分拣的这批百香果是我们鲁容乡百香果产业 2019 年的最后一批百香果，产量大概是有 200 吨，净产值是有 600 多万。"鲁容乡惠农科技发展有限公司冷库加工厂厂长黄林波介绍道。

"我们公司通过生产百香果原浆，带动农户务工，增加农户务工以及种植的积极性。"惠农科技发展有限公司加工车间负责人潘钰坤这样说。

在百香果产业发展过程中，鲁容乡采取"一平台、三统一、六增收"的"136"利益联结机制，产业覆盖全乡所有贫困户，带动 60 多户贫困户就业。2019 年，全乡共发放土地入股资金 300 多万元，群众通过流转土地、务工就业等实现增收脱贫。

鲁容乡的脱贫攻坚工作也极大提升了中国热学院研究团队科技支撑引领地方产业的综合能力。近几年，百香果研究团队已在贵州、广东、海南、广西、福建等地进行学术和种植技术交流 10 次以上，受邀开展种苗繁育、品种培育和种植管理等脱贫义务培训 50 多场次，受聘的 5 位脱贫指导专家，将产业发展过程中的工作经验进行了归纳总结，发表科技论文 10 余篇，申报品种权 2 件，申报专利 6 件。通过近几年的百香果产业脱贫技术服务工作，锻炼了成员在工作中发现和解决问题的能力，提高了服务产业发展的能力，也为下一步更好地科技支撑引领乡村振兴工作奠定了良好基础。

脱贫摘帽不是终点，而是新生活、新奋斗的起点。为做好当地脱贫攻坚与乡村振兴有效衔接，中国热科院百香果研究团队将继续提供有力科技支撑，为绘就新时代乡村振兴壮美画卷而努力奋斗。

第五节　优势特色产业注入科技"新动能"
——科技支撑广东省湛江市优势特色产业发展

科技赋能徐闻县高良姜产业

徐闻县隶属广东省湛江市，下辖 1 个街道、12 个镇、2 个乡。高良姜是广东省徐闻县的传统特色产业，有 1 000 多年的种植历史，种植面积 41 000 多亩，年产量占全国的 90% 以上，对满足国民健康需求发挥着不可或缺的作用。徐闻县高良姜也是我国高良姜的主产区和道地产区，其品质优良，2006 年被评为国家地理标志保护产品。作为重要调味料、生物医药和日化产品原料销往国内外，高良姜种植和生产成为产区农业经济的重要组成部分，是产区农民收入的主要来源之一，也是贫困地区种植户赖以生活的重要保障。

徐闻县的高良姜种植一直沿用传统的作业、生产和销售模式，缺乏标准化思维、缺乏加工和品牌意识，整个产业存在着机械化程度低、产地加工技术落后、精深加工技术缺乏、产业标准缺乏、加工利用不足、生产成本高等问题，导致高良姜品质参差不齐，屡受需方市场影响致使其价格波动，严重影响了种植户的经济利益，尤其加剧了贫困村种植户收入水平下降和整体产业萎缩。

中国热科院选派担任广东省农村科技特派员的 10 名专家（其中博士 3 人，硕士 5 人，高级职称 5 人，中级职称 5 人）组成高良姜产业科技服务团队，其专业涵盖食品科学、农产品加工、中药学、农业机械等多个领域。通过科技创新、科技攻关和驻村帮扶，大幅提升了徐闻县高良姜产业化水平和贫困地区种植户的收入水平。2013 年起，中国热科院瞄准徐闻县特色高良姜产业易管理、价值高、潜力大等特点，科技对接帮扶高良姜产业发展，以与广东丰硒良姜有限公司战略合作为契机，大力推行高良姜规模化标准化种植、机械化标准化采收、连续化标准化初加工、高值化综合化精深加工、绿色化品牌化产业路径，以科技振兴产业为支点，逐步建立了"政府＋科研＋企业＋基地＋农户"的产业发展模式和农户利益联结机制，发挥了产业兴旺作为乡村振兴的抓手作用。团队持续 8 年为徐闻县高良姜产业科技创新和现代化发展提供科技支撑，促进高良姜产业"从无到有""从弱到强"。

截至目前，在科技支撑下，徐闻县培育建成了徐闻县高良姜现代农业产业园，建立了高良姜片连续化节能型干燥生产线、高良姜提取物及精油加工生产线、高良姜饮料生产线、高良姜功能性速溶饮品生产线，以产业园为依托，在前山镇通过土地流转、承包等方式建立了 3 000 余亩的高良姜标准化种植基地，推广应用了高良姜机械化采收装备，与前山镇各村建立了扶贫资金投资保底分红、土地流转、协议回购、解决就业等多种利益联结机制，大幅提升了徐闻县高良姜产业化水平和贫困地区种植户的收入水平，带动种植户平均增收 2.85 万元，其中，86 户广东省省定贫困村贫困户已全部实现脱贫。2020 年，依托技术力量，徐闻县县峰硒良姜专业合作社作为实施主体与前山镇共同开展高良姜"一村一品、一镇一业"建设，在科技支撑下，前山镇实现了"小作物、大产业"的跨越，并逐渐成为高良姜产业化示范镇。同时，以前山镇为中心，带动龙塘镇、下洋镇、曲界镇新增高良姜规模化种植面积 6 000 亩以上，先后培训高良姜产业化技术工人 200 余人次，进一步推动了前山镇高良姜产业的良性发展，逐步实现了产业兴旺和乡村振兴。

徐闻县高良姜曾经是徐闻县的特色优势资源，因种种原因一直处于沉睡状态，尚未发挥应有的效益。如今，这座沉睡的"金矿"已经被科技创新唤醒。目前徐闻县县委、县政府将高良姜深加工列为今后重点建设项目，随着高良姜深加工企业的发展以及科技力量的介入，昔日高良姜产销被动的局面得到改变。通过科技支撑，有力推动了徐闻县高良姜产业实现了"小作物到大产业"的跨越，成为徐闻县农业现代化高质量发展的亮丽名片。如今徐闻县高良姜产业拥有了更广阔的发展空间和前景。

高良姜产业扶贫积累了丰富的经验：一是坚持科技创新驱动产业兴旺，以产业促振兴。加强科技创新，以科技促进企业和产业转型升级，推动高良姜产业化技术升级，延伸高良姜产业链，提高产品附加值，增加产品竞争力，促进产业兴旺，稳定农业生产，促进就业脱贫和乡村振兴。二是科技下乡培养农业人才，以人才带振兴。根据示范镇产业发展需要，定期开展高良姜生产贮运、产地加工、精深加工等技术培训，培养高良姜科技应用人才和推广人才，发挥人才的示范带动作用，共同推动乡村振兴。三是要发挥产业龙头企业的纽带作用，做好产业服务。通过龙头企业与前山镇建立土地流转协议、高良姜回购协议、乡村振兴资金投资分红协议、创造流动就业岗位等方式，使高良姜种植户获得土地流转收益、稳价收购收益、投资分红收益、临时性流动就业收益，多方位促进高良姜种植户实现增收；科技服务主要支撑龙头企业在种植、生产、加工等方面的科技需求，全方位支持龙头企业开展产业增效增值涉及的技术需求，以科技成果转化成效引领乡村振兴。四是要发挥各级政府协调监督作用，提升服务效果。积极发挥县、乡、村各级政府的组织协调作用，通过培训、讲座的方式介绍科技在农业生产中的作用，培训高良姜产业技术人才；同时，各级政府对高良姜产业主体、科研院所的乡村振兴行动进行监督，解决各方沟通障碍，协助克服产业发展难题，共同推动产业兴旺和乡村振兴。五是要加强团队协作攻克产业难题，增强支撑成效。以科技服务乡镇产业过程中遇到的问题为导向，积极与国内相关专家沟通咨询，逐步解决产业化过程中的具体问题，做到科技支撑落实处、有成效。

草畜一体化养殖助力精准扶贫

巴东村位于广东省湛江市南三岛的西部，村委会下辖 18 个自然村，全村拥有耕地面积 2 862 亩，水田面积 1 689.37 亩，旱田面积 1 172.63 亩，人均耕地面积 0.28 亩，人均水田面积 0.1 亩，人均旱田面积为 0.12 亩。全村 2 280 户共 10 032 人。主要以人工养殖鱼虾和出海打鱼等海产为主业，年轻劳务外出较多，农村多以留守孤寡老人和儿童为主，一些农田和坡地大多荒废，传统产业经营模式单一，仅有小规模养殖鸡鸭鹅、坡地散养黑山羊等。2018 年，巴东村建档立卡贫困户有 198 户，总人数 595 人。其中低保贫困户 112 户，374 人，一般贫困户 47 户，180 人，五保户 39 户，41 人。

中国热科院草畜一体化循环养殖技术团队是广东省湛江市南三岛巴东村产业发展主要科技支撑力量，团队现有在编成员 5 人，其中，硕士研究生 3 人，本科 2 人，编制外人员及实习生若干人。团队立足广东，服务热区，以热带牧草、农业废弃物、特色畜禽为研究对象，集成创新南方现代草食动物一体化循环养殖技术，形成了集优质牧草高产栽培技术、饲草料加工与营养调控技术、畜禽高效循环养殖技术、农业废弃物秸秆饲料处理技术、畜禽粪便自动化收集及无害化沼气循环利用技术等一体的现代草畜一体化循环养殖新技术；解决南方地区高温高湿条件下饲草料难以加工储存、农业废弃物饲料化利用技术、舍饲化养殖技术难、畜禽粪便难以无害化利用等一系列技术难题；获得了草畜一体化循环养殖关键技术，建立了一批可复制、易推广、效益明显的现代草畜一体化循环养殖新模式；实现了生态养殖零排放，构建了资源节约型，环境友好型畜牧生产技术体系，为我国热带草畜一体化循环农业发展起到了引领和示范作用（图 3-5-1）。

2017 年针对巴东村饲草资源丰富和土地资源利用不足，以中国热科院为技术支撑单位，建立了黑山羊一体化循环养殖产业扶贫示范基地建设，改变了

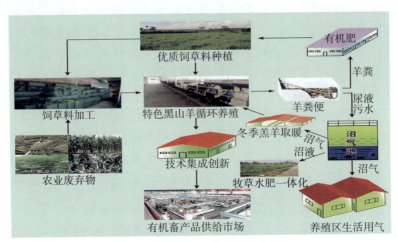

图 3-5-1　草畜一体化循环养殖新模式

传统单一产业发展模式，解决了养殖过程中普遍存在的饲草料难以加工贮存、舍饲化养殖效益低下、粪便自动化收集及无害化处理困难等技术难题；同时引入了生态鸡的养殖、海鸭蛋及鱼干的制作等多种产业扶贫项目，带动50多户扶贫户脱贫致富，消化了贫困村剩余劳动力，提高了贫困户经济收入；乡村整体产业由过去的单一产业转变为多渠道产业共同发展，村容村貌发生了根本性的改变（图 3-5-2）。

图 3-5-2　黑山羊一体化循环养殖示范基地

目前巴东村黑山羊一体化养殖基地总占地面积50亩，饲养黑山羊400多头，种植优质牧草25亩，年出栏优质黑山羊200多头，粪便无害化处理达到98％以上，年加工农业废弃物秸秆饲料500多吨，实现年产值达100万元以上。形成"以特色示范基地为引领，驱动乡村产业体系健康发展"的科技支撑乡村发展模式。

巴东村黑山羊一体化循环养殖示范基地主要采取"政府＋科研机构＋合作社＋贫困户"的产业发展路径，形成捆绑式发展产业。政府是基地合作和监督单位，为合作社和企业提供土地（土地租赁费由企业负担）、资金及协调地方各部门为项目建设提供便利条件，协助办理完成土地租用、农用地、环评报告及申请政府一切补贴相关手续等。

企业作为项目实施的主体，全面负责科技扶贫项目的建设、运行及后期管理；企业利用政府提供的资金用于项目建设，并按扶贫资金配套一定的资金投入建设，项目建成后由企业集中饲养、统一管理、统一经营，企业需承担养殖过程中的市场风险，保证农户利益，项目投产后，企业每年按照政府提供扶贫资金额的10％收益给贫困户。

中国热科院作为项目实施的技术支持单位，负责项目实施过程中的技术服务、可行性研究报告撰写、项目规划设计（包括项目选址、养殖场标准化设计及其建造技术等），并解决养殖过程中有关实际生产中遇到的技术问题，同时为政府和企业提供必要的决策建议等。

第六节　都市农业　带动乡村产业发展的"新引擎"
——科技支撑广东省河源市特色产业发展

河源市位于广东省东北部，属山地丘陵区，交通不便，经济总量落后，辖区5县均为省级贫困县，是全省脱贫攻坚主战场之一。2017年，有相对贫困人口43 201户共118 062人，相对贫困村255个。

中国热科院在广东省建有热科都市农业示范基地，基地秉承"生产、生活、生态、生命"的"四生"理念，遵循"品种优良、绿色生产、智能管理、功能拓展、健康体验"等原则，以都市农业的发展模式，集成创新中国热科院以及全国热带农业科技协作网共建单位积累的品种、资源、技术、成果及科技产品等，构建能满足城乡人民日益增长的对消费品多样化需求的体验基地。目前基地占地面积55.1亩，主要展示推广精品西瓜、食用木薯等作物高质高效种植技术、葡萄-海南蜜瓜生态化套种技术、香辛饮料作物栽培集成技术、优稀水果、蔬菜高效生态化种植技术，辣椒培育技术和科技产品等。在服务"三

农"工作中，基地充分发挥辐射带动作用，以热带作物品种、技术及热带作物三产融合休闲体验模式为核心，构建起都市农业带动乡村产业的发展新路径。自2017年起，中国热科院科技特派员开始发挥专业所长助力河源脱贫攻坚战，在广东省河源市龙川县鹤市村、龙川县桂林村、东源县新轮村建立科技扶贫帮扶点。

龙川县鹤市村是广东省定扶贫村，广东省财政厅精准扶贫对口帮扶点。近年来，该村通过发展光伏发电、绿壳蛋鸡养殖、精品农业种植、农贸市场等扶贫产业，村民生活得到改善。中国热科院科技帮扶的重点为精品农业（瓜果）种植。2017年开始参与该扶贫点的技术帮扶工作，指导贫困农户种植西瓜、葡萄、木薯，并采取"西瓜＋草莓"轮作，"葡萄＋西瓜"套种等方式合理提高大棚周年使用率，大大增加了贫困户的经济效益。三年来，鹤市村3户贫困户学到了技术，建立起了约10亩鹤市村优质瓜果采摘基地，2019年扶贫对象邬姨0.4亩大棚种植葡萄取得1.7万元经济收入，扶贫对象罗妹则通过"草莓＋西瓜"轮作模式当年每亩收入超过4万元（图3-6-1）。

图 3-6-1 葡萄栽培技术田间培训

龙川县桂林村是广东省省定相对贫困村，中国银行深圳市分行精准扶贫对口帮扶村。近年来，该村总结了"五个一批"：产业扶贫稳定脱贫一批、一户一策勤劳致富一批、致富带头人带动一批、政策兜底帮助一批、教育帮扶重点扶持一批。中国热科院科技团队帮扶的重点为都市休闲农业产业扶贫。2018年开始在该扶贫点开展科技扶贫工作。在科技团队指导下，桂林村的农业合作社建立起了"桂丰都市农业产业园"，建设约20亩优质瓜果采摘基地，掌握科学管理技术，引进优良品种，实施精品西瓜"一苗三收"技术、"以短养长"葡萄西瓜间套种技术模式，提高经济效益。2019年桂丰都市农业产业园成功举办了扶贫村精品西瓜采摘开园仪式，2020年桂林村迎来优质葡萄的第一次收获，丰收喜人，桂丰都市农业产业园也成了东江边上休闲农业采摘观光的亮点（图3-6-2）。

图3-6-2 精品西瓜种植技术实训

东源县新轮村是广东省省定贫困村。2020年针对种植户的火龙果种植过密、排水不良、病害（疮痂病和炭疽病）等问题，科技特派员从果园建园规划、基肥施用、水肥管理以及病虫害综合防治等方面进行了较为细致的指导，并向种植户赠送了生物农药高酯膜。2021年科技特派员们深入到村里的黄牛和水牛养殖基地，和该村的养牛户进行了交流。科技特派员针对现有的养殖条件，提出了养殖设备存在的一些问题和改进措施，并向养殖户介绍了饲料选择、科学喂养、疫病防治等方面的养殖知识，介绍了中国热科院选育的热研4号王草的特点和配套栽培技术，并赠送了种茎进行种植。通过建立种草养牛示范模式，指导该村养牛大户科学养殖，逐步增加养牛数量，带动更多农户参与科学养殖、科学管理，促进当地养殖业健康持续发展。

第七节　科技赋能"甜蜜事业"　带给蔗农"真甜蜜"
——科技支撑广西壮族自治区扶绥县甘蔗产业发展

随着农资、劳动力、土地等成本的不断上升，种植甘蔗的利润空间越来越少。甘蔗这个老百姓心中曾经的"甜蜜事业"让蔗农越来越感到不是"滋味"。广西是我国最为重要的糖料生产基地，甘蔗种植面积在1 150万亩左右，种植面积和食糖产量占我国甘蔗总播种面积和食糖产量的 60% 左右。有超过 2 000 万农户和相关运输、加工行业人员依靠甘蔗糖业为生。甘蔗糖业既是广西经济发展的支柱产业，对广西经济发展和巩固脱贫攻坚成果、实现乡村振兴有着重要的意义；也是保障国家食糖安全的重要产区。

扶绥县位于中国"糖都"广西崇左市，属于亚热带季风气候，年降水天数在 130～200 天，年降水量为 1 250～1 350mm；年平均气温在 21.3～22.8℃，无霜期长达 346 天，气候条件对发展甘蔗生产极为有利。扶绥县甘蔗种植面积常年保持在 110 万亩左右，是我国糖料蔗种植面积超百万亩的三大主产县（区）之一，境内两家大型制糖龙头企业，广西扶南东亚糖业有限公司、广西东门南华糖业有限责任公司是我国糖料蔗单厂日榨量最大的制糖企业。当地农户种植甘蔗有几十年的历史，甘蔗是当地最主要的经济作物，是扶绥县域经济的支柱产业和农民增收主导产业。

如何提升甘蔗生产种植效益，促进甘蔗产业健康发展、稳定甘蔗种植面积、帮助蔗农致富？2013 年，针对甘蔗生产存在的优良品种缺乏、品种退化、病虫害绿色防控、农机农艺融合及全程机械化等产业技术问题，中国热科院进入扶绥县，开启了科技支撑当地甘蔗产业健康发展、助力农民增收的征程。

甘蔗良种繁育，促进甘蔗良种更新

甘蔗健康良种的繁育及品种的更新换代，是我国甘蔗生产中需要解决的突出的问题之一，其有效推进是提高甘蔗单产和蔗糖分含量的重要措施。2013 年中国热科院甘蔗研究团队进入扶绥，与广西绿泰农业投资有限公司合作开展良种脱毒种苗综合技术示范种植，随后与广西康田农业科技股份有限公司、广西康泽农业科技有限公司、广西久洋禾农业科技有限公司、隆安洋浦农业科技有限公司等企业合作在扶绥县岜盆乡、昌平乡、渠黎镇、东门镇、东罗镇、龙头乡等乡镇开展甘蔗良种繁育与示范工作，逐步使当地蔗农接受并应用甘蔗脱毒种苗及配套种植技术。通过技术支撑指导种业企业开展甘蔗良种繁育工作，共获批建设广西区甘蔗良种繁育基地 6 个，其中一级良种繁育基地 1 个、二级良种繁育基地 2 个、三级良种繁育基地 1 个。2017 年农业部批准中国热科院在扶绥县建设"国家甘蔗脱毒健康种苗繁育基地"。通过各类种苗繁育基地的建设，辐射带动周边蔗农应用良种脱毒种苗，逐步改变了扶绥县蔗农在生产上采用自留种或常规繁种种植的传统，对当地甘蔗良种繁育和品种更新起到较好促进作用。

技术示范，助推当地甘蔗产业提质增效

针对当地甘蔗生产存在全程机械化特别是机收水平低、水肥管理粗放、病

虫害危害严重等问题，中国热科院甘蔗研究团队开展科学研究和关键技术集成示范。通过联合当地糖业部门、甘蔗种植企业、种植大户开展甘蔗良种繁育技术、深耕浅种高培土技术、水肥药一体化栽培技术、蔗叶粉碎还田技术、农机农艺融合及全程机械化生产等技术示范工作，指导建设技术示范基地。2019年指导当地甘蔗种植合作社建设广西区糖办"岜锡现代甘蔗农场"。截至目前，中国热科院甘蔗团队在扶绥县已指导建设各类示范基地6万余亩，技术的集成应用可有效减少甘蔗生产上化肥农药的投入，提升甘蔗生产机械化水平，提高甘蔗产量及品质，实现糖厂、蔗农和种业企业三方共赢。展示示范的相关技术，得到当地政府部门，东亚、南华、农垦等糖业集团和广大种植户的普遍认可。通过示范基地建成，促进了相关技术的推广应用，助推当地甘蔗产业提质增效，实现可持续健康发展（图3-7-1）。

图 3-7-1　甘蔗脱毒种苗综合技术现场观摩会

科技培训，提升当地科技水平

联合全国农业技术推广服务中心、省市县糖业部门、制糖企业、种业企业，通过举办培训班、送科技下乡、召开现场观摩会等形式开展科技培训工作。在扶绥县先举办全国甘蔗种业科技交流会（已举办3届）、全国甘蔗降本增效综合配套技术培训班、广西区甘蔗良种繁育及配套栽培技术培训班、广西扶绥中耕管理技术"送教下乡"培训班、甘蔗水肥一体化技术培训、甘蔗宿根栽培技术培训等培训会议，培训10 000余人次、发放技术资料10 000余册。通过技术观摩培训结合政策引领，引导生产经营主体应用新技术，提升甘蔗种植者生产经营技能。支撑当地甘蔗产业转型升级。

平台建设，为当地甘蔗产业发展提供稳定技术支撑

2017 年 11 月，中国热科院与扶绥县政府签署共建广西分院协议，中国热科院正式入驻扶绥并建设广西研究院。2020 年 12 月中国热科院广西研究院正式揭牌，"甘蔗脱毒健康种苗实验室"投入使用。中国热科院广西研究院旨在解决广西现代特色农业发展中基础性、前瞻性、应用性的关键科技问题和共性技术难题，共同促进广西农业组织化、规模化、产业化，加快广西热带农业现代化发展。2018 年 6 月中国热科院甘蔗专家工作站建立，重点开展甘蔗抗逆新品种选育、甘蔗良种繁育体系研发与示范、甘蔗农机农艺融合技术研发与示范、甘蔗节水灌溉研发与示范、甘蔗副产物利用研发与示范、甘蔗产业技术集成和成果转化、农村科技人才培训等工作。2021 年 6 月中国热科院与广西扶绥县共同申报全国农业科技现代化先行县，并获农业农村部批准建设，双方将重点在农业产业机械化、病虫害绿色综合防控、土壤保护与地力提升、优良品种育繁推一体化、农村生物质能源开发利用、畜禽粪污资源化利用、秸秆综合利用和农膜回收、农民培训等方面开展工作。相关平台的建设，将加快扶绥县农业产业的发展质量，辐射带动广西热带农业特别是甘蔗产业的发展。

第八节　桑蚕结出农民致富的"金茧子"
——科技支撑海南省桑蚕产业发展

蚕桑产业是一项方兴未艾的富民产业、绿色产业，具有见效快、市场平稳、不择劳力、收益较高的特点，是扶贫攻坚、振兴乡村的首选特色产业。海南省 9 个脱贫攻坚重点市县中，有 6 个市县、23 个贫困村开展蚕桑产业扶贫，涉及贫困人口 5 500 余户，35 000 余人。海南省属于热带季风气候，雨水充沛，阳光充足，全年可栽桑养蚕，可实现全年不间断"阶梯蚕"饲育模式。此外，热带地区是世界人口稠密地区，且多为青壮年劳动力，为桑蚕产业发展提供丰富、优质的人力资源。蚕桑成为海南脱贫攻坚的主导产业之一。

但是，海南发展热带蚕桑产业发展瓶颈也十分突出。一是缺乏优良蚕品种。海南现行家蚕品种，结茧较小，每千克茧粒数 650 以上，仅能缫制 3A 丝；6—8 月份高温高湿季节，蚕病暴发流行，死笼率高达 30%～40%，严重影响蚕茧质量和蚕茧价格。二是缺乏优良桑品种。海南现行的桑树品种亩桑产量仅 2 000 千克，比江浙地区的优良桑树品种低 30%～40%。海南桑青枯病等热带桑树病害发病严重，急需高产、耐剪伐、抗青枯病的优良桑树品种及绿色

防控技术。三是缺乏高值化省力化养蚕技术。海南养蚕技术落后，生产条件较差。蚕舍、蚕具简陋、落后，缺乏通风、排水、消毒条件。此外海南普遍推行花蔟、折蔟等传统蔟具，未大规模推行方格蔟和自动上蔟技术。四是缺乏桑树快繁育苗技术和桑园管理技术。海南省桑园所用嫁接桑苗基本由外省调运，育苗周期长、运输成本高，且易携带花叶病毒等病原。而为了降低成本，海南推行硬枝扦插直接成园技术，生根率较低，缺苗率达 35%。此外，海南桑园生产基本靠天，缺乏桑园水肥草管理技术，桑园产出逐年下降直至荒废。

针对蚕桑产业生产技术的瓶颈，中国热科院集成推广了六大产业技术。一是热区家蚕病虫害防治和登蔟剂使用技术。研究制定蚕房消毒技术 2 个、蚕体蚕座消毒技术 1 个、桑叶消毒技术 1 个、登蔟剂使用和自动登蔟技术 1 个。家蚕脓病和细菌病基本得到控制，死笼率降至 5% 以下，张种产茧量由 35 千克增加至 45 千克以上。二是热区桑树硬枝扦插快繁育苗技术。研究出生根率98%、出苗率95%、移栽成活率85%、节水70%、节肥40%、减药40%的全年育苗的桑苗立体快繁育苗技术 1 个，可移动正立方体育苗台架 1 套（图 3-8-1）。桑园技术推广后，缺苗率低至 5% 以下，桑园增产 30% 以上。三是热区标准化蚕房建设标准和管理技术。根据海南的气候条件，因地制宜地设计了热区标准蚕房，综合解决了通风、降温、防病、贮桑等难题，并引入轨道化自动升降方格蔟、自动风扇等设施设备。蚕房技术推广后 140 平方米蚕房，每批次可养蚕 3.5 张，全年养蚕 16 批。四是桑树机械化管理害虫绿色综合防控技术。研究自动割桑机、耕施一体机，提高劳动效率。研发和优化集成出以信息素和杀虫灯高效监测和诱杀桑螟等鳞翅目害虫技术、色板诱杀＋高效低毒药剂监测与防控桑木虱等同翅目和缨翅目害虫技术及间作＋天敌捕食螨＋无害化药剂监测与防控桑树害螨绿色综合防控技术体系。五是桑青枯病绿色防控技术和检测试剂盒。研究出微生物菌肥＋化学试剂调节根际微生物菌群防控青枯病技术 1 套，研制桑青枯菌、桑阴沟肠杆菌 LAMP 检测试剂盒 2 个。有效控制桑青枯病发病率和蔓延趋势，桑树生产时间由 3 年延长至 10 年。六是热带地区桑园水肥药一体化管理技术。研究桑园用有机肥改造技术 1 个；适应机械化标准种植技术 1 个；草本化管理技术 1 个；喷、滴灌系统水肥一体化技术 1 个。节约用水 40%，节约用肥 35%，节约用药 50%；批次生长时间由 65 天缩短至 50天，年收获批次 5～6 次；鲜枝叶产量 3 500 千克，亩桑产出提高 40% 以上。

针对蚕桑产业经营管理的瓶颈，专家组提出"企业＋农户""企业＋合作社＋农户""合作社＋农户"等 3 个经济和产业运行模式，推动产业集约化发展。由政府主导，企业和农户合作，完善农田水利、交通、蚕房、小蚕共育基础设施，采用"订单饲育＋茧站统一收购"模式，完善全产业链，加快三产融合，有利于完成扶贫攻坚、乡村振兴、农业结构调整（图 3-8-2）。研制"桑之品"系列桑叶茶、桑芽

图 3-8-1　田间指导桑树科学种植

茶、花草组合茶产品 9 个；研制"铁扇系列"桑叶粉、桑叶面、桑叶曲奇、桑叶-水果馅饼、桑叶月饼等产品 11 个；研制桑叶菜、桑葚膏、桑葚酒、桑葚饮料、桑葚糖果等产品 7 个；研究桑枝菇栽培、桑青储饲料加工技术 4 个。

近几年，中国热科院立足海南蚕桑产业扶贫，建立了我国首个热带蚕桑产业科研团队，建设中国热科院桑蚕研究中心和国家蚕桑产业技术体系海口站等 2 个科研平台，为科技支撑扶贫产业打下基础。

图 3-8-2　热区标准蚕房内景

依托科研平台和科技资源，建设各类示范基地 6 个，桑品种示范 4 000 余亩，桑技术示范 9 800 余亩，桑园改造 1 550 亩；蚕品种示范 550 张，蚕技术示范 13 200 张；大棚改造 7 100 平方米。优良蚕桑品种覆盖率 90% 以上，高效种桑养蚕技术覆盖率 70% 以上。亩桑产叶量 2 500 千克/年，提高 20%；亩桑产茧量 150 千克/年，提高 15%；亩桑年收益 4 500 元左右，增收 30%；小蚕共育室年生产商品化小蚕 20 批次以上；张种产茧量 45 千克，增加 35%；蚕病暴发次数显著减少，死笼率降至 5% 以下；养蚕成本节约 300 元/张种，减少损失 200 元/张种；减少化学肥料施用 3 千克/亩，减少化学药剂施用 1 千克/亩。

在海南桑蚕帮扶区域开展培训班 10 个，科普课堂 6 个，现场会 138 次，调研 57 次，技术咨询 292 次，发放技术资料 52 400 余份。赠送蚕药、蚕具、蚕种等生产资料 16.3 万元，实际增效 205 万元；实现建档立卡贫困户 5 300 余户涉及贫困人口 26 500 人脱贫；琼中、临高 2 个国家贫困县摘帽，15 个贫困村出列，全省贫困发生率降低至 2.2%。其中，琼中县产业取得的效果最好。2016 年琼中县开始发展蚕桑产业以来，各市县累计发展桑园 14 万亩，建设蚕房 84 000 平方米、小蚕共育室 8 666 平方米；在蚕桑生产经营人员中，年龄 35 岁及以下的约 2.5 万人，年龄在 36 至 54 岁的约 1.5 万人，年龄 55 岁及以上的约 1.0 万人。

总结桑蚕产业扶贫经验有以下三点：一是扎根田野，建立"四个一"工作法。农业科技工作者研究的问题从田间来，解决问题的方法是田间试验，最佳工作搭档和服务对象是田间的农民。因此农业科技工作者要牢固树立正确的科技价值观，扎根田野，不忘初心，艰苦奋斗，无私奉献。蚕桑科研团队创新建立"四个一"工作法，即"一辆车＋每一个县＋每一个镇＋每一个村"，深入生产一线，向蚕农学习当地生产技术和经验，了解急需解决的生产应用问题。二是突破常规，建立"五堂"新型培训模式。摒弃枯燥的教室内 PPT 和视频教学培训方式，开辟"田间课堂""榕树课堂""家庭课堂""科普课堂"等新型教学课堂，手把手现场操作、显微镜教学、视频教学、资料发送等环节，使培训班、现场会等科技服务气氛热烈、效果显著。三是用心沟通，创新建立"1＋2＋3"科技服务渠道。建立"1 平台、2 公众号、3 微信群"的多渠道沟通联络方式。"1 平台"指依托海南"农业 110"体系建立的全省蚕桑病虫害监测、预报和预警平台；"2 公众号"指建立和维护"农医生"和"热带桑蚕研究中心"2 个公众号；"3 微信群"指建立"蚕桑培训班"（学员互动）、"蚕桑之家"（生产技术指导）、"蚕桑宝"（生产工具和产业信息发布）等微信群。24 小时与各基地县的蚕农技术人员进行技术支持以及预警或产业信息发布。"脱贫攻坚三年行动"执行以来，通过多渠道沟通平台发

布风雨、病害等预警 26 次、产业信息 36 次；平台传递图片、资料 3 400 余份，接收和解答技术问题 850 余次；及时有效防控风险，解决问题，保障蚕农利益。

第九节　生态循环农业　推动农业可持续发展
——科技支撑海南省定安县龙湖食用菌产业发展

"我在食用菌基地里工作几年，不仅脱了贫，今年还把房子都盖起来了！"村民王千兴边搬运菌包边高兴地讲述生活的变化。

尧什村位于海南省定安县龙湖镇居丁村委会，全村共有 60 户 280 人，村里产业主要为零散、传统型农业，大部分年轻人员往外地打工，村里大部分是老人和小孩，农用地大部分荒废。

2016 年，中国热科院与定安龙湖南科食用菌有限公司签署科技合作协议，整合利用荒废的集体用地以及个人用地，依托企业建设以食用菌为纽带的热带高效生态循环农业示范基地、"光伏-食用菌"农光互补示范基地，以科技成果转化、技术培训支持企业及农户发展食用菌产业。目前该产业规模达到年产 3 000 万菌棒，年收入 1.8 亿元左右。在当地提供就业岗位 230 多个，其中尧什村就业人数达到 40 多人，大部分为外出打工人员返乡就业，每位农户平均每年增加经济收入 3.6 万元以上，同时利用农业废弃物秸秆等原料发展生态循环农业，解决了作物秸秆焚烧、乱丢的环境污染问题，改善了乡村人居环境，实现了农村美、农民富。

海南省定安县龙湖镇尧什产业发展主要依托中国热科院生态农业研究团队科技支撑。该团队主要从事废弃物循环利用技术、生态农业模式设计与评价、农产品品质调控技术与机理等方面的研究工作。现有团队人员 20 人，其中高级职称人员 5 人，具有博士学位人员 5 人。团队与美国佛罗里达大学、南京农业大学、吉林农业大学、华南农业大学、中国农科院及热区各省农科院相关研究所建立了良好的合作关系。研究团队先后主持农业农村部公益性行业科技专项课题、国家自然科学基金、农业农村部财政专项、海南省重点科技项目、海南省自然科学基金等科研项目 20 余项，参与国家科技支撑计划项目子专题、国家现代产业技术体系建设项目 2 项。在蚯蚓转化菌渣生产蚯蚓粪利用技术、热带大宗田间废弃物就地安全利用技术、废弃物循环利用和农产品品质调控技术为主的生态农业技术研究和技术集成评价方面取得重大突破。其中，构建了"林—菌—畜—蚓—菜"种养结合的生物链生态循环模式和技术。科技成果

"利用蚯蚓处理几种主要热带农业固体废弃物关键技术研究与应用"获得海南省科技进步奖三等奖。

中国热科院与企业合作，整合农村土地资源、劳动力资源、原材料资源优势，利用企业组织生产及销售平台优势，发挥科研单位技术优势，建立"科研＋企业＋农户"组合发展生态循环经济的路径，通过"农光互补-光伏食用菌"项目，发展食用菌-光伏产业，服务企业打造整村推进的"农光互补-光伏食用菌"模式，实现了产业融合发展、土地立体化增值利用（图3-9-1）。

"光伏-食用菌"农光互补示范基地已建成，占地260亩，其中光伏发电面积100 000平方米，发电量为10兆瓦/年，年收入700万元以上，可创纯收益100万元以上。食用菌生产大棚60 000平方米，年生产食用菌3 000万袋，年产值1.1亿元以上，可提供就业岗位300个以上。项目通过"光伏食用菌＋产业＋扶贫"模式，打造定安县"光伏食用菌"特色小镇。

图3-9-1 "光伏-食用菌"农光互补示范基地

总结产业帮扶成功经验有以下两点：一是科研单位与涉农企业协同合作是推进乡村发展的主要手段。中国热科院主动作为，积极与定安龙湖南科食用菌有限公司合作，建立以企业的生产基地为依托、经营与管理经验为基础，科技支撑为后盾，农户积极参与为主体的良性循环发展体系。通过科技服务产业，根据地方农业资源优势，探索适合地方发展的模式是推动产业发展，服务乡村振兴的途径。二是树立和践行"绿水青山就是金山银山"的理念是生态循环农业发展的关键。生态环境和经济社会发展相辅相成、不可偏废，科研团队始终把生态优美和经济增长"双赢"作为发展的重要价值标准，在生产实践中打造示范点，在农民教育培训中增强农民绿色发展理念。

第十节 优化产业结构 构建产业帮扶"新模式"
——科技支撑海南省白沙县青松乡拥处村产业发展

白沙黎族自治县（下文简称白沙县）位于海南岛中部偏西，总面积 2 117.2 平方公里，辖 11 个乡镇，92 个村（居）委会，428 个自然村；总人口 19.5 万人，其中黎苗族人口 12.41 万人，是一个以黎族为主的少数民族聚居山区县和革命老区县。这里以生态良好著称，拥有"山的世界、水的源头、林的海洋、云的故乡"的美誉。与大自然的美形成鲜明反差的是这里的贫困，白沙县曾被国家列为国家重点扶贫县和海南唯一的深度贫困县，直到 2020 年 2 月 29 日，白沙县才退出贫困县序列，正式脱贫摘帽。

白沙县拥处村，距白沙县城 54 公里，交通极不便利。2014 年的拥处村，拥有耕地面积 2 490 亩，辖 7 个村民小组，有 323 户 1 504 人，全部为黎族。主要种植橡胶、益智、山兰稻等经济作物。橡胶、益智、山兰稻生产管理水平差，产量差，橡胶价格持续低迷、益智亩产干果仅 45 千克左右、山兰稻亩产仅 80 千克左右。生产力低下，经济效益差，交通闭塞，使得拥处村的贫困进一步加剧，老百姓生产生活非常困难，全村建档立卡贫困户达 198 户共 836 人，贫困发生率达到了 55.6%，远远超过了当年海南省全省贫困发生率 10.2% 的平均数据。

2015 年，中国热科院积极响应国家"实施精准扶贫，打赢脱贫攻坚战"的号召，按照海南省科技助推海南乡村振兴和脱贫攻坚战略工作部署，对接帮扶白沙县拥处村，自此，科技助力白沙青松乡拥处村脱贫攻坚战正式打响。

筑牢一座战斗堡垒

基层党组织的战斗堡垒作用和党员的先锋模范作用是关乎脱贫攻坚是否能够如期取得全面胜利的关键。从 2015 年起，中国热科院先后选派 5 名政治素质高、工作能力强、有专业特长、善于做群众工作的年轻科技干部到拥处村挂任"第一书记"。一届又一届的"第一书记"始终铭记使命、力排万难、竭力奉献。着力解决村党支部凝聚力和战斗力不强、服务群众不到位、支部委员之间配合不够密切、党员管理缺失等问题。2015 年下半年，利用乡镇换届选举契机，积极配合乡党委政府，选优配强村两委班子和村民小组成员。通过认真组织落实"三会一课"制度，扎实推进"两学一做"主题教育、"三严三实"专题教育、党史学习教育，积极组织开展"主题党日"活动等工作，拥处村党支部的战斗堡垒作用和班子成员的先锋模范作用显著增强，在贫困识别、低保评议、环境卫生、危房改造、基建工程和产业发展等工作中，做到主动作为，提前谋划，勇于担责，公开公正，为打赢脱贫攻坚战筑牢了一座坚强的组织堡垒，形成了党建引领各项事业发展的大好局面，赢得了村民和乡党委政府的高度认可。拥处村党支部连续三次荣获白沙县"五星党支部"称号，成为全县有史以来第一个连续三次获此殊荣的行政村。村两委成员和第一书记也多次受到先进表彰，支部书记田国存被评为白沙县优秀党务工作者，副书记吉亚才被批准为海南省农村实用人才。第一书记刘钊、秦韶山、黄海杰、王凯4位同志也先后荣获"海南省中西部市县优秀挂职科技副乡镇长""省级优秀第一书记""白沙县优秀驻村工作队队长""青松乡优秀党务工作者"和"最美第一书记"等荣誉称号。

蹚出一条致富路

为加强定点扶贫工作，中国热科院整合资源、协调各方力量，组建起由橡胶、南药、水稻、畜牧、电子商务等各方面专家组成的拥处村精准扶贫专家工作组。工作组与第一书记密切配合，深入开展调研，并结合村情民意和产业现状，提出了"天然橡胶保收、林下经济增收、山兰稻文化创收"的发展思路，为全村的产业发展指明了前进方向。

天然橡胶价格持续低迷，严重挫伤了老百姓的生产积极性，1 800亩橡胶面临弃割风险。院扶贫科技专家工作组充分利用院科技、人才优势，通过基地示范、专题培训、实操指导等，大力推广测土配方施肥、橡胶高产、幼林间种山兰旱稻、成林间种南药等实用适用先进生产技术，村民生产管理水平和劳动技能得到不断提升。山兰稻新品种"山兰陆1号"和"山兰糯1号"的推广使用，使山兰稻从亩产80千克提高至125千克，年产值增加至120多万元；益智干果从每亩产量40千克提高到65千克以上，年产量提高到了3.75吨，年增收近97万元（图3-10-1）；效益起来了，老百姓的干劲就足了，山兰稻和南药种植规模分别扩大到了850亩和1 500亩，并获批"海南省林下经济示范基地"称号。切实有效的帮扶措施，大大提升了单位产出和综合效益，贫困农户的长期稳定增收得到有效保障。

在拥处村扶贫工作中，中国热科院积极探索科技帮扶模式和着力打造产业特色，以品牌促农兴农。创建出了"政府+科技+合作社+项目+贫困户"的科技助力脱贫攻坚新模式。支持该村成立"仙婆岭种养专业合作社"，指导合作社走品牌兴农之路。充分挖掘黎村传统特色农耕文化，策划创办"啦奥门山兰文化节"活动，让游客体验丰收喜悦和黎家风情的同时，推动山兰产业白沙县区域特色品牌打造，促进一二三产的融合发展。

活动成效显著，获得了社会各界广泛认可，中央电视台2016年1月2日

图 3-10-1　拥处村林下益智喜获丰收

《新闻联播》节目播放了题为《海南：精准发力拓旅游扶贫新路》的宣传报道。指导支持山兰稻加工厂建设，建成一个 100 多平方米、拥有先进加工设备的标准化加工厂；成功注册山兰"青香谷"和"七彩山兰"商标；创意设计山兰米真空包装和礼盒包装，为山区农产品走上标准化、品牌化的发展道路打好了坚实基础。合作社当年销售额就达到了 37.11 万元，帮助贫困人口 510 多人，贫困户每户增收 2 500 元。2018 年，"青香谷"山兰米获白沙县"十大特产"称号，山兰米销售价格也由 10 元/千克提升至 20 多元/千克，销售总量增加了 4 倍。2019 年、2020 年，帮助合作社取得了山兰米加工厂食品生产许可证与扶贫农产品认定。在此期间，合作社及社长吉亚才获得了一系列荣誉称号：吉亚才 2016 年被评为"海南省白沙黎族自治县优秀人才"，2018 年获得"南海乡土人才"称号，2019 年获得"海南省劳动模范"称号，2020 年获得海南省脱贫攻坚"奋进"奖，合作社在 2017 年获得白沙县"2017 年度脱贫攻坚工作先进帮扶社会组织"称号。现在，"啦奥门山兰文化节"活动已经连续举办了多届，有 6 位村民获"县级非物质文化遗产传承人"称号，活动多次被中央电视台和海南日报等媒体大篇幅报道，游客量增加了几十倍，该文化节活动已经成为白沙县的一张靓丽的民族名片，也是海南省每年庆丰收文化节独具魅力的品牌活动。品牌兴农让拥处村获得了社会、经济效益双丰收。

织密一张科技扶持保障网

人是生产的第一要素。中国热科院坚持"扶贫与扶智""扶志与扶智"相结合，围绕特色产业发展，进一步强化开展"生产经营型、专业技能型、社会服务型"高素质农民培育工作。以拥处村自身的南药、山兰稻和橡胶特色产业为出发点，应时应季安排培训，选派各领域专家开展了益智催花保果、山兰稻有机栽培、天然橡胶"两病防治"（图 3-10-2）、蜜蜂养殖、南药发展趋势与市场、耕地土壤改良、天然橡胶割胶技术、电子商务等实用技术培训 30 余期，2015—2020 年共培训村民 3 000 多人次，共培养致富带头人 2 人，并给予毕业大学生和打工青年返乡 5 人鼓励。为拥处村培育了一批懂技术、善经营、会管理、扎住根的贫困村创业致富带头人、高素质农民等新型生产经营主体，切实提升了村民致富能力，增强了贫困农户的自我发展动力和脱贫的信心。

图 3-10-2　橡胶病虫害防治技术培训

　　基础设施是发展的基石。中国热科院积极联络省县乡各级政府和部门，充分发挥协调作用，共为全村申请各项建设资金合计近 2 000 万元，涉及道路和桥梁、灌排水系统、卫生、文化、通信、田洋整治、危房改造等民生各个方面，共完成道路硬化 3 600 米，建设桥梁 2 座、污水处理池 7 座、篮球场 640 平方米，文化室 1 间、卫生室 1 间、公共卫生厕所 1 个、基站信号铁塔 1 座，建设光纤入户 6 000 米、入户道 1.87 千米，硬化排水沟 5 条共 2 400 米，田洋整治 300 亩，建设灌溉水渠 1 800 米、水井 2 口、护堤 360 米，危房改造累计182 户。通过持续建设，村民生产生活居住条件得到显著改善，村容村貌告别了脏乱差的现象。

　　帮扶是责任，更是情感。每年中国热科院领导都要带队 2～3 次深入拥处村进行调研及访贫座谈，加快推进帮扶项目实施，协调助力拥处村解决发展难题。每年逢新春佳节，中国热科院都会组织对孤寡、失能、失智等农户进行慰问，并送去慰问品及慰问金。在台风灾后或值农令时节，中国热科院都会进村入户与贫困群众深入沟通交流，宣传党的扶贫精神和政策，了解群众生产生活中存在的困难，给予帮助和解决。多年来，向农户赠送了橡胶树专用肥料20吨、农药0.6吨、割胶工具100多套，发放槟榔、南药等技术书籍400多套。

2017年，拥处村顺利脱贫出列，摘掉了贫困村的帽子。2019年年底，拥处村实现全部贫困人口脱贫，贫困发生率由2014年的55.6%下降到2019年初的0.3%，村民实现了"两不愁和三保障"，村容村貌焕然一新，产业良性健康发展。

第十一节　科技"组合拳"打碎贫困壁垒
——科技支撑海南省临高县农业产业发展

海南省临高县是国家级贫困县，全县年均人均收入在2 875元以下的贫困户人口有5 771户2 5371人。"十三五"建档立卡贫困行政村23个，120自然村。其中，临城镇贫困人口7 092人、波莲镇贫困人口4 246人、博厚镇贫困人口2 692人、东英镇贫困人口2 363人、调楼镇贫困人口2 270人、和舍镇贫困人口1 634人、皇桐镇贫困人口1 656人、多文镇贫困人口1 618人、南宝镇贫困人口992人、新盈镇贫困人口808人。

临高县是中国热科院签约合作县，每年共同举办科技月活动，为临高县组织派请大批专家，开展科技大集市、举办科技培训等活动。2014年，时任海南省省委常委毛超峰常务副省长明确指示，要把新品种新技术推广到临高县，助推农民脱贫致富。同年，时任临高县委书记要深化加强与中国热科院的合作意向。从中国热科院选派科技人员到临高县博厚镇挂职科技副镇乡长开始，科技人员充分发挥桥梁纽带作用，紧密联系临高县科技局等相关单位，立足产业特点，整装形成产业规划、项目带动、科技培训、党建结对等科技帮扶"组合拳"措施，着力打破临高县贫困壁垒，全面支撑临高县农业产业发展。

顶层设计引领扶贫　按照海南省委组织和海南省科技厅的关于智力扶持海南中西部市县的工作部署，中国热科院选派科技人员到临高县相关乡镇挂职科技副乡镇长，科技副乡镇长工作依托中国热科院人才、科技成果等优势，发挥了院县的桥梁纽带作用。在充分调研的基础上，组织起草《中国热带农业科学院关于对口支援临高县科技扶贫实施工作方案》《中国热带农业科学院关于科技支撑临高县农业产业精准扶贫工作方案》等文件，提出"政府＋科研＋党支部共建＋企业/合作社＋农户"科技推广扶贫模式，把政府资源、科技资源、人才资源和行政村管理及参与的农户进行有效整合，为临高县打赢脱贫攻坚打下基础。

产业规划精准扶贫　2019 年前临高县东英镇居留村 800 亩土地种植桉树和甘蔗，每亩产值仅 2 000 元左右，效益低下。在针对当地存在的问题，科技人员依据多年优稀果树产业调研成果，坚持遵循"特色牵引、市场主导、产业支撑"为原则，以"短期作物促进脱贫、长期作物促进致富"为目标，因地制宜为其策划发展黄皮产业，科学规划实施幼树黄皮间作大蒜，间作面积 350 亩，不到半年时间，仅间作的大蒜产值达到了 9 000 元/亩以上，扣除成本后净收益达到 6 000 元/亩以上，脱贫农户 62 户共 270 人，实现了临高县东英镇居留村全村脱贫，农业产业结构得到了优化升级。

策划项目带动扶贫　科技人员依靠专业优势，结合临高农业产业和脱贫攻坚的实际，为临高县政府组织策划并执笔了临高县 2019 年绿色循环优质高效农业发展促进项目，该项目获得财政部和农业农村部立项，获批立项经费 1 840 万元。通过项目做重要载体，协助培育壮大乡村特色产业，助推产业兴旺，做实科技服务。

科技培训促进扶贫　中国热科院与临高县委组织部和临高县科技服务中心联合举办了科技引领临高县脱贫攻坚、科技引领临高县乡村振兴等专题培训，近三年培训了临高县 11 个乡镇的家庭农场的种养大户、村两委干部、农村党员、脱贫户代表、大学生、中高职毕业生、返乡农民工及退役军人等致富带头人 2 000 人以上，实现了临高县全乡镇覆盖，全村委带动。通过培训与跟踪指导服务，为临高县培养了一批懂农业、爱农村、爱农民的"三农"工作队伍，再通过这支队伍带动扶贫户进行致富。

科技展览科普宣传助力扶贫　从 2014 年至今，海南省每年举办的海南省科学活动月期间，应临高县人民政府的邀请，中国热科院相关单位与临高县人民政府联合举办临高县每年一次的科技活动月，在临高县每年的科技活动月期间，院相关单位携带了新品种、新技术、新装备、新工艺等成果参加，通过宣传册、技术手册、光碟等载体和图文并茂的科技展板巡回展览，并以现场培训，田间技术指导等形式开展了技术推广，科普宣传，促进了地方科技脱贫工作。

党建结对帮扶助力扶贫　通过党建结对帮扶引领促脱贫的模式，与东英镇居留村党支部结对共建共促产业发展。中国热科院院属单位相关党支部以共建为纽带，以支部为核心，以村民为主体，以创新谋发展，以共享促和谐，以产

业调整为突破口，以技术帮扶为切入点，通过党员专家带头示范，引领当地乡村产业的高效发展。形成了"党员专家结对帮扶，以党建引领乡村产业发展"的科技支撑乡村产业发展模式。

第十二节　瞄准海南"三棵树"　挖掘产业潜能
——科技支撑海南省天然橡胶、槟榔、椰子产业发展

天然橡胶、槟榔、椰子"三棵树"是海南特色优势热带作物，是海南做强做优热带特色高效农业的关键。"三棵树"是海南数百万农民的重要经济来源，对农民增收、乡村振兴和热带农业发展具有重要意义。但因产业聚集较差，产品附加值不高等，长期以来处于"王牌不王"的尴尬境地。橡胶制品行业结构性问题突出，椰子产业技术体系薄弱，槟榔种植业病虫害频发，深加工行业滞后，地方特色品牌产品匮乏，尚未形成一二三产融合发展的良性局面。天然橡胶、槟榔、椰子"三棵树"也是中国热科院多年来研究的重点领域之一。中国热科院充分发挥优势，通过科技创新，努力解决产业发展的瓶颈问题，积极主动谋划布局产业发展，加快产业结构转型升级，积极主动将科研成果推广与应用，为农民增收和热带农业发展助力。

白沙黎族自治县打安镇福妥村村委会距县城24公里，下辖10个村小组，共有493户2286人，可耕种农田面积1133亩，橡胶种植面积为5542亩，槟榔种植面积为600多亩，益智苗种植面积300多亩。

2018年中国热科院响应海南省委省政府号召，选派挂职干部前往福妥村担任乡村振兴工作队长、驻福妥村第一书记。挂职干部到位后立刻对村内的贫困户开展精准摸底工作，认真查摆问题并听取民情民意。经过仔细调研后发现橡胶产业是福妥村主要经济支柱，但橡胶品种老化，弃管弃割现象严重，胶园综合利用率较低。中国热科院橡胶生产专家来到福妥村进行实地指导，引进热研7-33-97、热研7-20-59和全周期间作模式等橡胶树新品种和新模式，引进新品种1.1万余株，推广新模式24亩。开展民营标准化胶园集成技术示范、电动采胶技术示范、两病"飞防"试验示范提升植胶水平，建立了全周期间作技术示范基地，间种香蕉、咖啡、可可等作物，在不增加投资、不明显减少干胶产量等前提下，增加胶园产出，胶园土地利用率达150%以上。福妥村脱贫攻坚成效明显，如期实现整村脱贫目标，农村可支配收入达12919元，群众满意度达98.49%。2020年，福妥村以优异的脱贫攻坚成效助力打安镇赢得全省年度脱贫攻坚乡镇之间大比武第一名、"全国脱贫攻坚先进集体"等荣誉。

白沙黎族自治县阜龙乡新村位于县城北部,海白高速和315省道从村庄东面经过,交通非常便利。全村辖区内有5个自然村,总人口1 233人,303户,新村红色文化非常浓厚,现存革命遗址主要有文头村琼崖纵队司令部遗址、芭蕉村渡海先锋营联欢旧址、保加战斗旧址、保加革命烈士公墓。

　　阜龙乡连片种植橡胶5 345亩,近年来橡胶价格一再下跌,阜龙乡胶农收入锐减,胶园"弃割""弃管"现象严重。橡胶林下土地资源丰富,但橡胶林下经济作物品种单一,主要以益智和棕叶为主,近年来两种经济作物的价格持续走低,对贫困户的收入增长产生不利影响。在省科技厅、白沙县科工信局、白沙县橡胶产业中心支持和指导下,帮扶团队指导新村成立林下种植专业合作社,帮助建立20亩橡胶林下种植斑兰叶和20亩橡胶林下种植魔芋基地(图3-12-1)。通过"合作社+基地+农户"的途径,逐步探索出"贫困户+村集体经济+专业合作社"的林下经济发展新模式。由专业合作社为胶农提供所种植的种苗,并为其提供统一包装销售、产品回收及技术指导等服务;种植后,每亩投入成本约3 000元,每年产出量在3 000千克,按照市场价2.4元/千克来计算,每亩林下斑兰叶的产值为0.72万元,扣除采收和运输成本后的回收款达到种苗成本前,回收款统一由村集体所有,贫困户向村集体提供的斑兰叶回收款达到成本后,贫困户自行采收和销售,斑兰叶的回收款则归贫困户所有。全面实现了"贫困户脱贫致富、贫困村集体资产增收、专业合作社发展"三方互利共赢的局面。带动周边村社30多户居民自行开展种植,总辐射面积超过200亩。阜龙乡林业经济产值得到明显提升。

图3-12-1　指导村民发展林下经济

儋州市和庆镇美万新村现有村民 58 户 262 人。20 世纪 80 年代，由于缺乏可持续发展的科学发展观，加之人口增长过快，村民们种的水稻无法糊口，就上山焚林狩猎，一到夜晚，全村 36 个山头一片火海，自然资源破坏严重，生态环境严重恶化。90 年代，为保护生态环境，发展农业生产，中国热科院指导帮助美万新村走上了"科技兴村"之路。专家团队在美万新村开展了土地利用现状和土壤养分分布调查，完成全村土地利用规划，并依照该规划指导全村的生产和建设，确立了"高山造林，山腰种胶，平地种果，水面养鸭"的生产模式。指导村民开展生态村落建设，建设沼气工程，沼气用于照明和燃火，沼液、沼渣作为优良的有机肥，形成了多级利用、循环往复的生态链，既发展了经济，又有效地保护了生态环境。

30 多年来，中国热科院相关领域专家持续为美万新村建设出谋策划，除安排对口专家提供技术支持外，还指定技术人员负责联络，以橡胶产业为抓手，在生产的各个关键环节，定期举办培训班，为村民提供技术培训，并为村民提供优良的种苗、胶刀、肥料、割面营养增产素等物资。

通过中国热科院持续的科技支持，2000 年，美万村被海南省定为文明生态村示范点之一，全国第 15 个生态农业实验点。2013 年，全村固定资产超过 2 000 万元，村民人均收入超过 6 000 元。全村村民参加了社会养老保险，成立医疗合作社，做到小病不出村，学龄儿童入学率 100％。如今的美万新村，已从一个偏僻落后的山村，发展成为环境优美、村风文明、村民富裕，学科学、用科学、靠科学氛围浓烈的现代生态文明村。

北大镇地处海南省万宁市北部山区，是个少数民族聚居的乡镇，东临和乐镇，北临国营东岭农场与琼海接壤，南同后安镇，西与大茂镇毗邻，距县城 24 公里。北大镇是万宁市热带作物重要生产区之一。

在习近平总书记"两山"理论的指导下，中国热科院科技人员积极探索农户增收和土地增绿的双赢发展模式，找出一条适合海南"三棵树"林下可持续发展的路子——优选特色香料作物斑兰叶作为林下经济可持续发展的突破口（图 3-12-2）。派团队成员定点服务海南"十三五"规划深度贫困村，帮扶万宁北大镇贫困户在北大镇发展海南"三棵树"林下间种斑兰叶产业，建立"橡胶间种斑兰叶高效示范基地""槟榔间种斑兰叶高效示范基地"，每亩斑兰叶产量约 2 000 千克，新增收益 4 000 元左右，较海南目前林下经济 2 000 元/亩的水平增长约 2 倍。同时，研发"斑兰叶中密度控草""斑兰叶保色增香"等关键技术，解决槟榔、橡胶等林下长期过度施用除草剂的难题，生态效果显著。示范基地受到国务院扶贫督查组、全国人大代表及省领导等的广泛关注和肯定，相关工作在海南日报、海南省农业农村厅官网、农业农村部官网等信息平台进行报道。"三棵树"林下发展斑兰叶产业被海南省人民政府办公厅海南信息第一期建言献策作为"三棵树"可持续发展的突破口提议。此外，为进一步推动产业兴旺，巩固脱贫成果，为服务乡村振兴提供人才和科技支撑，中国热科院科研团队在万宁市北大村设立"万宁市北大村乡村振兴服务点"，支撑科技服务产业兴旺发展。

图 3-12-2　槟榔间种斑兰叶

广青农场创建于 1970 年 7 月，位于海南省屯昌县北部，海榆中线公路 73 公里处，现有职工总户数 1 668 户，总人口 5 881 人，在职职工 836 人，离退休职工 727 人。农场下属 3 个作业区和 22 个生产队。广青农场以天然橡胶为主要经营内容，同时允许职工自营橡胶和荔枝、槟榔、胡椒等经济作物。农场现有橡胶园 1.94 万亩，水田 1 270 亩，职工自营经济用地 10 570 亩。广青农场山地较多，坡陡，土壤有机质含量少，土层浅薄，土质疏松，以往种植橡胶，依靠高胶价尚能维持一定的效益，近年来由于胶价低迷，人力成本上涨，大面积的胶园遭到弃割，又因水利灌溉设施不到位而不适合种植其他热带作物，将近 10 000 亩林地被抛荒，土地资源遭到极大的浪费，农场主要营收大幅缩水，严重影响职工收入。农场共有 153 户人家约 950 余人，或因病致贫，或因苦致贫，或因债致贫，年人均收入不足 2 000 元，亟须盘活土地资源，增加就业岗位，解决这部分人群的脱贫问题。

专家组在分析帮扶点的实际情况和产业优势后，建议在广青农场规模化、标准化建设文椰系列椰子种植园，采用"公司＋科研所＋农户"的形式，由公司承包了广青农场 6 000 余亩坡地，在科技人员指导下，结合山地坡度机耕呈梯田状，层层递进种植良种文椰 2 号、文椰 3 号和文椰 4 号，目前已种植 4 000 余亩。安装了先进的节水滴灌系统，摆脱了当地水利条件限制，保证椰园的科学足量用水。公司雇佣 120 名"入股"的贫困户建设和管理椰子园，保证贫困户年收入不低于 3 万元，当年脱贫，脱贫率 78.43%。中国热科院提供技术，保证每株椰子树产果不少于 80 个/年，保证参股农民尤其是贫困户连续20 年持续稳定的收益，脱贫不返贫。

这种模式对农民尤其是贫困户而言，彻底解决了建档立卡贫困户在持续发展上所遇到的产业选择、资金投入、种苗培育、技术指导、市场销售等一系列后顾之忧。不但解决了就业问题，还可获得除工资外的分红，"一份工作，两份收益"；且获得技术、管理方面支持，彻底实现脱贫不返贫。对广青农场而言，不但盘活了集体土地，稳定获得租金收入，而且理顺了农村、农业、农户的市场化绑定机制，走出了一条共同发展的新路子。对投资公司而言，通过统一规划农田种植安排，体现规模化效益；用较小出资撬动多倍资金投入，出小钱办大事，同时创造了就业岗位，通过经营上缴税收，体现了对社会公益事业的担当。对科研单位而言，实现了科技成果的成功转化，迈出了商业化运营管理科技成果的第一步，激励了科技人员的技术创新，同时体现了公益性事业单位该有的社会担当。

第十三节 "智"联乡村产业 "慧"诊贫困之脉
——农业科技"软实力"助力脱贫攻坚

一、咨询智库谋发展

（一）工程咨询助力产业项目落地实施

以工程咨询为主要内涵的智库工作是农业产业发展和建设项目的先行者，是典型的"无烟工厂""智囊产业"，是保障涉农产业项目顺利实施的重要环节和基础保障。在我国大力促进产业振兴及实施乡村振兴战略的新背景下，对工程咨询智库服务和促进农业农村现代化发展提出更高要求，也决定了中国热科院更加重要的作用，彰显"国家队"使命担当。

中国热科院科工程咨询业务团队提出并贯彻实施以打造"热带农业工程规划设计咨询中心，提供全产业链的农业智库咨询服务"为目标，以"服务为先、专业为本、质量制胜、追求卓越"服务宗旨。"十三五"期间，工程咨询业务团队承担包括规划咨询（主要包括农业产业规划、园区规划、共享农庄规划和美丽乡村规划等）、项目咨询（主要包括可行性研究报告、项目建议书、资金申请报告等）、评估咨询、全过程策划咨询、政策咨询和市场调研咨询等业务 150 余个项目，为企业（合作社）争取各类农业资金超过 2 亿元，一批工程咨询成果和专家获得业内认可，成了中国热科院发挥农业智库作用服务热区乡村振兴的重要抓手。开展了怒江大峡谷乡村振兴产业示范园总体规划、云南怒江州绿色香料产业园规划等，助力了当地脱贫攻坚和乡村振兴发展。实现工程咨询智库工作既"更上档次"又"更接地气"的目标；此举既提高了院地合作的含金量，又擦亮了热科院"国字头"金字招牌。

（二）8 年如一日为热作产业健康发展保驾护航

热带作物产业的每一次发展都与热区广大农户切身利益息息相关，产业的健康发展关系到热区农民增收致富的成效。中国热科院围绕国家战略和现代热带农业产业发展需求，重点开展热带经济作物、粮食作物、冬季瓜菜、南繁种业等热带产业经济研究，专家团队根据热带水果与海南瓜菜的供给能力、生产流通环节、产业链利益分配及国际竞争力等研究的迫切要求，历时 8 年，长期地、系统地开展了热带水果与海南瓜菜产业动态数据收集、分析与应用。通过创建热带水果与海南瓜菜产业数据系统采集体系，构建热带水果与海南瓜菜全产业链分析模型，并形成了热带水果与海南瓜菜产业报告。

2013 年以来，针对热带水果和海南冬季瓜菜数据收集渠道狭窄、市场价格异常波动频繁、行业管理部门统筹调控困难等问题，中国热科院已先后建立农产品日度价格信息收集监测点 10 个，设立海南 50 个常年瓜菜、冬季瓜菜价格收集点，收集产业动态数据 156 余万条。依托收集的数据及经济学相关理论，在核心期刊发表论文 10 篇。为农业农村部市场与信息化司、海南省农业农村厅、海南省农业对外交流合作中心等政府部门提供月报、季报、年报共计100 余份。有效解决了热带水果与海南瓜菜数据收集渠道狭窄问题，构建了热带水果与海南瓜菜产业链数据分析模型，系统分析了热带水果与海南瓜菜产业发展特性，及时地为政府提供了产业发展政策建议，促进了我国热带水果和海南瓜菜产业的健康、平稳发展，有力保障了热区农户增收致富。

开展了主要热带作物产业发展形势分析。从世界热带作物产业概况、我国热带作物产业发展现状、市场情况入手，系统掌握热作产业的产量、消费量、贸易量、库存量、成本收益值和价格六大核心数据，分析本年度我国热带作物产业出现的新情况、新特征、新问题，预测下一年度可能出现的新趋势。

开展了主要热带作物开展市场监测与预警工作。从生产、批发、零售价格，供求信息、贸易流向等方面数据进行收集整理，市场价格实现日度跟踪，进出口贸易实时月度跟踪。月度发布主要热带作物市场价格及贸易监测预警报告。

开展了热区农业农村重大经济问题研究。深入开展热带农业产业结构与布局、产业基础与组织、产业发展与模式以及产业管理与政策研究；开展热区农业社会化服务体系、新型农业经营主体、城乡统筹发展、热带农产品价格形成与调控机制、农村土地流转、农产品安全供给等方面研究。

开展了中国农产品监测系统、热带农业大数据平台、热带作物科学数据分中心三大农业产业经济监测与分析平台的构建。中国农产品监测系统（海南分中心）平台围绕热带水果和海南瓜菜产业链，利用移动数据终端、"农信采"App 等现代化数据采集手段，在生产环节、流通环节、销售环节部署产业动态监测点共计 60 余个，涵盖海口、澄迈、保亭、昌江、陵水、琼海、东方、保亭、三亚、临高、儋州、文昌、乐东、定安 14 市县及全国主要农产品批发市场。热带农业大数据平台采集芒果、菠萝、咖啡、火龙果、冬季瓜菜等主要热带作物市场价格信息、进出口贸易、政策和科技等信息。提供了冬季瓜菜、常年瓜菜、热带水果等相关品种价格数据，编写菠萝、芒果、火龙果、咖啡、椰子、槟榔产业专题报告。热带作物科学数据分中心以满足国家和社会对农业科学数据共享服务需求为目的，立足农业部门，以数据源单位为主体，以数据中心为依托，通过集成、整合、引进、交换等方式汇集国内外农业科技数据资源，并进行规范化加工处理，分类存储，最终形成覆盖全国，联结世界，提供快速共享服务的网络体系；并采取边建设、边完善、边服务的模式逐步扩大建设范围和共享服务范围。

（三）智库专家勤发声，咨政建议助力热区乡村振兴

在打赢脱贫攻坚战这场没有硝烟的伟大战场中，"我们也是战士，以笔为戈，以纸作伐"，专家们以智库专家发声作为"扩音器"，以咨政报告作为"帮扶手册"。紧跟国家和热区省份发展战略方向，关注农村发展新形势，2020 年成立的海南自贸港政策（农业农村政策）研究室，主要从自贸港政策、热区农业农村政策、热带农业科学发展政策三个方向开展政策研究与咨政建议，及时详细解释自贸港建设、农业农村发展、农业科技发展相关政策内容和精神，帮助相关群体对政策形成较为清晰的认识，同时也利于各级政府部门及相关单位对政策的落实制定具体的措施，相关政策建议共获得了包括农业农村部原部长韩长赋、海南省委书记沈晓明等 7 位省部级领导的重要批示。

积极影响国家层面及农业农村部门的决策参考。积极开展基于"两减"及重大农业植物疫情下热区植保理论政策创新，系统全面地调研了广东、广西、云南、海南等典型热区的 50 个市县基层植保体系队伍现状，以及广东省 35 个市县基层植保体系状况；调研了华南两省及一个自治区（海南、广东、广西）的冬春蔬菜种植、病虫害发生、农药销售和使用环节、农技推广等情况，分析各环节存在的问题，并提出相应的对策建议。徐小俊副研究员牵头撰写的《热区基层植保队伍弱化状况调研报告》中的部分内容被摘入农业农村部 2020 年第 56 期《种植业快报》，题目为《南方四省区基层植保队伍弱化影响病虫防治工作》，该快报同时获韩长赋部长、刘焕鑫副部长、张桃林副部长批示，种植业管理司采纳了相关建议并启动了全国植保体系建设方案研究制定工作；《热区基层植保队伍弱化状况令人忧》获张桃林副部长批示；《广东省基层植保队伍调研报告》获广东省委常委叶贞琴批示。

深入开展海南自贸港政策研究取得显著成效。中国热科院紧跟国家和海南自贸港发展战略方向，一直将形势政策解读作为工作重点之一，《海南自贸港建设背景下热带农业发展面临的机遇、挑战及发展策略建议》入选新华社内刊《自由贸易港研究》（2020 年 11 月 10 日第 60 期），同时获海南省委书记沈晓明和副省长刘平治的批示；《协同推进海南农业农药化肥减量增效系统治理》入选新华社内刊《自由贸易港研究》（2021 年 6 月 20 日第 30 期），获海南省委书记沈晓明批示；《引智入村，推进村集体经济发展的对策建议》获海南省委副书记李军批示。

扎实开展热区乡村振兴评估。为认真贯彻落实党中央国务院、农业农村部、海南省委省政府关于农村人居环境整治工作的系列决策部署，对热区乡村振兴成效、乡村人居环境整治模式、长效机制以及政策执行效果进行了评估与深入研究，从国家治理与区域视角创新地提出了乡村人居环境治理理论与观点；在理论研究方法、政策评估方法、实地调查方法进行了整合创新，在热区尤其在海南省产生了较重大影响，其中，1 篇资政报告被海南省委副书记李军批示采纳应用、1 份政策评估标准被海南省农业农村厅采纳应用、2 篇咨政报告被市县政府部门采纳应用，在地方政府决策和管理中发挥了重要作用。

（四）固定观测系统评估热区乡村振兴成效

我国自 1985 年就开始在全国陆续建设农村固定观察点调查体系，农业部于 2015 年出台了《关于进一步做好农村固定观察点工作的意见》，设立乡村振兴固定观测点，是农业部了解掌握全国各地农业农村发展的科学做法，对于系统评估热区实施脱贫攻坚与乡村振兴战略成效具有重要的意义。

自 2019 年起，中国热科院在海南和广东设立了 8 个乡村振兴固定观测点，观测点主要设在村委会及农业行业协会、合作社、农业大户等农业主体上，分别设在广东省湛江市坡头区乾塘镇沙城村委会、徐闻县下洋镇墩尾村委会和海南省海口市红旗镇合群村委会、儋州市王五镇山营村委会及海口市、东方市 2 个农业行业协会、澄迈县 1 个农业合作社、琼海市 1 个种养大户。设立乡村振兴固定观测点，是有力践行热科院科技助推热区乡村振兴行动、强化责任担当、加强所地合作的具体举措，把固定观测点调查体系基本建设成为调查制度科学、组织体系完善、数据质量可靠、技术手段先进、队伍素质优良、政策保障有力的农村典型调查体系，成为热区新型"三农"智库的重要依托，农业农村动态监测、信息服务、决策咨询能力得到显著提升。

2019 年 7 月 22 日，热区首批乡村振兴固定观测点启动会暨乡村振兴研讨会在海口召开，来自广东、海南 2 省 8 个固定观测点代表及专家 40 余人参加会议。自 2019 年 10 月起，中国热科院专家牵头推进开展了"乡村振兴定点观测点"调研工作。通过直接掌握观测点的社情民意，进一步解析实现乡村振兴的瓶颈困难，提出专项发展建议，为有关部门决策行动提供参考。通过在固定观测点开展定期监测和专题调研，完成调研后，对广东粤西特色农业产业以及海南、广东 4 个行政村乡村振兴固定观测点进行数据搜集、整理工作，并使乡村振兴固定观测点体系成为集常规调查、专项调查、动态监测和分析研究于一体的重要农村调查体系（图 3-13-1）。

图 3-13-1　热区首批乡村振兴固定观测点授牌

二、大数据平台领创新

中国热科院相关单位牵头构建全球热带农业科学数据中心，以热带农业科学数据为研究对象，坚持特色化、差异化、国际化发展思路，"立足海南、协作热区、走向世界"，在全院范围内，采取"1＋13＋N"的模式共同建设全球热带农业科学数据中心。近五年，中国热科院通过大数据平台向贫困户和扶贫部门等推送实用信息，解决了生产实际问题和为扶贫部门提供了决策建议。

建立"快讯＋简讯＋专题简报"三位一体的热带农业产业监测与服务模式。通过对热带地区农情信息，如气象灾害、病虫害以及作物受损情况、相关部门的应急措施、国内外热带作物产销及政策变化等信息进行跟踪监测，已建立及时汇报制度和定期汇报机制，近年来以每日快讯、每周 2 期简讯、每半年 5～7 种主要热作专题简报、年末 3～4 种主要热带作物产业分析报告等形式向农业农村部相关部门提供有效的决策信息服务，为热带农业从业人员提供信息支持。近 5 年已编制《热带农业信息快讯》1 000 余期，《热带农业信息简讯》400 余期，《主要热带作物专题简报》60 余份。目前已形成了一套比较成熟的热带农业信息收集、加工及发布机制，确保了信息报送质量及时效性。

建立"短信＋微信＋App"多方式融合的热带农业信息服务"三农"模式。利用 12316 短信平台、"热带农业科技服务"和"海南省农业科技服务"（又名海南农业科技 110 专家在线微信服务平台）公众号、热带农产品市场信息 App，以海南为主、辐射中国热区，面向涉农企业、农业专业合作社和涉农人员，开展以市场行情、种植技术、新品种、病虫害防治、惠农政策等为主要内容的普惠性免费热带农业信息推送服务。通过"12316"短信平台发送信息近 50 万条，12316 短信平台目前用户达 6 万余人（其中怒江州贫困户 5 万余人），并按所在乡镇、所种作物分类分门别类建立用户信息库；实现"信息分类、用户分群、服务对点"的信息服务目标，解决了农业信息最后一公里问题。两个微信公众号累计关注用户约 2 700 多人，累计发布各类信息 11 000 余条，开展微信公众号使用培训，培训农民和农技人员 600 余人。

信息技术助推热带农业跨越发展。深入贫困地区实地调研产业链中信息化发展的现状及短板，加强热带农业信息化关键技术研究与集成应用，建成了热带农业物联网共享平台，开展热带高效节水灌溉应用，开展热带农产品质量安全追溯技术研究与示范，开展热带农业遥感技术应用，为热带农业信息化作出良好示范。

三、文化扶贫强支撑

"农家书屋"是党中央、国务院为满足农民文化需要，在行政村建立的、农民自己管理的、能提供农民实用的书报刊和音像电子产品阅读视听条件的公益性文化服务设施。"农家书屋"工程是政府统一规划、组织实施的新农村文化建设的基础工程、民心工程。

2009 年，由中国热科院主办的《世界热带农业信息》入选为国家广播电视总局"农家书屋"重点出版物推荐目录，是农业部主管的入选推荐目录期刊之一，是介绍热带农业知识和发展的唯一入选期刊。该推荐目录是新闻出版总署组织专家、新闻出版行政部门工作人员、出版单位和发行企业代表、"农家书屋"管理员等人员对全国图书报刊出版社选送的书目进行评审后确定的名单，代表着广大农民对相关图书、报刊的认同和欢迎。有关科技支撑工作模式及成效如下：

文化扶贫就是授人以渔。通过"农家书屋"和期刊的形式向文化相对闭塞的农村地区输入技术、知识等营养，丰富了农民的文化素养。《世界热带农业信息》每月定期给"农家书屋"和中国天然橡胶协会免费提供期刊，面向相关

政府机构、科技人员、企业及农户，主要刊登中国热带农业走出去最新的研究成果、相关政策及工作动态等，并为中国热带农业相关政府机构和涉农企业走出去提供信息支撑与政策指导，有利于进一步促进广大农民对热带农业的认识和了解，也是促进文化扶贫的有力保障，社会效益得到显著提高。

海南省文昌市地处海南省东北部，被誉为"文化之乡"，全市共有 17 个镇，255 个行政村。文昌市将"农家书屋"建设列为近几年的政府的重点工作，2012 年文昌市提前完成"农家书屋"村委会全覆盖的任务，建成了 255 个行政村"农家书屋"。每当早晨阳光洒向地面，推开农家书屋的门，在陈列的众多推荐书刊中，《世界热带农业信息》显得尤为突出，这本刊物丰富的内容有力地提升了农业从业人员的工作专业性，成了广大农户开展农事生产的有力帮手，推动了科学技术和传播。

四、档案文献扩影响

自 20 世纪 90 年代起，中国热科院应用"南大之星"档案信息管理系统进行档案信息管理，实现了各类档案目录的计算机著录、检索和查询，充分发挥了档案馆藏为院科研、教学、扶贫工作及其他管理工作等提供查阅、取证等的服务作用。

记录着扶贫历史 档案馆至今仍保存着这些扶贫办公室的专用印章，也保存了大量扶贫资料，如扶贫工作会议纪要、科技扶贫管理办法、科技扶贫班总结、科技扶贫的教学计划和总结文件、扶贫计划的实践探索、海南省生态扶贫示范项目一系列验收材料等。

存放着科技扶贫档案 档案馆保存了众多申报的生态扶贫方面的项目，如"益智等南药的市场调研""林下山区土鸡饲养综合配套技术研究""竹林栽培竹荪、马占种灵芝、松树栽培茯苓等的研究"等。

保存着扶贫工作荣誉 中国热科院致力于科技扶贫工作，多次获得过"阜龙乡人民政府奖——扶贫济困功德无量""科技扶贫，建设乐东"等荣誉奖牌、锦旗等，由院档案馆保存的这些奖牌、荣誉锦旗、科技项目介绍、科技资料等，从多个角度记录了中国热科院一代一代科研工作者认真践行科技扶贫工作取得的成就。

第十四节 "绿色"为底 为兴农富民产业保驾护航
——农业安全生产技术助力脱贫攻坚

海南是我国最大的经济特区和唯一的热带岛屿省份，地理位置特殊，生态环境优良，具有独特的气候资源，是生产冬季瓜菜和热带水果的一块"宝地"。虽然海南已是国内闻名的果蔬重要生产基地，是全国"无规定动物疫病示范区"之一，但目前大部分农产品仍以单个农户生产经营为主，呈现出"小规模、大群体，小生产、大市场"的格局。分散经营使海南农产品在种养过程中，农兽药残留监控、安全卫生质量控制等方面还存在一些薄弱环节，农业标准化生产和品牌化建设任重道远。近年来发生的豇豆、西瓜等农产品质量安全事件对相关产业造成了打击，影响了农业的提质增效和农民增收。

自 2001 年以来，农业部（2018 年 4 月后挂牌农业农村部）启动实施了旨在提高农产品质量和保证农产品消费安全的"无公害食品行动计划"，海南省在治理农产品质量安全问题方面开展了专项整治行动，严厉打击违法违规生产加工，开展安全优质农产品认证认可，推进农业标准化和"三品一标"品牌引领示范，农产品质量安全水平得到显著提升。

多年来，中国热科院立足海南，面向热区，积极响应国家乡村振兴战略和中央打赢扶贫攻坚战的号召，坚持科技支撑农业，借助单位自身科技、人才和平台优势和成果转化产品，不断探索科技扶贫模式和路径，努力做好海南省农产品质量安全监管技术支撑、农业安全生产技术推广示范、协助海南农业生产主体品牌培育打造、热带特色农业产业的品质提升等工作，从而助力海南省农产品质量安全水平不断提升、农业品牌不断凸显，促进了热带特色农产品销售、增加了农民收入，与消费扶贫等方面一起在决战脱贫中发挥了重要作用。

多措并举，助力海南省农产品质量安全水平提升

积极为农业产业提供检验检测技术服务。作为海南认证时间最早、授权范围最广的农产品质量监督检验测试机构，中国热科院积极发挥人员、设备及技术优势，努力为海南省政府机构、科教单位、农业企业等提供食品与农产品检验检测服务，为企业产品质量把控、品质提升及政府监管等提供有力的技术支撑。近五年来共完成各类食品农产品检验检测样品 4 万个以上。

开展农产品质量安全隐患排查和风险评估。2015 年起，中国热科院针对海南农业环境高温高湿，质量安全控制难度较大的特点，积极配合行业主管部门，做好重点农产品的安全隐患跟踪监测服务。近年来，在全省 18 个市县开展蔬菜、水果农药残留监测工作，共计抽取 3 000 个以上样品，提供了近 15 万项次的检测服务，并定期提供风险监测报告和风险管理建议，为基地农产品安全生产、政府风险管理提供科学依据和技术支撑。

做好舆情跟踪与应急处置。关注媒体对热带农产品质量安全相关报道，针对突发和敏感事件，及时做好跟踪分析，主动回应和引导社会关切，消除恐

慌。同时，积极配合省内有关职能部门做好应急处置。在 2010 年媒体曝出海南豇豆农残问题后，中国热科院集中精干力量对全省豇豆进行抽样检测，为加强监管提供了科学依据，并获得了 2010 年海南省农业系统应对豇豆事件先进单位称号；2011 年一则《使用乙烯利催熟香蕉存在食品安全问题》的不实报道，导致合理使用的化学催熟类药品喷洒的海南香蕉大量滞销，中国热科院立即组织开展多种形式的科普活动，减少消费者不必要的疑虑；2015 年 4 月 1 日媒体报道，山东省有多名消费者食用产自海南万宁的西瓜后出现中毒症状，科技人员于 4 月 2 日到万宁调研西瓜用药情况并抽取西瓜样品，3 日即得到相关数据，未检出禁用农药。之后的两个月，科技人员配合行业主管部门开展西瓜中涕灭威监测工作，多次检测西瓜、西瓜蔓和土壤，为应急处置提供科学依据。2017 年互联网上传播着"香蕉浸泡乳白色不明液体"的图片和视频，引起消费者恐慌。香蕉产业体系岗位专家接受新华网中国食品辟谣联盟专访，科普解读相关问题，第一时间回应了媒体关注，消除了大众恐慌，助推香蕉产业健康持续发展和农民增收。2019—2020 年，向农业农村部提出了加强香蕉上吡唑醚菌酯、吡虫啉的使用监管建议，并提出了加快香蕉中杀虫剂使用登记的建议，递交了香蕉质量安全评价报告，为香蕉质量安全舆情应对做好储备。2021 年，针对跨境跨地区传播的网络谣言"香蕉含一种名为螺杆菌的蠕虫"，及时进行了辟谣，努力避免产业发生质量安全事件，为香蕉产业高质量发展提供良好环境。

2020 年抗击新冠肺炎疫情期间，为保障捐赠农产品的质量安全，让抗击疫情前线的战士、人民吃得安全放心，中国热科院第一时间向海南省农业农村厅提议，发动省内农产品质量安全检测机构参与捐赠农产品的定量检测公益行动。包括我中心在内的 9 家省内检测机构积极响应号召，承担了驰援湖北的农产品质量安全的免费检测任务。

协助海南省农产品质量安全县建设。根据《海南省农业农村厅办公室关于开展国家农产品质量安全县年度巡查评议及第三批创建考核评价与现场培训的通知》（琼农办〔2020〕350 号）要求，省农业农村厅组织并委托中国热科院组成国家农产品质量安全县核查组，于 2020 年 10 月 19—26 日赴琼海市、陵水县、东方市和澄迈县核查国家农产品质量安全县工作情况，赴海口市琼山区和三亚市崖州区核查第三批国家农产品质量安全县创建工作情况。核查组一行紧紧围绕通知内容，对国家农产品质量安全县年度开展了全覆盖检查，以座谈会形式听取了 6 个市县人民政府关于国家农产品质量安全县工作情况的汇报，集中查阅了当地工作相关档案和材料，同时进行了技术培训，并实地察看了 6 个市县农产品质量安全检测中心，随机抽取生产基地、屠宰企业、农资经营店、超市和农贸批发市场等进行现场核查。

技术先行，协助农业企业品牌提升和基地建设

积极协助海南热带农业品牌建设。中国热科院积极做好海南省农产品的"三品一标"认证检测和监督抽检。近年来，为海南提供了 400 多个产品认证检测服务。同时，在相关部门的支持下，制定了《地理标志产品琼中绿橙》《地理标志产品昌江芒果》《海南省名牌农产品荔枝》《海南省名牌农产品芒果》《海南省名牌农产品香蕉》《海南省名牌农产品绿橙》《香蕉品质评价规范》等一系列品牌建设标准。这些工作的开展，为海南热带农业的转型升级提供了有力支撑。

科技人员通过香蕉生产基地调研、一县一业建设推动会、农安县考评、监测抽样等，对海南、云南等省有关市县农业农村局及农业企业代表共 30 余人进行了名特优新农产品申报规范、香蕉等农产品生产安全用药及记录、食用农产品合格证等的培训，对生产者进行了"三品一标"、全国名特优新农产品认证、农产品质量安全全程控制规范的宣传；制作并发放了海南、广西、广东、福建、云南等热区香蕉标准化生产"明白纸"、农产品认证科普宣传图册，发放宣传资料 250 多份。为海南香蕉生产企业开展"三品一标"认证检测，并积极为香蕉生产、收贮销企业、种植户提供委托检测服务。目前已协助 10 多家香蕉企业通过"三品一标"认证，香蕉等农产品大部分实行了以食用农产品合格证为依据的产地准出（图 3-14-1）。在香蕉质量安全科普宣传方面，中心共在新华网、农安科普、农财网香蕉通和院网等媒体上发表香蕉质量营养品质的

图 3-14-1　农产品质量安全监督抽查

科普文章6篇，在农业农村部农产品质量安全中心组织的2019—2020年度农产品质量安全与营养健康优秀科普作品评审中1篇作品荣获二等奖，2篇作品荣获三等奖。科普宣传为香蕉产业营造了有序市场环境，引导和促进产业健康发展。

大力推动科技产品示范基地建设。我国热区土壤大多偏酸，加上农户追求经济效益往往连年耕作、过量使用化肥，使得土传病害日益严重，重金属超标问题时有发生。同时，农药的滥用，给农产品也带来农药残留超标的隐患。

集成创新了一套抑制土传病害的核心关键技术。针对土传病害发病和有害有益菌群占主导地位的机理和作物不同生长时期对营养的需求，研发了富帝高酸性土壤改良肥系列产品（包括高氮肥、平衡肥、高钾肥），形成了富帝高系列肥料水肥一体化抑制土传病害、减施农药和增产的施肥关键技术。目前该技术已在多省（自治区）多种作物上试验示范（包括乐东哈密瓜、儋州圣女果、临高辣椒、广西百色圣女果、广东乐昌香芋、广东惠州西瓜和茄子、湖北长阳大白菜、湖北蔡甸自生苗西瓜等基地），抑制土传病害和增产效果显著。

示范推广一批农业可持续发展模式。一是改良酸性土壤可持续发展模式。通过对五指山南圣镇树仔菜试验基地长达8年土壤pH的监测发现，富帝高酸性土壤改良肥施用后，土壤并不会发生偏碱化和板结等问题，土壤由于强大的缓冲作用，pH会调控在6.0～7.0。二是抑制土传病害可持续发展模式。通过调控土壤pH，改良土壤理化环境，抑制有害微生物活性，增加有益微生物数量，抑制土传病害。

精心打造一批科技引领示范基地。近年来，院属单位积极联合企业开展精品优质农产品示范基地建设，2012年8月15日与琼中县政府签署绿橙质量安全协议，建设琼中绿橙质量安全控制研究合作基地。双方在绿橙质量安全认证、农业投入品使用技术培训、绿橙"三品一标"认证和检测技术培训等方面展开紧密合作，以推动琼中县绿橙等农产品品牌的建设和增加农业从业者的质量安全意识。2012年，在海南省第八届科技活动月期间，院属单位与儋州市王五镇政府签署了农产品质量安全科技合作协议，并开展黑皮冬瓜标准化示范基地建设。与屯昌县坡心镇政府签订了科技合作协议，建设无公害树仔菜生产试验示范基地。示范基地的建设强化了院地合作，起到了较好的示范带动作用。

技术传播，做好安全生产科普宣传及市县质检体系建设

做好科普宣传，努力把科学技术撒播在田间地头。针对海南农业生产过程中，农药不合理使用问题较突出的情况，每年多批科技人员下乡开展以农药安

全使用为主题的培训班，近年来培训农业技术骨干 600 多人次，发放宣传资料 7 000 余份。如 2018 年在海口市开展"舌尖上的安全——热带农产品质量安全科普展"，为广大民众送去生动易懂的农产品安全科普知识，反响热烈。活动吸引市民参观 300 余人次，现场摆放展板 8 幅，发放科普漫画及图书 600 余份，现场开展农药残留快速检测互动体验 20 余场，新华社、海南日报、中国经济导报、海口日报等媒体纷纷报道。2020 年专家团队对农业企业及种植户开展农产品质量安全快速检测技术培训，培训人数 100 人次；科技人员深入生产一线，以现场指导、组织培训等多种方式，为种植户讲解农药残留对农产品安全质量的影响；宣传《食品安全法》《农产品质量安全法》《农药管理条例》等政策法规，针对农业生产中遇到的实际问题，传授农药合理使用规程等方面知识，针对海南独特的气候，引导农民科学用药，帮助农户增产增收，获得农户的积极好评。近年来，在海南的海口、澄迈、儋州、三亚、东方、临高等市县的 10 多个乡镇村组进行农产品安全质量方面的农民培训 10 多场次。科技人员主动深入海南、云南、广西、广东、福建等省（自治区）香蕉主产区种植基地开展农产品质量安全调研 30 多次，同时对生产者进行香蕉上农药合理使用、果树及水果上禁限用农药名单等宣贯和指导，并向 60 多家香蕉生产企业推介"三品一标"认证、"名特优新农产品营养品质评价鉴定""农产品质量安全全程控制技术"等，引导生产向提升质量、品牌化转变。

发挥引领作用，协助建设基层农产品质检体系。农产品质量安全检验检测体系是实施农产品质量安全监管的重要技术支撑，是发展现代农业、确保食品安全的重要保障。从 2016 年以来，中国热科院积极协助海南省检验检测体系建设，"请进来"和"走出去"双管齐下，为海南各级检测机构开展全方位的培训指导，助推市县农产品质量安全检验检测能力提升。

2016 年、2019 年和 2020 年，中国热科院承办了全省农产品质量安全定量检测技术培训班，主要内容为针对市县农检机构检测人员开展为农产品中有机磷、有机氯和氨基甲酸酯类农药残留的定量检测技术培训。培训精心组织，效果良好。通过培训，学员系统掌握了农药残留检测理论知识和实操，显著提升了检测技能。

2017 年、2018 年及 2020 年，技术人员分别前往儋州市、东方市及陵水县农产品质量安全检验检测中心，开展检测技术培训和指导工作，对该中心检测人员在实际操作中遇到的问题进行深入的解答。通过现场培训指导，有效提升了三市县检测人员的检测技术水平。

成果应用，促进农业产业发展

我国热区土壤大多偏酸，加上种植户为追求经济效益，往往连年耕作、过量使用化肥，使得土传病害日益严重，重金属超标问题时有发生。对许多农业产业健康发展带来严重影响。中国热科院相关单位经过多年的技术攻关，获得了重要科技成果——酸性土壤改良技术，研发出具有自主知识产权的酸性土壤改良肥系列产品，并获得了肥料登记证。该产品能有效缓解土壤酸化、促进作物生长，并能抑制土传病害、降低产品中重金属镉含量。目前该技术已在海南、广东、广西、福建、湖南、湖北等省（自治区）多种作物上示范应用。

例如，2017 年以来在广东采用酸性土壤改良肥取代复合肥，共建立 39 个示范基地，推广总面积达 280 亩。其中精品西瓜种植示范基地产量增加 984.9千克/亩，增收 1.57 万元/亩。优质葡萄种植示范基地产量增加 150 千克/亩（两收），增收 1.20 万元/亩。精品甜瓜种植示范基地产量增加 800 千克/亩，增收 1.28 万元/亩。精品香芋种植示范基地产量增加 260 千克/亩，增收 0.36万元/亩。在广东惠州博罗县推广肥料产品给蔬菜种植户，累计推广 600 亩，取得了良好的增产增收效果。2017 年在湖北长阳设置的白萝卜试验示范点试验根肿病发病率降低了 12.9%，亩增产 765 千克，商品率提高了 13%，增收1 220 元/亩。设置的辣椒试验示范点试验软腐病未发生，亩增加产量 490 千克，增收 980 元。设置大白菜试验示范点，根肿病发病率降低 37.2%，亩增产 1 500 千克，亩增收 1 200 元。2017—2018 年，中国热科院相关单位与湖北孝感市云梦县四季常青蔬菜专业合作社合作，开展西蓝花抗根肿病试验，采用酸性土壤改良技术＋微生物制剂取代传统三元复合肥，以每亩地 10 千克改良肥打底处理，根肿病未发生，而对照地发病率达到 100%，试验区亩植 2 800株，亩产达到 4 200 千克，创收超过 16 000 元，同时减少了农药费用。2019—2020 年，中国热科院相关单位在四川攀枝花市仁和区坪地镇西社区开展提升芒果品质试验，示范面积 50 亩，农户普遍反映树体长势变好，枝叶茂盛，芒果品相提高，商品达标率达到 90% 以上，累计增收 50 000 元。

第四章　先进事迹

在脱贫攻坚战和科技定点帮扶工作中，中国热科院精心组织、积极行动、统筹协调、精准调度、协同发力、合力攻坚，广大科技工作者响应号召、矢志奋斗、倾力奉献，始终同贫困群众想在一起、干在一起，凝聚起决胜全面小康、决战脱贫攻坚的强大合力，涌现出一批实绩过硬、事迹感人的先进典型。他们当中，有的退休不褪色，"志智双扶"促扶贫；有的发挥纽带作用，架起科技与产业的桥梁；有的热血燃烧雪域高原，援藏助力脱贫攻坚；有的挖掘特色产业，为经济发展注入新的活力；有的注重成果转化，高质量服务地方产业；有的长期扎根生产一线，成为农民喜欢的"田教授"……一个典型就是一面旗帜，一个模范就是一个丰碑。他们的奋斗历程和先进事迹催人奋进，生动诠释了"上下同心、尽锐出战、精准务实、开拓创新、攻坚克难、不负人民"的脱贫攻坚精神。

第一节　驻村干部扎根基层帮扶故事

一、李欣勇："博士书记"带领村民多产业致富

李欣勇，中共党员，博士学位，2015 年 7 月就职于中国热科院品资所，助理研究员。2016 年 10 月—2018 年 6 月在海南省东方市大田镇俄乐村挂职驻村第一书记。2017 年 11 月，荣获海南省脱贫夜校优秀班长；2019 年 11 月，荣获第十一届"全国农村青年致富带头人"；2021 年 6 月，入选海南省直机关优秀共产党员拟表彰对象名单。

年轻的"博士书记"年纪虽轻却挺能干事

"博士书记，你帮我找个媳妇儿呗！""我不要发的种苗，我想要钱！"……在挂职第一书记的日子里，经常会有人向李欣能勇提出这种令人啼笑皆非的要求。

走在村里，黑黑壮壮的李欣勇，看上去更像村里的小年轻，而不是一名毕

业不久的农学博士。

俄乐村驻村扶贫工作队成员赵永祥依然记得，第一次见到李欣勇的印象："让这个年轻人当我们扶贫工作队的队长？万一干不好，那不是要拖我们后腿？"

听着这话，李欣勇有些不好意思。2016 年，农学博士毕业后，李欣勇带着对大海的向往，成了品资所的一名研究员。这之前，李欣勇一直生活在北方，对海南农村的了解几乎为零。

当接到担任俄乐村驻村第一书记的消息时，李欣勇自己都怀疑："是不是人事部门弄错了？"李欣勇打电话去人事部门询问。对方回答："你博士读的是草业科学，俄乐村有养殖黑山羊的大企业，你可以用所学的知识，为村里种植牧草扶贫，正好专业对口。何况你还是一名党员。"

"作为党员，我无法拒绝。"2016 年 10 月 28 日，李欣勇带上简单的行李，来到了地图上"一片空白"的俄乐村。

俄乐村土地匮乏，全村人均耕地不足半亩，贫困户占比超 75%，达 266 户，是东方市 2016 年最大的贫困村。

"没有土地，怎么种牧草？"李欣勇一时陷入了困顿，俄乐村的致富路在哪儿呢？工作又该如何开展？

"还是得从基础做起。"李欣勇想了想，"村委会附近没厕所，村委会总是'坐不住人'，这应该首先解决。"李欣勇向省科技厅申请了 13.5 万元资金，在村委会旁边建起了公厕。

这件事办好了，扶贫工作队的赵永祥也放心了："你们别看书记人年轻，还是能办事呢。"

村里的"智多星" 带领村民发展多种产业

第一件事办好了，李欣勇也开始寻找属于俄乐村自己的"致富经"。一次次探索下来，村里贫困户都看到了希望。村民符亚翁笑着说："博士书记的办法就是多，就像智多星。"

如今，符亚翁和丈夫都在俄乐村附近的海南广鑫牧业有限公司上班，负责养殖黑山羊，两人工资加在一起一个月就能拿 5 000 多元。

此外，李欣勇通过村里合作社与广鑫牧业达成协议，合作社根据广鑫牧业的用工需求为广鑫牧业提供劳动力，广鑫牧业年底向合作社支付全年劳务费 80 多万元。这意味着，村里的每户贫困家庭可领到人均 700 元。

"这是为村民想到的第一条致富路。"李欣勇介绍说，"村里闲散劳动力多，我们通过劳动力转移的方式，让村民在村附近打工，这很好地提高了村民的收入。"

村里的合作社叫"裕民合作社"，全村所有的贫困户都是合作社成员。合作社通过发展花卉产业帮助他们脱贫。发展什么花卉？蔓花生。

在俄乐村有一块占地 17 亩的种植基地，绿油油的基地里，夹杂着淡黄色的小花，格外漂亮。合作社理事长符忠平说："这就是蔓花生。我现在有 220 万袋，一袋价格是 4 毛钱，卖出去就挣钱了。"

"市场我去跑，一定能卖出去。"李欣勇拍拍胸脯说，"我们已经与东方市园林局达成了合作协议，这些蔓花生将成为东方市城区重要的绿化植物。"

不仅如此，李欣勇还组织培训贫困户利用农闲时间制作黎锦，由合作社负责销售。目前合作社已收购黎锦半成品 200 余件，发放贫困户收购费 6 万余元。经过合作社后期加工出售，销售额更是可观。

俄乐村书记符用早说："通过多样的方式，几条腿走路，俄乐村的贫困户一定能够走上致富路。"

打造"宜居宜游" 乡村人生收获满满

海南最美"第一书记"李欣勇

如今的俄乐村已呈现出崭新的面貌。

李欣勇将争取到的东方市 600 余万元资金用于村庄基础设施的改善。环村道路硬化了，排水沟改造了，俄乐村文化室和农贸市场建了起来，漂亮的塑胶篮球场已经建好……

笔直的村道上，干净整洁，没有垃圾、积水，整洁有序，一个"宜居宜游"的美丽俄乐呼之欲出。

村庄变美了，李欣勇的脑海里又蹦出了新的计划。

"我们正想办法在村里推广冬季瓜菜种植，种黄秋葵、圣女果。"李欣勇说，"我可以发挥专业特长，可以帮村里找来技术人员，解决种植难题。只要村民愿意种，其他问题我们都能想办法解决。"

这对于俄乐村来说，可是一个全新的事物，"以前从未有人种过啊。"李欣勇一户户上门宣传，"我们就是要干前人没干过的。"

然而，应者寥寥。不过，李欣勇并不灰心，一年的工作经验让他明白：群众看的是效益，我们还得想办法发动他们的积极性。

李欣勇的心里已经有了底：我将组织一些示范户来带动，让大家先看到效益。他给自己定了目标，今年年底，村里的贫困户要全部脱贫。

晚上，村庄安静下来，借宿在村民房间里的李欣勇，也会想自己的研究课题，他想：耽误一年的研究课题，已经欠账很多。等到任期满了，回去就得恶补了。

即便如此，这依然是一段最美好的经历。李欣勇说："要是这次不来这个村担任第一书记，也许一辈子都没有这个机会了。而来了，人生的收获也是满满的。"[①]

二、张新民：退休不褪色"志智双扶"促精准扶贫

张新民，中共党员，中国热科院南亚所退休干部，2016 年 4 月至今担任雷州市乌石镇塘东村驻村第一书记，从事科技扶贫工作。2019 年被评为全国离退休干部先进个人。

2016 年 4 月，在南亚所工作 36 年，即将退休的所党办主任、农艺师张新民被组织选派到广东省雷州市乌石镇塘东村担任"第一书记"。几年来，张新民变压力为动力，发挥其在科技开发、管理方面的特长，利用懂得雷州方言、略知当地风土人情、善于与人沟通交流的优势，突出村"两委"地位和作用，创新"三位一体"科技产业扶贫模式，"志智双扶"实现脱贫永续化，助力塘东村在两年时间里实现 66 户 225 人脱贫。

寻穷根　谋出路

雷州市乌石镇塘东村位于雷州半岛西南部，全村属于半渔半农，全村有605 户 4 300 余人，人均土地面积仅 0.6 亩，远低于全国平均水平。有贫困户80 户，贫困人口 285 人。因病、因残致贫占贫困人口 20%。村民大多因贫困无法满足子女求学的需求，村民素质相对较低。

---

① 敖坤."博士书记"年轻但挺能办事［N］.南国都市报，2017.10.25.

初到塘东村的情况，境况令人出乎意料。这里路不像路，要道没道，村里仅有的一条水泥路也没装路灯，夜晚漆黑一片。"晴天过路一身尘、雨天积水似过河、夜晚待家不出门"，这是村里长者们对过去村里基础设施的形象比喻。

为寻找贫困根源，对症施治，张新民带领扶贫工作队干的第一件事就是走村串户、深入每一家贫困户摸底调查。"塘东村是一个渊源已久的贫困村，因病、因残致贫人口较多，'志智双失'是其贫困之源。"张新民说。

定目标　保民生

塘东村是省级贫困村，首先制定的目标：将精准扶贫、精准脱贫工作与新农村建设相结合，建设环境优美、村民富裕新农村。

张新民和帮扶单位一道积极争取资金 406 万元，建设了一批基础设施项目，涵盖了文化、体育、卫生、新农村美化、道路、饮水、党建等十项民生工程。目前塘东村已铺设硬化环村水泥路 12 公里，安装路灯 380 盏，极大地方便了村民的生产生活。

抓党建　促脱贫

塘东村有 96 名共产党员，村"两委"干部 8 人，党支部成员 3 人，村委会干部 5 人。为发挥组织优势，落实脱贫责任，张新民把党支部分为 4 个赋予特定职能的党小组：水产养殖小组、果树种植小组、旱地作物小组、生活福利小组。把任务职责分解到党小组，支部委员分片包干，党员分户包干，责任明确到个人，逐级签订责任书，层层落实责任。党支部统筹制定扶贫规划、编制科普册子，进行跟踪指导。根据贫困户的具体情况，精准施策，切实将"一户一策"项目落实到位。

2018 年塘东村党支部借助广东"万企帮万村"扶贫新政，发挥统战优势，开展定向技能培训，推进就业创业，引导贫困户转移就业。在顺德区乐从镇人民政府的大力支持下，签署了劳动力转移协议，为富余劳动力转移到顺德提供了平台支撑。乐从镇先后组织 15 家企业召开人力资源招聘会，为村民提供就业岗位 100 多个。截至目前，塘东村共有 72 人转移就业。

塘东村 60 岁以上的老党员有 43 名，老党员是村党支部的宝贵财富，这是学习的榜样！张新民结对帮扶 90 岁高龄老党员麦应普。有一次张新民来到麦应普家宣传党中央"精准扶贫"的精神和各项政策时，老人家激动地握住他的手不放，动情地说："有党中央的英明领导和关怀，知足了！我是一名共产党员！一定要发挥余热，教育村民，宣传党关于乡村振兴、脱贫攻坚的好政策！"老党员强烈而质朴的爱党爱国情怀使他深受感动，同时也时常鞭策着他。目前塘东村正逐步探索成立贫困户联产家庭农场，探路消费扶贫新模式，构建产销全链条利益共享机制，即"党支部＋合作社＋贫困户＋科研院所＋电商"模式，打造"不走的工作队"，向"一村一品"新思路进发。

抓科技　兴产业

塘东村位于雷州半岛西南部，地处热带季风气候区，光照充足，多为红壤和砖红壤分布的丘陵低地，与"中国芒果之乡"覃斗镇相邻，是种植热带水果的黄金宝地。经过充分调研，扶贫工作队认准了发展芒果、青枣产业是塘东村精准脱贫的"金钥匙"，通过合力打造科技产业扶贫"三位一体"模式让农户切实掌握了生财之道。

2017年，由牵头帮扶单位佛山市顺德区乐从镇人民政府出资金，中国热科院南亚所提供全程技术服务，成立了合作社。整合有劳动能力的贫困户，认购果园、果树，共同把《青枣、芒果产业帮扶项目实施方案》落地。

塘东村第一书记张新民（中）

合作社现有果园250亩，有劳动能力贫困户56户253人，认购果树3 568株。针对塘东村芒果产业品种单一、管理落后、产量低、效益差等问题，合作社采取"专家进村驻点搞示范，做给农民看，带着农民干"的科技推广新模式。中国热科院南亚所专门在塘东村建成了2亩的新品种示范园1个、12亩的芒果标准化生产示范园1个，形成"以点带面，点面结合"的示范带动效果。通过实施科技产业扶贫"三位一体"模式，贫困户收入增加，2020年上半年，该村人均可支配收入 6 668 元。

目前塘东村芒果产业品牌已逐步建立，由南亚所选育推广的"热农 1 号"和"澳芒 R2E2"芒果品种通过示范项目前期试种，表现出较好的商品性和市场前景，先后已有省内三家知名企业上门联系销售事宜。扶贫工作队组织参展的"热农 1 号"荣获 2018 年广东湛江东盟农产品交易博览会最受欢迎农产品奖。

三、陈诗文：架起科技与产业的桥梁

陈诗文，中国热科院生物所产业发展部主任。2019 年 2 月挂职任金波乡党委副书记、乡本级乡村振兴工作队长，金波乡白打村委会驻村第一书记、乡村振兴工作队长、驻村工作队长、脱贫攻坚中队副中队长。2019 年度被白沙县评为优秀省派驻村工作队队长。

2019 年 2 月，陈诗文被单位选派到白沙县金波乡白打村担任乡村振兴工作队长、驻村第一书记。面对新的岗位和任务，他加快转变角色，勤于学习、注重政策理论学习，不断提高履职能力，主动向熟悉农村工作、有丰富基层经验的同志学习，把学到的知识充分用于指导日常工作的实践。有多年成果转化经验的他，积极开展实地调研，根据当地农业产业发展实际需求，为地方产业及热带农业技术建立起了桥梁纽带。

金波乡是以农业产业为主的乡镇，他作为中国热科院的一员，充分发挥个人资源优势，为金波乡的农业产业发展出谋划策，发挥中国热科院农业产业的资源优势，助力脱贫攻坚和乡村振兴。他高度重视发展农业产业调研，通过调研进一步理清金波乡农业产业发展思路，为地方编写产业发展调研报告 2 篇，提出产业项目建议 2 个，得到地方政府认可。

引进来带出去发挥干部桥梁纽带作用

自陈诗文队长到白沙县金波乡后，积极开展调研，根据金波乡农业产业发展实际需求，为地方产业发展及干部培训建立起了桥梁纽带。积极引进来。有针对性地联系近 30 名专家到金波乡开展咖啡、食用菌、黎药、沉香、发酵饲料、水产、瓜菜等产业调研咨询，为地方产业发展献言建策并且联系相关企业到金波乡开展产业发展合作。积极带出去。带领乡领导、乡村振兴工作队、村干部等 3 批共 30 多人次到热科院及相关企业参观学习。通过引进来和走出去，进一步拓宽了地方干部的眼界，为地方政府指导产业发展提供更加广阔的思路。

深挖人才智力资源服务产业发展

地方农民产业发展能力的提升是农业产业振兴的关键。中国热科院作为农业科研机构，将人才智力资源服务于地方产业发展是我们的社会责任。组织单位人才力量为白打村委会编制发展规划 1 个，为白打村委会的发展指明了方向。为进一步提高地方农民发展产业的信心和能力，陈诗文队长积极组织联系了中国热科院相关专家开展了沉香结香、瓜菜种植等技术培训 4 期，培训人数达 300 多人次，将中国热科院在农业产业发展中的人才智力资源充分发挥起来。

金波乡白打村委会第一书记陈诗文（左二）

发挥热科成果　示范引领带动

陈诗文队长在调研的基础上，结合金波乡白打村集体经济的发展，在大田洋建设了 10 亩防虫网绿色蔬菜种植示范基地，2019 年为村集体经济收入增加 4 万多元。根据当地畜牧业发展需求，养羊可放养土地越来越少，特引进热科院高产牧草品种王草，现种植达 100 多亩，为养羊大户带来了很大好处，减轻了放养的压力。为提高白打村甘蔗生产效益，协调联系单位提供高产优质甘蔗种苗，建立了 20 亩甘蔗高产良种繁育基地，为明年 200 亩甘蔗发展提供优质甘蔗新品种更新奠定基础。

思路决定出路。拓展思路，拓宽途径正是脱贫的重要方式。陈诗文要走的正是为贫困县白沙产业振兴之路。

四、丰明：热血燃情雪域高原援藏助力脱贫攻坚

丰明，中共党员，硕士研究生学历，副研究员、中国热科院橡胶所产业发展部主任（副处级）。

2019 年 7 月，丰明作为中央国家机关第九批援藏干部到西藏自治区农牧科学院工作，担任西藏自治区农牧科学院蔬菜研究所党委委员、副所长，协助所长开展科技创新、成果转化和科技服务等工作。

援藏一年来，丰明自觉加强政治理论学习，主动加强民族团结，积极发挥自身优势，认真履行援藏职责，出色地完成了上级部门和领导交代的各项任务。

增强政治意识　提高政治站位

援藏以来，丰明能够自觉深刻领悟习近平新时代中国特色社会主义思想，树牢"四个意识"，坚定"四个自信"、坚决做到"两个维护"，在思想上、政治上、行动上始终与党中央保持高度一致；始终坚持用习近平总书记治边稳藏方略指导援藏工作，自觉强化政治责任，提高政治能力，始终把"维护祖国统一、加强民族团结"作为西藏工作的出发点和着眼点，丰明能够积极参加院所各项活动，主动向广大党员干部尤其是优秀藏族干部交流，学习"缺氧不缺精神"的无私奉献精神，正确处理与藏族干部职工之间的关系，以实际行动加强民族团结。在新冠疫情防控期间，贯彻落实习近平总书记在统筹推进新冠肺炎疫情防控和经济社会发展工作部署会议上的重要讲话精神，按照上级党组织部署，组织协调做好疫情防控期间蔬菜产能提升工作；充分发挥一名党员的模范带头作用，积极参与新冠肺炎疫情捐款活动，同时将援派单位捐赠的近 2 000 个口罩和 1 000 支酒精消毒液赠送给西藏农科院及蔬菜所，为战胜新冠肺炎疫情贡献自己的力量。

加强自身学习　提升服务水平

丰明为了更好地开展工作，仔细阅读《西藏日报》等区内刊物，充分了解西藏区情、民情以及各地区民族特色产业、风土人情，学习西藏产业扶贫先进事迹和典型案例，特别关注各地蔬菜、果树等园艺产业发展情况，寻找与园艺科技工作有关的结合点，通过思想政治理论学习，不断增强了自觉服务意识。该同志能够积极主动学习园艺方面专业知识，自觉深入蔬菜、果树、花卉、食用菌、藏药材等科研基地，与科研人员交流，逐步掌握了蔬菜所科研现状和进展；积极参加农业所、资环所项目评审、学术交流和项目验

收等工作，熟悉了院内各研究所在青稞、牦牛等方面的研究进展，加强了与院内其他专家的交流，具备了为西藏农牧科技发展要求的政治理论水平和专业知识。

积极主动作为　履行援藏职责

丰明工作积极主动、顾全大局、富有激情、善于沟通，能够较好地完成所党委交给的各项工作任务，具有较强的业务工作能力。一是扎实做好园艺科技创新和科技成果转化工作。组织起草了《蔬菜所科技成果转化管理办法》，指导相关课题组在良种良苗推广、技术服务合同签订、发票开具等方面理顺工作思路，疏通了成果转化途径；组织起草《蔬菜所 2020 年重点研发专项申报指南》《西藏园艺产业发展现状、存在问题及对策》等材料，助力科研项目申报；起草了《蔬菜所"十四五"园艺科技创新发展规划纲要》《蔬菜所科技创新团队建设初稿》《蔬菜所"一个中心八个基地建设"方案》等材料，为谋划西藏园艺科技创新"十四五"规划指明了方向。二是积极参与西藏农牧科学院与各科研单位的交流。组织 9 名西藏农科院科研管理和科技人员到中国热科院，就科研项目管理、科研基地建设与管理等工作进行了交流和学习；积极配合所长做好西藏院海南文昌创新中心建设，到中国热科院椰子所协商项目建设用地土地变性等事宜；协调蔬菜所组培中心专家到中国热科院橡胶所交流藏药材等木本植物组织快繁技术，初步建立科技合作意向；积极与内地农科院交流，与到访的中国农科院郑州果树所、兴城果树所，四川农科院、安徽农科院等单位建立联系，主动推介西藏园艺科技创新成果，主动推介西藏园艺专家参与内地园艺作物新品种新技术在西藏引种试种等工作。同时，为全院科技人员代表作《科技成果转化与科技服务工作经验报告》，为西藏大学学生做《如何度过大学生活和如何面对就业》报告，得到广大科技人员和师生的一致好评。三是认真履行援藏职责，助力西藏园艺产业发展。丰明先后四次深入林芝市米林县、察隅县、墨脱县等西藏热区考察苹果、茶叶、热作等产业并进行技术指导；组织专家到那曲双湖县开展蔬菜种植技术培训，帮助当地牧民提高设施蔬菜种植技术水平；受邀参加拉萨市设施农业产业总体规划征求意见会，组织蔬菜专家为产业总体规划提出合理化建议；疫情防控期间，落实自治区党委关于蔬菜产能提升的指示，到拉萨市曲水县、林周县开展蔬菜产能提升技术指导工作，并接受中新网记者采访，提出关于新冠疫情对蔬菜产能的影响及解决措施。同时积极帮助阿里、那曲等地区援藏干部联系蔬菜、牦牛等领域专家，发挥桥梁纽带作用。

援藏一年来，丰明始终牢记"进藏为什么、在藏干什么、离藏留什么"的政治使命，以习近平新时代中国特色社会主义思想为指导，坚决贯彻习近平总

援藏干部丰明（右一）

书记治边稳藏重要方略，自觉服务院所党委领导，坚守青藏高原，为西藏园艺科技创新以及科技支撑西藏脱贫攻坚任务做出了重要的贡献。

五、拥处村驻村第一书记刘钊

刘钊，中国热科院橡胶所产业发展部主任、助理研究员。2015 年至 2017年挂职担任白沙黎族自治县青松乡拥处村驻村第一书记、白沙黎族自治县青松乡挂职科技副乡长。2019 获得中国热科院"开发先进个人""五四青年奖章"称号。

2015 年 7 月，刘钊同志接到任命通知，到白沙青松乡拥处村任驻村第一书记。从县城出发颠簸 50 多公里山路，第一次来到拥处村，远处的群山云雾缭绕，美不胜收，近处的村庄都是低矮瓦房，眼前这个偏远村庄的面貌让他十分震惊，也坚定了他为民服务的决心。

抓工作要牵住"牛鼻子"。拥处村种植山兰稻 1 060 亩，但因为自留种种植的山兰稻产量低，农户增收乏力。刘钊利用自己一直从事科技工作的优势，主动跑到海口对接省农业厅、省科技厅，引进了"山兰陆 1 号""山兰糯 1 号"两个新品种，以及幼龄胶园套种山兰稻栽培方式，将山兰稻亩产从 80 千克提高到 180 千克，每亩可为村民增收 600 元。

"村民们种这么多山兰稻，自己不舍得吃，但也卖不出个好价钱。"初来乍到，老乡长的一句话，刘钊一直记在心里。他四处奔走，申请注册了"青香谷"商标，同时向省科技厅、乡政府争取来资金 25 万元，在村里建起了一个

加工厂，打算走品牌化之路，把山兰晶米等高附加值的特色农产品卖出大山。

拥处村 2012—2015 年大面积推广种植过生姜，由于易发"姜茎基腐烂病"，姜成片死亡。刘钊驻村后，进行实地调查，摸索出了生姜容器化栽培技术。他把试种成功的 28 框生姜，摆放在村道两边，让村民们参观，并手把手把新的种植技术传授给大家。

山区冬天气温低，植被不开花，养蜂户的蜜蜂找不到蜜源。刘钊想起自己2013 年在东南亚进行学术交流时，在印度尼西亚看到过一种时钟属类草本植物，冬天也开花，含有丰富的蜜源。他几经辗转，在山兰稻种植基地周边引入种植了 2 000 株这种植物。现在虽然已近冬季，但基地周边仍是繁花盛开，蜜蜂在空中飞舞采蜜，一派生机。

白沙县挂职干部刘钊（右三）

拥处村 2016 年计划脱贫 39 户，刘钊积极联系县扶贫办、县司法局等帮扶单位，要来羊和鸡苗发放给贫困户进行养殖。同时免费发放益智苗 2 万多株，牛大力苗 1.3 万株，引导贫困户在胶林里套种增收。政府的扶贫物资发下去了，如果村民不懂种养，就不会有脱贫的成效。刘钊主动上门找到白沙扶贫办，把全县的第一期贫困户技能培训班拉到了拥处村开课。连续 7 天的"头脑风暴"，养鸡、养羊、种山兰稻、种益智，只要是村里有种有养的都培训。

因为缺乏启动资金，拥处村的部分贫困户在危房改造中遇到了困难。刘钊入户了解各家的难处，在村中创立了"拥处村扶贫施工队"，扶贫施工队由村两委干部、合作社负责人、贫困户组成，启动资金施工队出一部分、贫困户出一部分，完成相应进度，危房改造补贴下拨到位后，贫困户再将钱还给施工队。同时，加入扶贫施工队的贫困户互相帮忙，节省了一大笔请工的劳务费。

挂职期间长期扎根基层生产一线，充分发扬"泥腿子精神"。自 2015 年进入白沙少数民族偏远贫困山区担任驻村第一书记和挂职科技副乡长 3 年来，俯下身子，扎根基层，本着"党建引领、科技扶贫，主动作为、放飞梦想"的农村工作服务宗旨，用自己对农户的一份热忱与真情，让科技托起贫困户产业发展的致富路。

六、秦韶山：引项目、办实事、助脱贫

秦韶山，中共党员、硕士、中国热科院橡胶所助理研究员。曾荣获"海南省脱贫致富电视夜校优秀教学班（组）长""优秀挂职科技副乡镇长""海南省省级科技特派员"等称号。

秦韶山同志是中国热科院橡胶所一名青年科技工作者，他积极响应党中央、习近平总书记号召，毅然搁置博士学业和科研工作，义无反顾投身脱贫攻坚。2016 年 10 月至 2018 年 3 月，挂职担任白沙黎族自治县拥处村（国家级贫困县深度贫困村）村党支部第一书记，同时兼任科技副乡长，成为一名驻村扶贫干部。

拥处村驻村第一书记秦韶山

迅速转变角色　投身脱贫攻坚

10 月 17 日报到当天，正赶上 14 级强台风袭击全岛，秦韶山刚一到村就

立即投入抗台风工作，与村"两委"一道进村入户排查安全隐患，安置困难群众，发放救灾物资，清理道路，疏导交通等。仅用三天时间，他就从实验员变成了村干部，迅速融入"两委"集体。

秦韶山与"两委"一同走村入户，上山下地，调查村庄各类产业发展现状，梳理存在问题，提出解决办法。邀请热科院相关专家，联系农业主管部门，与村民一道，共同探讨未来发展规划，确立了"橡胶保收、益智增收、山兰稻创收"的拥处村发展新思路。

发挥党建引领　筑牢战斗堡垒

路线确定之后，干部就是顺利执行的决定因素。秦韶山仔细观察研究村两委班子和各队长基本情况，经过一段时间调研，认为党支部存在凝聚力和战斗力不强、服务群众不到位、配合不密切等问题。为此，他以抓党建促脱贫为引领，持续推动村两委转变作风。通过监督指导"三会一课"制度落实，以"两学一做"主题教育和"三严三实"专题教育为主要内容，以"主题党日"活动为主要形式，在贫困识别、低保评议、危房改造、基建工程和产业发展等工作中，做到公开公正、提前谋划、主动作为、勇于担责，形成了党建引领各项事业发展的好局面，赢得了村民认可。

村党支部连续两次荣获白沙县"五星党支部"称号，是全县为数不多获此殊荣的行政村之一。支委成员多次受到先进表彰，支部书记田国存和副书记吉亚才分别被评为白沙县优秀党务工作者、海南省农村实用人才，支部的战斗堡垒作用和成员的先锋模范作用显著增强。

加强科技培训　稳定橡胶产业

依托中国热科院各研究所科技力量，成立了拥处村扶贫专家组，涵盖橡胶、益智、水稻、蜜蜂、休闲农业、畜牧和电商等领域10名专家。在橡胶价格连年低位运行，胶农弃割弃管形势下，秦韶山邀请专家对橡胶林进行测土配方施肥指导，进行橡胶白粉病和炭疽病防治，开展割胶技术传授，指导农户精细管理胶园，宣传引导村民积极割胶。全年割胶人均纯收入约1 600元，保障了农户基本生活开支，为脱贫扮演了基础性角色，稳定了全村橡胶产业。秦韶山共协调中国热科院实用技术培训20余期，培训农户1 000多人次，赠送技术手册200多册，捐赠肥料20多吨。

发展林下益智　力促农户增收

由于胶价持续低迷，如何提升单位面积土地产出率是迫在眉睫的难题。依托橡胶林天然的林下优势，大力发展林下经济产业，秦韶山力促更新林下益智老弱种苗，规范种植密度，积极向上级政府申请资金，采购了新种苗 12 万多株，扩种面积 2 000 余亩，争取中国热科院支援"琼中 1 号"益智新品种 2 000 多株，及时邀请专家指导病虫害防治和催花保果等技术，组织鲜果及时采收和烘干，联系采购商，卖出好价钱。全村益智种植面积提高到 5 000 多亩，累计收入超过 200 万元，成为脱贫致富的中坚产业。

挖掘山兰农耕文化　推动农旅结合创

拥处村仍然保留着黎族先民"刀耕火种"山兰稻的耕作传统，这为谋划脱贫注入了新思路。作为农业科技工作者，秦韶山深知要想合理利用开发"山兰稻"资源，必须循序渐进、久久为功。他邀请中国热科院稻学和休闲农业专家实地调查山兰稻发展现状和历史，确立"农耕文化旅游＋山兰稻产业"的发展定位，编制《山兰文化农业观光产业发展规划》，向省科技厅申请《山兰旱稻新品种引进示范与推广》项目，对全村 30 亩撂荒田洋地进行升级改造复种，引进试种中国热科院山兰稻新品种共计 8 个，新增种植面积 400 多亩。为了延伸产业链，新建碾米厂 1 个，向中国热科院申请捐赠给拥处村山兰米深加工设备，开发山兰酒新产品，指导合作社成功注册"七彩山兰"和"啦奥门"商标。

秦韶山积极联络县农业和文旅部门，多次向县领导建议请示，成功获批承办 2017 白沙县第一届"啦奥门"山兰文化节活动。吸引游客 1 000 多人次参加，实现旅游收入近 18 万元。山兰米价格也从每斤 10 元提升到 15 元，当年销售额超过 140 万元，有 16 户贫困户因此直接脱贫，为拥处村探索"旅游＋山兰"促脱贫的发展模式迈出了关键一步。

秦韶山以党的建设为引领、以产业兴旺为重点、以农耕文化为载体，带领村民成功闯出一条"橡胶保收、益智增收、山兰创收"的发展新路。全村 165 户贫困户成功脱贫，贫困发生率由 55.6％降至 0.4％，拥处村于 2017 年底顺利脱贫摘帽。秦韶山的工作事迹被中国共产党新闻网、海南日报和海南新闻联播等宣传报道 7 次，先后荣获 3 项省级荣誉称号。

秦韶山同志扎根偏远山区，依托中国热科院科技优势，密切联系各级组织和部门，紧紧依靠群众，帮助农民提升科学素质和生产技能，为贫困群众实现增收脱贫提供科技支撑。生动践行了一名科技工作者的使命担当，为实现脱贫攻坚目标做出了积极贡献。

七、张建斌：科技扶贫到田头 农民致富有奔头

张建斌，2001 年 7 月至今在中国热科院生物所工作，副研究员，主要从事香蕉抗病分子育种工作。受单位推荐和海南省科技厅派遣，于 2018 年 11 月至 2020 年 1 月，在海南省东方市板桥镇挂职科技副镇长。

　　板桥镇新园村是国家级贫困村，是海南省 2019 年三个国家级贫困村整村脱贫出列的目标村。新园村共有 6 村民小组 236 户，总人口为 1 080 人，有建档立卡贫困户 90 户 368 人。张建斌同志积极响应国家号召，受单位推荐和海南省科技厅派遣，来到海南省东方市板桥镇挂职担任科技副镇长。两年来，通过科技引领，带领村民走出一条科技致富之路。

　　"等到叶子爬上了棚顶，果子挂出来的时候院子里肯定很漂亮，跟着咱们的'帮扶'一起干不会错！"家住东方市板桥镇高园村的村民李金山一边悉心照料家中的百香果种苗，一边憧憬家中的美景。而他口中的"帮扶"正是板桥镇的副镇长张建斌，同时也是一名科技特派员。

　　"授人以鱼，不如授人以渔"。张建斌是中国热科院生物所副研究员，自 2018 年底到东方市板桥镇挂职科技副镇长以来，成为东方市选派的一名科技特派员，先后带领村民解决了不少农业种植方面的"疑难杂症"。特别是茄子"死苗病"综合防控种植技术示范基地的建立，让困扰村民多年的问题得以有效解决，张建斌也因此成为当地村民信赖的"土专家"。

　　"茄子原本是一种经济效益高的农作物，却因为土壤本身的原因，使得当地的茄子在种植过程中容易出现枯萎病、青枯病、黄萎病等多种'死苗病'，不但种苗死亡率高，茄子的品质也容易受到影响，许多农户因此束手无策。"张建斌说。[1]

　　2019 年 1 月张建斌同志带领中国热科院专家对海南省东方市板桥镇农户茄子的死苗病进行实地调查，对照茄子"死苗病"的病因，有针对性地提出科学解决方案，制定了从土壤消毒，化学预防病害和引入茄子抗病品种三个方面入手的综合防治方案，提高茄子的抗病性，降低茄子"死苗病"的发生率。

　　2009 年 9 月在板桥镇新园村建立"茄子死苗病"综合防治示范基地 50 亩。在新园村免费发放贫困户和一般户嫁接茄子种苗 10 万株，直接带领新园村 13 户贫困户和 10 户一般户种植茄子嫁接苗，防治茄子"死苗病"的发生，辐射带动种植面积 80 亩。通过对农户进行技术培训，发放茄子的抗病嫁接苗、肥料和地膜等生产资料，土壤消毒剂，提高茄子种植户使用新技术的热情。通过发动，选定 23 户农民引入新技术推广。带领 4 户科技示范户，全程指导示范户按照"茄子死苗病综合防控种植技术"的技术方案执行，通过提供种苗，生产资料，化学药剂防治，严格在示范基地执行土壤消毒，化学防治策略，全程技术指导种植。联合中国热科院品资所齐志强博士带领的技术团队于 2019 年 9 月 17—19 日，在东方市板桥镇新园村、中沙村、田中村、三间村、加利村共举办多场《茄果类蔬菜病虫害识别和防控技术》培训，共培训 70 余人。

---

　　① 容朝虹. 科技扶贫到田头　农民致富有奔头 [N]. 南国都市报，2020.1.8.

2019年9月2—5日，联合三亚市南繁科学技术研究院在东方市板桥镇新园村、田中村、三间村、加利村共举办3场"茄子嫁接抗病苗预防死苗病种植技术"培训，共培训村民60余人，以上培训同时发放技术资料和手册300余份。

2020年1月11日，在东方市板桥镇新园村召开了"茄子嫁接新品种，茄子死苗病综合防控新技术及茄子叶面病虫害无人机统防统治现场观摩会"参加观摩会的有省科学技术厅代表，东方市工业和信息化局领导，板桥镇领导，新园村村民以及周边村茄子种植户代表约80余人参会。现场会对引入的抗病茄子新品种，茄子死苗病的综合防治技术和茄子病害无人机防治做了现场技术指导和示范。

东方市板桥镇挂职干部张建斌

科学技术是第一生产力。近年来，东方市充分发挥科技在精准扶贫、精准脱贫中的支撑引领作用，创新扶贫方式，以科技特派员、科技型企业为主要抓手，运用科学技术提高农民的科技素养，激发贫困地区群众创业致富的主动性和积极性，促进科技扶贫与贫困地区、贫困群众有效对接，不断提高"造血"功能，引导贫困地区群众依靠科技富起来，为打赢脱贫攻坚战夯实科技基础。

张建斌同志把科技服务送到贫困村，让越来越多的贫困户甩掉"穷帽子"，走上脱贫致富路。

八、林立铭：为产业发展插上科技创新翅膀

林立铭，中国热科院品资所研究实习员。2019 年 4 月至 2020 年 2 月选挂职担任白沙县青松乡任科技副乡镇长、打炳村委会、拥处村委会脱贫攻坚中队长，曾荣获第九期海南省中西部市县优秀科技副乡镇长称号。

政策落实　决战决胜脱贫攻坚

林立铭自担任脱贫攻坚中队长一职以来，依据各级领导的指示，组织部署驻村工作队、村两委干部以及各帮扶责任人对村委会 345 户 1 503 人"两不愁三保障"情况进行摸底排查，包括督促完成 5 户危房改造，跟进教育补助发放以及医疗保险购买情况，使村内所有农户"两不愁三保障"全部得到保障，并时刻做好贫困户 195 户 794 人的动态管理信息工作，监测农户是否存在因灾、因病等不可抗拒因素出现返贫情况，及时上报；还根据上级工作部署，积极组织干部开展饮水安全、卫生整治等工作，使村级"饮水安全"、环境卫生和基础设施建设等一系列民生问题得到解决和显著改善。

技术革新　助推传统产业升级

山兰稻是青松乡特色支柱产业，种植面积约 4 000 亩，占全省种植面积的 50%，为当地脱贫攻坚提供着有力支撑。长期以来，依靠着产品品质以及当地农民合作社的积极推广，市场上反应良好。然而，随着劳动成本的逐年上升，加上农民文化程度有限，效益空间受到挤压，提高单位土地效益及提升加工利用技术迫在眉睫。于是，他带领致富带头人以合作社承包土地为试验示范单位，成功革新山兰黑糯米日常管理及 1 年 2 造栽培技术，且产量无差异，实现单位土地面积效益翻番；同时，通过优化山兰米酒酿造工艺，规范形成山兰米酒酿造质量标准体系，建设山兰酒中试生产车间，将产品产量提高约 20%，储藏时间延长 1 倍以上，并以合作社为技术示范点，逐步完善山兰稻产业链条；此外，经多次现场与白沙县相关部门协商，且向乡领导汇报并得到大力支持下，成功将合作社山兰稻加工生产车间升级改造，最终帮助合作社申请且获批了全乡第一张食品生产经营许可证，打通了农产品到正式步入市场的最后一公里，解决了多年无法量产的难题，为今后产品市场化发展迈出重要而又坚实的一步。并以山兰产业为契机，创建了白沙县第一批科技示范村。

积极作为　践行科技特派使命

受限于青松乡特定地理条件，乡内农业产业结构模式较为单一，农户对新

兴产业技术掌握程度不够，如拥处村新兴的火龙果产业，由于管理者缺乏相应的技术和知识，前期长势不佳。自他到任后，通过现场理论指导与交流，并联系中国热科院相关领域专家进行培训，使农户的栽培管理技术水平得到提高，在产业发展初期获得直接经济效益 8 000 余元，极大地激励起农户继续发展产业的信心；乡下辖打炳村委会 2019 年新引进食用菌产业，农户同样面临着技术匮乏问题，他多次实地进行指导，充分发挥科技特派员作用，最终该产业使村集体经济收入增加 8 万余元。同时，向乡党委、政府提出借助食用菌发展的成功模式，充分利用乡内丰富橡胶林下资源发展食用菌产业，响应"绿水青山就是金山银山"号召，丰富当地农业产业结构，构建以"食用菌产业"为短期、"橡胶＋益智＋山兰＋火龙果"为长效的长短结合经济发展模式，为有力支撑脱贫攻坚和推动乡村振兴奠定基础，这一建议得到当地领导认同。另外，按照上级文件指示，有针对性地选取青松乡农业科技 110 服务站的 3 名成员与其他具备农业科技知识的人员组成青松乡科技特派员团队，充分利用和发挥了农业科技 110 服务站的作用，实行包村入户制度，做到"有求必应，有应必答"，总共到户进行科技培训 30 次，使科技特派员政策真正落地生根，为民服务。

组织培训　提高农户发展意识

为激发农户自我发展意识，通过相关渠道和资源，林立铭组织开展了橡胶、益智、山兰稻、火龙果、肉鸭、沉香等种养技术培训班 11 期，培训农户 571 人；通过每周组织电视夜校学习，课后进行讨论交流，使农户开阔了视野，武装了头脑，增强了内生动力，思想上也逐渐从"要我脱贫"转变为"我要脱贫"。

九、拥处村驻村第一书记王凯

王凯，中国热科院品资所科研人员。2019 年 2 月 20 日，挂职担任白沙黎族自治县青松乡拥处村驻村第一书记。

拥处村位于白沙县青松乡东面方向，距白沙县人民政府约 17 公里，是名副其实的山区农村。该村产业单一且交通闭塞，村民见识少，应变能力弱，其主要经济收入来源于橡胶和益智产品销售。而近年来，橡胶和益智产业不景气，又占据大量土地，再加上政府现金扶贫力度持续加大，农民等、靠、要的心理只增不减，独立脱贫能力弱。

挂职扶贫期间，王凯和其他驻村干部在村里积极开展脱贫攻坚的各项工作，入户走访座谈，访贫问苦，帮助村里争取项目，为贫困群众做了大量的实事，取得拥处村脱贫攻坚决定性胜利，提高了脱贫群众对党的认识和对中国热

拥处村第一书记王凯（右）

科院与地方政府扶贫工作的满意度。

落实政策　解贫困户之所需

在中国热科院品资所三位扶贫干部前赴后继的努力下，拥处村在三年时间内完成了共计 182 户贫困户的房屋改造工作，让他们享受到了安全的住房条件，顺利完成了拥处村整村的危房改造任务。同时经常下村遍访，入户对贫困户与一般户进行扶贫政策宣传，帮助拥处村委会 174 人领取春季和秋季教育补贴，实现了全村农村合作医疗参保率达到 100%。

在过去受疫情影响的一年时间里，开展了"防返贫，保质效"排查与贫困劳动力积极务工专项行动。2020 年 2 月底结合疫情防控工作开展了一次全面普查，对贫困户患病、因疫情防控导致农产品滞销、因受物流限制导致生产资料供应不足以及无法外出务工而造成的收入损失、涉及的人数等情况进行排查评估。制定工作方案，逐户研究防返贫措施。

到目前为止，我们为那些受疫情影响、家中有因病返贫风险的 5 户 20 人申请了政府临时救助金；共组织开展了 2 次大型消费扶贫活动，帮扶拥处村农户解决了 3.45 万元的滞销农产品；在贫困劳动力积极务工专项行动中，充分利用比亚迪、口味王等企业招聘，以及美丽乡村和入户道等政府基建工程、村内农民合作社吸纳贫困户三种方式，共解决了拥处村贫困人口 361 人的务工就业问题并帮助他们向乡政府申请了务工补贴与交通补助，切实保障了全村农户收入不受疫情的影响。

找准路子　发展特色产业

拥处村里林多地少，原先除少量山兰稻外，橡胶和益智是村民的主要收入来源。中国热科院扶贫专家组深入调研，根据拥处村山多地少的资源特点，提出了"橡胶保收、山兰增收、益智创收"的发展思路。作为中国热科院品资所派出的科技人员，遵循这个发展思路，利用自身优势，牵线搭桥，2 年时间里，邀请中国热科院各领域专家到拥处村举办多达 15 期技术培训班，提高了农民在益智种植、橡胶割胶、火龙果种植、山兰稻种植等方面的技术水平。

如今，青松乡山兰稻种植面积达到 3 800 亩，占全省山兰稻种植面积的50% 以上，年产值约 500 多万元，已成为当地极具代表性和影响力的支柱产业。"海南山兰看白沙，白沙山兰看青松"，拥处村山兰稻品牌的发展效应逐步形成。

中国热科院品资所南药研究室于 2019 年向拥处村仙婆岭种养专业合作社捐赠了研究室培育的"琼中 1 号""琼中 2 号"益智良种 2000 株，帮助拥处村启动了益智高产栽培示范项目，建成 10 亩益智高产示范基地，并传授育苗、保水保肥等高效栽培管理技术。良种配良技，解决了制约益智产业长远发展的瓶颈。目前，益智每亩干果产量从 40 多千克增加到 65 多千克，即使当前益智价格低迷按每千克 26 元计算，一亩也能增加 650 元收入。全村 1 000 亩的益智，每年也能增收近 65 万元。

此外，王凯还负责管理村里的 12 亩火龙果高产种植示范项目。目前，该项目栽培的高产火龙果已经实现了 2020 年分红 14 960 元，惠及 55 户建档立卡户。

依托项目　创造生活便利

自扶贫工作开展以来，扶贫专家排除万难，在上级有关部门的关心支持下，落实项目资金 500 多万元，翻新了村卫生室，修建了 6.4 公里的硬化路，硬化排水沟 23 条，修建 4 个饮水工程，建成了拥处村的山兰米庆丰收广场。2020 年 11 月 21 日，帮助白沙县成功举办了黎族"啦奥门"庆丰收文化节。以上为农户创造了丰富的物质与文化便利，获得辖区内群众的一致好评。

精神扶贫　重拾生活信心

对那些"等、靠、要"思想严重的贫困户，王凯看在眼里急在心里，明白如果这个老大难问题解决不好，这些贫困户可能无法真正脱贫。

为此王凯每周一都组织农户参加扶贫电视夜校，陪同他们观看扶贫夜校相关技术，并在夜校节目结束之后向农户讲解、宣传相关的技术和扶贫政策，提

高村民脱贫致富和自我发展意识。每月都会带领村两委和驻村工作队一起下村入户，和村民亲切交谈，了解村民的需求，解决村民的思想困惑。通过精神扶贫，提高了贫困户的脱贫主动性。

党建引领　建立基层党组织结对帮扶关系

在品资所扶贫专家们的共同努力下，拥处村每年都获得"五星党支部"称号，成为白沙县唯一一个连续 5 年获此殊荣的基层党支部。作为中共党员，王凯和帮扶专家们始终在思想上、政治上和行动上同以习近平同志为核心的党中央保持高度一致。充分发挥党员的先锋模范作用，策划并组织拥处村全体党员一同参加丰富多样的党建活动，包括学习习近平同志扶贫重要论述、"不忘初心，牢记使命"主题教育，观看党风廉政建设夜校课程，开展党课进万家、学习习近平总书记"4.13"讲话和中央 12 号文件精神等一系列学习活动。定期开展拥处村党支部组织生活会和民主评议，与拥处村全体党员谈心谈话、进行批评与自我批评，对班子存在的问题找准找全、深刻剖析，提出今后的努力方向和改进措施。

同时，王凯所在的南药研究室党支部，本着"党建引领、优势互补、和谐发展、共同进步"的原则，搭建了与拥处村党支部的交流平台，采用多种形式，分享党建工作、群团工作、科技下乡活动、廉洁文化建设等方面的经验。

天道酬勤，王凯和品资所所有奋战在扶贫一线的同志们，不怕吃苦、甘于奉献，帮助拥处村建档立卡贫困户 193 户 793 人口全部脱贫，"两不愁三保障"和饮水安全得到充分保障，人均纯收入稳定达到 6 000 元以上。2020 年 2 月 28 日，海南省政府宣布白沙黎族自治县正式退出贫困县序列。王凯和他的同事们为拥处村脱贫奔小康奏响了时代最强音，为海南省完成全部贫困人口脱贫做出了贡献！

十、福妥村驻村第一书记郑健雄

郑健雄，中国热科院橡胶所助理研究员。2021 年 2 月 20 日，郑健雄担任白沙黎族自治县打安镇福妥村驻村第一书记已满两年。两年来，郑健雄坚持带领群众学习贯彻习近平总书记关于扶贫工作的重要论述，坚持吃住在村，摸透村情民意，团结党员群众。以昂扬的斗志、饱满的热情、旺盛的干劲，带领村福妥村乡村振兴工作队和"两委"干部如期完成福妥村决战决胜年的各项脱贫攻坚任务，获得"2020 年度优秀驻村工作队"称号。

2019 年初，郑健雄积极响应海南省委省政府号召，来到福妥村，正式开始扶贫之"路"。经过两个月的摸底，郑健雄基本掌握了全村概况。同时也发现了一些问题：虽然福妥村稻田大面积连片，但多数是自留种，产量低，只能自留食用，冬季稻田基本闲置；虽然橡胶产业是主要经济支柱，但品种老化，弃管弃割现象严重，胶园综合利用率较低。

带着这些问题，郑健雄开始寻求帮助。在中国热科院橡胶所、海南省农科院、白沙县农业农村局、县科协、县橡胶产业技术中心、县电商办和白沙村镇银行的共同帮助下，两年来共引进产业发展项目 12 个，涉及资金 103.1 万元，用于产业升级和示范。

以水稻和橡胶产业为主，提质增效，撸起袖子开始干。在海南省农科院、县科协和白沙村镇银行的帮助下，引进郁金香 140 亩，通过集成、展示、推广先进适用技术，示范带动区域平衡增产。共建立水稻核心示范区 100 亩，协调县农技中心开展统防统治，使得平均亩产达 400 千克，高出非示范区亩产 50 千克。通过采用"政府＋科研院所＋农户＋电商"的形式，促进水稻产业转型升级，实现销售收入 144 万元，使福妥村民看到了希望，尝到了"甜头"的村民主动申请并表示明年还想种。2020 年，引进野香优丽丝水稻品种 400 余亩，扩大了示范区种植面积，让更多的村民享受到科技成果转化带来的福祉。利用村民闲置农田发展特色种养冬季瓜菜共 720 亩、牛油果 213 亩、波罗蜜 100 亩、鹌鹑 1.6 万只。通过"入股分红带动型、劳动务工带动型、代种代养带动型、订单收购带动型、土地流转带动型、产业发展带动型"等模式，协助解决销路问题，让群众看得见收成，坚定发展生产的信心。

依托白沙县政府和中国热科院橡胶所的所县合作协议，稳固福妥村橡胶产业主导地位。在橡胶所和县橡胶产业发展中心的帮助下，引进"民营标准化胶园集成技术示范推广""失管胶园复割轻简化技术集成示范"等项目。积极协调中国热科院等 6 家单位，开展各类农业科技培训 10 次，培训人数 700 余人次，发放相关技术手册 20 000 余份；根据胶农意愿，引进热研 7 - 33 - 97、7 - 20 - 59 橡胶树新品种 1.1 万余株；主动联系橡胶所专家进行实地指导，开展民营标准化胶园集成技术示范、电动采胶技术示范、两病"飞防"试验示范提升植胶水平，建立全周期间作技术示范基地，在

福妥村驻村第一书记郑健雄

不增加投资、不明显减少干胶产量等的前提下，增加胶园产出，胶园土地利用率达 150% 以上。

两年间，郑健雄通过发展生产、生态补偿、发展教育、社会兜底、危房改造等措施实现建档立卡 218 户 976 人全部稳定脱贫。完成了 161 户 "厕所革命" 工作；新建饮水塔 10 座、硬化道路 4 912 米、入户路 1 068 米、改造排水沟 6 593 米，1 个村文化室以及 2 个篮球场、1 个排球场。实现 3 个村民小组 "亮化" 工程。积极申报美丽乡村、科普示范村及集体经济发展等项目，切实帮助群众办实事解难事。

十一、乌坡镇科技副镇长谢学方

谢学方，中国热科院橡胶所科研人员。2015 年 12 月 29 日，在海南省委组织部、省科技厅的委派下，谢学方携带行李来到屯昌县委组织部报到，当天就进入乌坡镇政府。从挂职上任的第一天起，就坚持以 "科技服务'三农'" 为宗旨，以科技扶贫为目标，以省委省政府大力发展生态循环农业，推进美丽乡村，建设全域旅游为契机，大力推行应用型实用技术，推广科技新品种，促进了农业产业结构调整和经济发展。

屯昌县挂职干部谢学方（右一）

从挂职的第一天起，谢学方就坚持以 "科技服务'三农'" 为宗旨，科技扶贫。但是说起来容易，做起来难。虽然是科研人员，但是谢学方主要工作是科研成果的推广，与基层接触并不多，所以刚刚挂职时，他有点 "懵"。初来乍到对基层环境不了解，也不知道从哪下手，那时，谢学方就天天主动跟着镇里的领导每天往村里跑，很快就熟悉了基层工作。

谢学方经过走访了解到，乌坡镇农业经济作物主要以橡胶和槟榔为主，而他恰巧对"橡胶林下经济"有所研究，这让他一下就找到了方向。"橡胶林下经济并不是新鲜的种植模式，但是在乌坡镇却没发展起来。"谢学方想到了在橡胶林下种植粉蕉，"因为粉蕉很好种，技术难度小，而且镇上有 3 个收购点，销路不愁，价钱也比较高。"谢学方把想法跟乌坡镇联营农场场长王宗汉说了，王宗汉很支持，当即决定，拿出 15 亩土地做示范区。

在确定了橡胶林下种粉蕉的项目后，谢学方申请了 13 000 棵秧苗，送到各村的村委会，并且免费提供肥料等配套。慢慢地村民熟悉起来也愿意主动投资发展橡胶林下种植粉蕉，现在，乌石镇参与橡胶林下粉蕉项目的村民共有 200 多人，种植面积达 130 多亩。

种粉蕉只适用于 5 年树龄以下的橡胶林，橡胶树长大以后，枝叶会遮挡阳光，影响粉蕉的生长，这注定了种粉蕉的局限性，那么在橡胶树比较高大的橡胶林，如何发展"林下经济"呢？

谢学方了解到，乌坡镇有一家公司之前在橡胶树下种过竹荪，这家公司正好也有种植茶树菇的经验，茶树菇喜阴凉，恰巧适合在高大的橡胶树下种植，于是，橡胶树下种茶树菇的项目在谢学方脑海中出现了。

谢学方将项目上报后，马上得到了屯昌县农业局的支持，该局下拨了 30 万的资金，谢学方在上述公司的橡胶林内设置了茶树菇种植示范区，同时向两个村的合作社做了推广，走出了一条由企业带领农民专业合作社开展橡胶树下种茶树菇的路子。

王小铭是乌坡镇青梯村委会大户村的主任，2014 年，他联合几名村民成立了"金铭农业种植养殖专业合作社"。他自己也成了林下种茶树菇项目的首个推广户。在王小铭家旁边的橡胶林内，有 5 个大棚，里面种的都是茶树菇，有的已经长成，有的刚刚露头，"这些露头的是采摘后又长出来的"。王小铭告诉记者，大概十几天前，第一批长的茶树菇已经开始采摘了，因为茶树菇生长迅速，刚采摘的第二天又会长出来，所以几乎每天都有新鲜的茶树菇可收获。

除此之外，谢学方还在各村委会组织科技培训。共组织科技培训 5 期，培训农民 300 多次；组织乌坡镇合作社负责人参加省科技厅在屯昌开展的"专利倍增"系列培训。积极发挥挂职地和原单位的桥梁作用，邀请了中国热科院橡胶所专家 5 次，开展橡胶种植管理技术指导。

十二、阜龙乡科技副乡长卜友达

卜友达，中国热科院橡胶所科技人员。2020 年 3 月 30 日卜友达来到白沙县阜龙乡挂职任副乡长，任期一年。在这一年里，他先后开展了橡胶林下种魔芋、橡胶林下种斑兰叶项目，让 100 多位农民走上了脱贫致富的道路。

2020年卜友达主动请缨前往白沙县阜龙乡挂职科技副乡长，挂职期间他扎实工作，转变角色，从一个初出茅庐的"小牛犊"变为群众致富的"领头羊"，兢兢业业发挥所长为百姓办实事，立足乡情推动橡胶产业发展。

新型冠状病毒性肺炎疫情袭来，卜友达同志积极配合乡党委政府进行疫情防控工作，严格落实外防输入、内防反弹的方针，核查流动人口和返乡居民。疫情缓解后，心系群众，积极推动复工复产，确保脱贫攻坚成效。

村民们对新生事物接受力不高，对"五天一刀"新割制、电动胶刀、死皮康等新科技和新生产工具持怀疑态度的问题，他就手把手指导村民学习电动割胶技术。在他的指导下，阜龙乡村民在海南白沙第六届割胶技能竞赛电动割胶比赛中取得总分第一名，参赛选手分获一二三等奖和优胜奖，阜龙乡参赛选手总获得奖金额为36 000元。村民们不但获得了奖励，还了解了新科技的好处，纷纷把电动胶刀真正用起来，有效提高了割胶效率。

橡胶是阜龙乡这个贫困乡大多数村民的主要收入来源，按照每年的农耕时间，割胶在11月底就结束，从1月到5月成了很多村民的"空档期"。为了帮助村民补上这个"空档期"，让村民增加收入，卜友达到任后立刻展开调研，发现阜龙乡虽然橡胶林下土地资源丰富，但橡胶林下经济作物品种单一，发展橡胶林下经济大有可为。他积极申请资金开展橡胶林下种植斑兰叶、橡胶林下种植魔芋项目，获得海南省科技副乡镇长专项（重点专项）20万元资金支持，白沙县橡胶产业中心发展橡胶林下经济专项资金30万元资金支持，在阜龙乡建立了30亩橡胶林下斑兰叶种植示范基地。为了扩大种植面积，增加贫困村村民收入，卜友达带领胶农将各家总计50亩橡胶林下空地利用起来，种上斑兰叶和魔芋等林下经济作物，大大带动了贫困户就业和增收。

能够走出一条行稳致远的脱贫致富道路并不是一件容易的事，产业发展的瓶颈通常会集中发生在销售渠道上。白沙县市场消费能力有限，无论是橡胶槟榔还是林下经济作物，销售都是一个重要问题，卜友达到任后，带领村民不等不靠、主动作为，引来收购商到当地收购，解决了产销对接难题。

从挂职第一天开始卜友达就坚持科技服务"三农"，精准扶贫，科技助力脱贫攻坚。来到阜龙乡第一周卜友达就开始下村开展扶贫工作，遍访挂靠贫困村的每一户贫困户，和贫困户沟通，引导有闯劲的村民自己运用知识和技术探索致富之路。每周前往帮扶的贫困户家中召开家庭会议开展各项帮扶工作，每周前往田间地头帮助村民解决在农业生产中遇到的问题。

扶贫先扶智，不但卜友达自己开班授课，还邀请橡胶所专家来阜龙乡9次，开展橡胶培育和割胶各方面管理技术指导。带领阜龙乡村民到两院参观三次。除此之外，还邀请橡胶所、品资所、香饮所、海南大学、省农科院、海胶集团的老师在阜龙乡四个村委会组织蔬菜种植技术培训、槟榔种植技术培训、水产养殖技术培训、生猪养殖技术培训等累计达 19 期，总累计培训农民千余人次。2021 年 3 月，卜友达结束挂职回到橡胶所，虽然他的任务完成了，但他认为科技帮扶村民们致富才刚刚开始。

十三、林兴军：他让咖啡豆变成了"金豆子"

林兴军，中国热科院香饮所科技人员、副研究员、博士。2016 年任白沙县牙叉镇科技副镇长，2019 年被聘为省级科技特派员。

2016 年，林兴军参加第六期海南省中西部市县科技副乡长派遣计划，被任命为白沙县牙叉镇科技副镇长，分管扶贫、科技等工作，服务白沙农村扶贫第一线，在扶贫工作上奉献了自己的一分力量。

挂职期间，他立足乡镇需求，带领镇扶贫小组入户调研贫困户产业发展情况，根据牙叉镇实际情况，制定 2016—2018 年精准扶贫实施方案，重点发展种草养羊、绿茶和蔬菜产业。根据扶贫方案，制定出了 16 个村（居）委会产业实施方案，明确了项目责任人，积极推行"合作社＋贫困户"、种养大户＋贫困户"等模式，精准实施扶贫项目。

牙叉镇贫困人口占全镇农业总人口的 18.37%。贫困人口多，脱贫任务繁重。林兴军带领镇扶贫工作组成员利用晚上时间连续加班 40 多天，对贫困人口进行比对，剔除，录入扶贫新系统，建立贫困户"一户一档"档案。针对工作组成员文化水平低，工作效率低等问题，充分利用自己所学的知识，指导成员利用数据筛选，VLOOKUP 函数，比对公安系统身份证等信息。经过培训后，工作组成员工作效率得到大幅度的提高。

为更好实施产业扶贫，林兴军博士提出加强对贫困户种养技术的培训，使每个有条件的减贫户掌握一两项实用技术。在南仲、道阜，白沙，桥南等村委会举办了种草养羊、绿茶种植、槟榔种植等 11 期培训班，培训农户 1 220 多人。在培训班的基础上，他带领村委会两委成员、合作社带头人到细水乡及琼海等地区参观黑山羊、兔子、肉鸽养殖示范基地，提高了合作社带头人养殖经验和水平。此外，林兴军还邀请了中国热科院品资所专家赴牙叉镇对农户养羊过程中出现的问题、羊舍建设进行指导，并针对羊出现的发烧、拉肚子等症状进行对症治疗。

在羊舍建设上，林兴军根据海南白沙山区气候特点，推广了热科院品资所专家的漏缝地板式羊床羊舍。通过技术扩散，以及科技示范户点辐射带动，不仅改变了山区农户养羊观念，而且使牙叉镇地方政府受到了启发，把"人工种草、舍饲养羊"技术作为新一轮精准扶贫产业结构调整和畜牧产业化建设的重要工作来抓。也使当地种植户、农户认识到了科技兴农的重要性，他们在生产中遇到的问题，都乐于向这位挂职的科技副镇长请教。

2016 年挂职工作结束了，为了使扶贫工作不因挂职结束而结束，继续开展科技扶贫工作，使科技扶贫工作有声有色，林兴军先后带领咖啡团队多次指导咖啡种植、病虫害防治、加工厂建设等，提高白沙陨石岭咖啡专业种植合作社加工能力和加工技术。白沙咖啡乡村振兴服务站的建成，形成以元门乡为中心（种植、加工），辐射细水乡、牙叉镇（种植）的咖啡网络。此外，他还在细水乡、牙叉镇等乡镇举办培训班 12 期，培训种植户 450 多人次；拍摄"脱贫致富电视夜校"节目，通过"输血"与"造血"并举的技术培训，强化咖啡种植技术，变授人以鱼为授人以渔，让贫困户脱贫有道。

林兴军围绕建设"兴隆咖啡"研发中心任务，申报咖啡地理标志农产品保护工程——兴隆咖啡项目，提高兴隆咖啡种苗、技术培训、产品加工能力；按照兴隆咖啡优良种苗标准，繁育 10 万株优良种苗，先后提供给五指山、定安县等贫困村发展咖啡产业；与咖啡团队近 30 人次指导兴隆咖啡公园 500 亩建设，提高兴隆咖啡研究院服务能力。研发兴隆咖啡日晒、蜜处理等咖啡初加工技术，其中研发的咖啡生豆参加琼海咖啡文化节、2020 海南虹吸壶咖啡师邀请赛，均取得第二名的好成绩，提高了兴隆咖啡影响力，将科技融入产品中。

林兴军在万宁莲花建立 70 亩咖啡种植示范基地，集成应用优良种苗繁育、芽接换种、整形修剪、复合栽培、病虫害防控等技术，实施标准化管理。改变了以往示范基地的常规做法，将"填鸭式技术传授"变为农户"主动学习，用心学习"。在施肥、修剪等关键时期，他每周至少一次到示范基地指导农户具体管理技术，手把手指导农户操作方法，增强农户自信心。示范基地建成后，农户能做到每天都在咖啡地劳作。每次去农户基地，农户如数家珍一样，告诉每一棵咖啡树情况。"一天不去咖啡地，自己心里就难受。"2018 年和 2019 年每年咖啡收益都在 13 万元以上，农户开心地表示，咖啡豆也能变成"金豆子"。

海南省万宁市、五指山市、琼海市、陵水市、三亚市、海口市、澄迈县、定安县、白沙县、琼中县等 10 市县主要种植咖啡的乡镇都留下了他科技下乡的身影。他先后举办培训班 30 多期，培训种植户 1 200 多人。为了让培训更有针对性，培训前，林兴军都要亲自到培训地点考察，根据农户种植基地存在的问题进行总结，在第二天授课时向种植户指出问题所在，并引导大家讨论解决办法，得到农户好评。

十四、王灿：情系水满乡，致富带一方

王灿，中国热科院香饮所胡椒研究中心副主任、副研究员、博士。主要从事热带作物高效栽培与施肥技术研究与推广应用。

十八大以来，王灿立足岗位，主动作为，将热带农业科技创新与精准扶贫

紧密结合，以高度的政治责任感和历史使命感，认真贯彻落实党中央脱贫攻坚重大决策部署，积极参与到海南的贫困脱贫攻坚工作中去。2018年，他主动参与海南省中西部科技副乡长项目，在海南省五指山市水满乡担任科技副乡长1年；2020年，他又主动报名参加海南省"三区"人才支持计划，作为海南省级专家结对帮扶水满乡毛脑、新村两个少数民族贫困村，继续为水满乡服务。自2018年以来，王灿担任过乡脱贫攻坚大队副大队长、毛脑村委会驻村负责人、脱贫攻坚中队长，负责全乡扶贫产业项目执行与管理，参与扶贫大排查、市县交叉检查等扶贫工作；作为贫困户帮扶责任人，王灿身体力行帮扶贫困户1户5人，并且组建水满乡农业科技扶贫专家服务团，开展技术培训和现场指导，做好扶贫技术培训等工作；王灿博士还对毛脑、新村两个贫困村进行结对帮扶，为村集体经济与产业进行全程跟踪指导。王灿博士通过相关扶贫产业带动贫困户118户，举办或协助举办茶叶种植、山羊养殖等各类技术培训班和现场技术指导60场次，培训或指导贫困户近600人次，科技支撑了水满乡扶贫产业顺利开展，有力推动了全乡脱贫攻坚工作。

水满乡帮扶干部王灿（中）

水满乡是海南国家贫困县五指山市（县级市）最偏远的一个乡镇，属于海南黎族、苗族聚居的地区。在2018年挂职副乡长期间，王灿博士担任水满乡扶贫攻坚大队副大队长，负责全乡扶贫产业项目执行与管理。通过实地走访，具体落地了水满乡2018年重点扶贫产业项目——牙排村委会山羊集中养殖项目。根据牙排村地少山多的特点，他指导建立山羊集中养殖示范基地2个，带动贫困户24户，引入农科院养殖专家开展山羊养殖培训2期，培训贫困户30

余人次，为牙排村委会扶贫攻坚提供产业支持；指导当年各村委自主的阉鸡、肉鸭、五脚猪和果子狸养殖项目7个，带动贫困户90户，引入专家开展技术培训及技术指导10余次，每户分红800元以上，有效增加了贫困户的经济收入。

挂职期间，他根据水满乡产业发展的技术需求，向市农业局提出培训需求，协助配合市农业局、市农技中心在水满乡举办果子狸养殖技术，茶叶、槟榔、百香果栽培技术，土壤改良与培肥等培训班14次，培训贫困户近500人次，提升了贫困户养殖、种植技术，提高了其科技意识及自我发展的能力。组建了水满乡农业科技扶贫专家服务团，通过聘请当地农技人员、技术能人等组成水满乡专家服务团，当年开展技术现场指导10余次，为贫困户提供随叫随到，零时差、零距离的技术服务，有效解决了偏远地区农技服务不及时的问题。还负责乡畜牧站工作，为全乡养殖产业提供技术服务，并对全乡贫困户五脚猪猪仔补贴、果子狸产仔补贴开展数量核实、资金申请及发放等工作，全年共计发放贫困户五脚猪猪仔补贴59 300元，有效增加了贫困户的经济收入。

另外，他还担任毛脑村委会驻村领导、中队长，参与了中队和驻村工作组管理，组织梳理了中队工作组的主要任务，并根据人员特点进行了分工，组织并参与了扶贫大排查、市县交叉检查等扶贫工作；还作为帮扶责任人，对口帮扶贫困户1户5人，做好相关政策的宣传，登记好扶贫手册和线上系统相关信息，引导户主参加乡公益性岗位、鼓励其女儿外出就业，该户收入已远超贫困户标准线，顺利脱贫。

由于水满乡位于海南中南部五指山腹地，其平均海拔700米以上，自然生态良好，气候资源独特，是海南省高品质"高山云雾茶"的重要生产基地。当前水满乡茶叶种植面积近5 000亩，年产值3 000多万元，是全乡最大的作物产业，对于助力脱贫攻坚、促进产业兴旺、实现乡村振兴具有重要意义。王灿自毕业以来，就在中国热科院香饮所从事热带香料饮料作物高效栽培技术研究。为了进一步推动水满乡茶产业发展，他根据生产实际需求，在2018年申请了海南省科技厅挂职项目"水满大叶茶优质栽培技术示范"，与五指山市水满乡深山野生茶种植专业合作社开展合作，建立水满大叶茶优质栽培技术示范基地2个，主要示范茶园培肥、平台修整、生态防草、旱季灌溉、太阳能杀虫灯、黄板杀虫等新技术新方法，并编制《水满乡茶叶主要病虫害简易图谱及绿色防控技术》手册1份；开展茶叶病虫害绿色防控技术培训班4期，培训150余人次，其中贫困户66人次；2018年以来该合作社带动贫困户4户，收购茶青1 000多斤，增加贫困户收入15 000余元。通过基地示范和技术培训，有效推动了生态种植技术、病虫害绿色防控技术在水满乡的推广，在一定程度上改变了水满乡茶叶粗放管理的现状，为水满茶产业健康可持续发展提供了技术支持。

为进一步巩固脱贫成果，促进水满乡"产业兴旺"，实现乡村振兴，2020年他又主动参加海南省"三区"人才支持计划，作为海南省级专家结对帮扶水满乡毛脑、新村两个少数民族贫困村。跟踪服务两个村委的集体经济产业，即毛脑村绿橙种植基地和新村百香果种植基地。在绿橙基地，针对2020年初连续低温造成冷害和冻害的问题，通过微信、电话和现场指导等方式向农户和村干部了解灾害情况，并提供防寒、抗寒技术指导以及灾害后恢复技术。后期又针对部分长势差、恢复慢的植株，提出以促根、慢放花放果的树体长势恢复技术，取得了良好的成效。在百香果基地，针对遭受寒害而死亡的建议补苗，并提出补充氮肥加强营养生长的建议。对毛脑和新村两块基地土壤样品开展测土配方，为下一步平衡施肥提供依据。

今后，王灿将继续以水满乡为主要服务对象，推动热带高效农业在水满生根落地、开花结果，以实际行动来促进农民增收，推动水满乡村振兴早日实现。

十五、熊国如：勇于探索，敢于实践

"田田秧苗翻绿浪，点点鹭鸶飞雪花。但闻嘎嘎不见影，农夫唤食现稚鸭。"儋州两院试验场大石队稻鸭共作基地美丽如画的田园风光吸引了赶来观摩学习的干部职工，这是中国热科院生物所熊国如博士在大石队挂职副队长一年交出来的一份"靓丽答卷"，不仅为职工群众实现了创收，而且还闯出了一条"以所带队"的新路子。

儋州大石队挂职干部熊国如（左二）

— 123 —

因地制宜　谋求发展

熊国如挂职所在的大石队是中国热科院试验场下属的 32 个连队之一，该队职工群众大都外出打工，土地闲置。熊国如刚报到，就深入地里调研，他发现，该队水源充足，农户稻田相对集中，非常适合开展稻鸭共作项目。

熊国如在生物所从事的是甘蔗研究工作，为了推动项目实施，他带领队班子和农户代表专程赴广东等地考察，实地调研稻鸭共作生产模式，同时探索新的合作模式，在他看来只有让农户得到实惠，又不让队里吃亏，以所带队的各项工作才能顺利推开。经过认真细致的考察调研，他们最终定下来由"农户出资，队里负责种养，生物所负责销售"三方合作模式。在院里、生物所以及试验场的大力支持下，稻鸭共作项目成功落户大石队。

鸭除虫害　助稻生长

据熊国如介绍，所谓稻鸭共作就是采用稻鸭合作的耕种方法来种稻。把鸭子放入稻田，利用鸭子具有旺盛的杂食性的特点，可以让鸭子吃掉稻田内的杂草和害虫；同时利用鸭不间断的活动刺激水稻生长，产生中耕浑水效果，杂草就不容易生长出来；而鸭子的粪便排泄在田里，又是良好的肥料；鸭子在田里走来走去，会刺激植株往下扎根，让香稻长得比较强壮。在稻田有限的空间里生产无公害、安全的香米和鸭肉，所以稻鸭共作技术是一种种养复合、节本增效的生态型综合农业技术。

熊国如告诉我们，不是什么品种的鸭子都可以共作，一定要选用具有体型小、适应性广、抗病性强、生活能力强、田间活动时间长、活动量大、嗜食野生生物等特点的鸭子品种，因为体型较大的鸭品种，容易压倒秧苗、行动迟钝、抗病力不强，在稻田中觅食性和适应性差，较难适应稻田环境。同时，对每亩地放养的鸭子数量也是有要求的，放养只数过多，对水稻秧苗会造成较大的损害；过少，则达不到最佳的除草除虫效果。

熊国如又因地制宜利用大石队得天独厚的优越的自然环境，引入地下泉水对稻田进行浇灌，从而形成了独具特色的"泉香稻鸭"，稻米香软可口，鸭肉鲜美紧实，真是实实在在的无公害、绿色、有机农产品！

不辞辛苦　喜迎收获

黄昏已近，金灿灿的余晖从稻田边上的橡胶林里倾泻而下！"嘎嘎——嘎嘎——"，从稻田中赶回来的 1 000 多只鸭子已扑入橡胶林边上一个近 200 平方米的人工池塘池。

"在稻田里奔波了一天后，鸭子还可以到池塘里放松，吃池中的小鱼，增加营养。"熊国如说，养鸭棚就坐落在池塘边，为了方便研究，熊国如经常住进条件简陋、充满腥臭味的鸭棚，吃了不少苦头。为了节约成本，熊国如和几个队干还一起出钱雇挖机，亲自动手铺好了前往稻鸭基地的道路，大石队干部职工动情地说，看着稻鸭共作基地的条件一天比一天好起来，看着熊国如为了大石队付出了这么多心血和汗水，我们由衷地感激他。

正是熊国如等人的积极协调，在院、试验场和生物所的持续支持下，大石队的排水沟清理工程、榕树广场硬化工程、道路绿化工程和宣传文化工程等惠民项目也一个个落地，大石队实现华丽转身大变样。

目前，稻鸭共作基地已成为试验场改革发展的一个亮点工程，也是一张生动名片。各单位纷纷来大石队参观调研。

十六、宋启道：挂职怒江甘奉献，勇于实践助振兴

"走村串户下基地，跋山涉水穿云雨；苦干实干齐出力，产振家兴共富裕。"这是中国热科院信息所宋启道同志赴云南怒江州挂职锻炼7个多月以来扶贫工作生活的真实写照。2020年9月，宋启道被选派到云南怒江州挂职锻炼，任怒江州农业农村局副局长，开始了艰巨而忙碌的扶贫工作。按照《中国热带农业科学院进一步加强科技支撑云南怒江州脱贫攻坚工作方案》的工作要求，秉持"怒江缺条件，但不缺精神、不缺斗志"的脱贫攻坚精神和"苦干实干亲自干"的脱贫攻坚作风，努力学习，扎实工作，积极发挥科技工作者的作用，为怒江州巩固拓展脱贫攻坚成果同乡村振兴有效衔接贡献力量。

宋启道秉持着舍小家为大家的精神，虽无法照顾年迈的父母，无法亲自指导即将小考的儿子，无法伴随幼儿园女儿的成长，更无法分担妻子的辛劳，但他践行着"把论文写在大地上，成果留在农民家"的实干精神，坚守扶贫第一线，为怒江州科技兴农、巩固拓展脱贫攻坚成果，以及乡村振兴做出了突出贡献，被怒江傈僳族自治州人民代表大会常务委员会授予首届"怒江州荣誉市民"称号。

深入基层　在实践中提升

宋启道把怒江州当作实践产研结合和服务边疆农民的平台。本着学习服务的态度，积极配合局领导完成各项工作，在各级领导和同事们的帮助和支持下开展相关工作，不断积累基层实践经验，努力提升工作能力。

下村入户　助推脱贫攻坚

宋启道自挂职以来，积极参与脱贫攻坚下村检查、慰问等相关工作，不畏

风雨山路，经常早出晚归，在全州共同努力下，贡山县、福贡县、兰坪县、泸水市全部退出贫困县市。为巩固脱贫成果，他的工作热情依旧高涨，继续推进着脱贫攻坚与乡村振兴有效衔接。

怒江州挂职帮扶干部宋启道（右）

做好纽带　促进院州合作

推动怒江州农业农村局和信息所在海南省联合举办的"2020 年怒江州农业农村系统乡村振兴业务培训班"开班，培训学员 65 人，培训时间 8 天；联合热科院各所站，积极申报地方政府委托项目，陪同实地调研，为怒江州产业振兴提供人才和技术支撑。

发挥特长　当好参谋助手

参与《怒江大峡谷乡村振兴产业园区规划》《怒江州绿色香料产业园总体规划》的编制，推进落实《怒江州'十四五'农业农村现代化发展规划》，主导制定《怒江州美食文化品牌培育工作方案》"怒江州农业农村局 2021 年宣传工作方案"《怒江州 2021 年'万名新型职业农民'培训工作方案》等。

结合优势　助力打造品牌

统筹参与州级农产品质量检测中心检测实验室"双认证"和"怒江草果"

"兰坪乌骨绵羊""兰坪绒毛鸡"地理标志登记申报等工作，加快怒江州"三品一标"认证，构建农产品品牌体系，促进怒江州"厨房工程"建设。协助市县申报第十批全国"一村一品"示范村镇，老窝镇银坡村、上帕镇达普洛村及马吉乡获批。

创新思维　科技服务"三农"

充分发挥信息所大数据团队多年积累的信息收集与服务经验，参与怒江州科技信息咨询与推广服务，收集怒江州贫困户信息 5 万余条，通过热作 12316 短信平台向贫困户推送市场行情、农业保险、病虫害防治等信息 6 万余条，并及时通过手机微信等渠道发布农产品宣传及滞销等消息，助力农产品产销。

其实，这并不是宋启道第一次深入基层挂职，早在 2012 年就曾在儋州兰洋挂职科技副镇长，充当了科研院所与地方政府的科技桥梁，得到了广大干部群众的好评。

宋启道在儋州兰洋挂职科技副镇长期间，推广科技，调整产业，指导全镇新建橡胶种植示范基地 2 个，完成胶园土壤施肥配方的建议 1 份，解决橡胶生产中碰到的实际问题 200 余次；按照镇"一村一品"的农业发展思路，重点发展特色种植业和养殖业。推动海孔村委会 147 户农民组成的兰洋天造南药产销专业合作社成立，至 2013 年 10 月已在胶林种植南药益智 260 万株；重点指导加老、南罗、兰洋等一批养龟特色村，把兰洋打造成全省养龟风情示范镇；参与培植养猪、养鸡、养蜂、林下经济等 35 个专业村；利用一事一议项目建设科普宣传栏 17 个，农家书屋 2 个，发放科技书籍 0.6 万册，科普宣传资料 1.1 万份，举办橡胶、养蜂、益智等科技培训 40 余期，培训 3 500 余人次。

积极主动　办好实事

帮助农民申办农民合作社、林权证、小额贷款等；完成全镇早晚两季稻良种补贴的发放工作、以及春秋两季重大动物疫病防控、三防、退耕还林补助等工作；充分利用院所资源优势，联系专家，组织农民群众到现代农业科技基地参观、学习、培训；包点南罗村委会，督促和配合两委干部完成各项工作，调解村民纠纷 10 余起；协助市委组织部完成"百名党员联百组"活动在兰洋镇的调研、取样、上报材料等方面的工作；2 次做客儋州市广播台政风行风热线，就农业生产方面的问题为群众作答，并协助海南日报、儋州日报等媒体记者进行农业科技工作方面的采访与宣传等。

十七、吴学进：木棉花开时 又忆扶贫情

2021 年阳春一个傍晚，一个电话打进来："吴四，木棉花开了，你现在在海口吗？有时间到昌江和我们聚一聚吗？顺便看看你当年种下的木棉花，昌江的木棉花开了，红艳艳的，很好看！"电话那头还是熟悉的声音，是吴成元同志（2013 年时任叉河镇镇长）。原来今天是以前叉河镇领导班子主要几个成员相聚聊到曾在叉河镇工作的往事，想到了吴学进。"吴四"是当时镇里工作人员和当地群众对吴学进称呼，这么多年过去了他们还一直保留这个称呼。

时隔多年，今日闻君语，木棉花又开，又忆当年一程扶贫路，心系一方热土，每每念念不忘，方知情谊重。寒暄过后，放下电话，"吴四"这个亲切的称呼又使吴学进想起八年前在昌江叉河镇挂职科技扶贫的往事……

响应组织号召 投身科技扶贫事业

《海南省中西部市县人才智力扶持行动计划》是海南省委省政府为了进一步优化中西部市县乡镇党政班子结构，加大科技帮扶力度，促进当地科技进步，于 2010—2020 年，每年从省直有关单位、高等院校、科研院所等单位选派一批科技人员到海南中西部市县乡镇挂职，开展科技帮扶、科技扶贫工作，以促进当地科技进步、社会发展一个科技扶智扶贫专项工作。

2012 年 6 月，在中国热科院测试中心领导的鼓励和支持下，吴学进报名了第三期的《海南省中西部市县人才智力扶持行动计划》。2012 年 12 月，经中国热科院选派，由海南省委组织部和省科技厅统一安排，吴学进被选派前往海南省昌江黎族自治县叉河镇人民政府挂职科技副镇长，开展为期 1 年的科技扶贫工作。

做好工作调研和谋划 积极寻找开展工作突破口

2012 年 12 月底，吴学进到镇政府报到后，根据镇委、镇政府的安排，他主要协助常务副镇长做好农业、林业、畜牧业、水利、科技推广及科技服务等工作，并分管科技推广及科技服务和林业的具体工作，驻点老羊地村村委会。刚到叉河镇政府，为了尽快熟悉工作新环境、了解当地情况，吴学进跟着镇里干部下村走访和田间地头调研，尽快熟悉当地情况，积极寻找开展工作突破口。

2013 年汊河全镇总人口 1.4 万人，常住人口 1.3 万人，总人口中，黎族同胞占约 70%，汉族和其他民族占 30%。当地农民经济收入主要以水稻、甘蔗、剑麻、瓜菜为主。由于昌江县内有制糖厂，汊河地区大部分百姓长期以来多以甘蔗作为主要经济作物，种植业结构比较单一，由于甘蔗的收购价格时常

有波动，当地百姓收入普遍低，抗风险能力弱；因农业收入普遍低，当地有些百姓外出务工，土地资源未得到充分利用，各村皆有闲置田地和坡地。

基于前期的一些调研情况，为了尽快寻找打开工作局面的新契机，吴学进就决心把镇领导安排工作承担起来，而不是"坐着等、站着看"。首先积极协助常务副镇长做好农、林、畜等工作，在工作实践中学习、成长，并逐步把自己融入新的环境，熟悉新的工作岗位，把自己分管的工作做好、做实。2013年2月份，吴学进下村调查群众的农业技术培训的需求，把群众的需求汇总，并根据农时做好农技培训工作年度计划；期间，又认真研读相关林业主管部门文件，特别是昌江"绿化宝岛"专项工作的要求和实施文件，又与镇里领导和群众了解情况，开始着手准备三月份汉河镇"绿化宝岛"启动工作。考虑汉河当地农民经济来源单一，他又从网上做一些产业调研，向汉河镇政府领导提议，择机发展火龙果产业，并撰写了《昌江黎族自治县汉河镇 3 000 亩优质火龙果基地建设项目建议书》。镇领导非常重视，特别是负责农业生产的常务副镇长看了产业发展建议书后，觉得火龙果产业大有发展前景，并向县里农业主管部门做了汇报。

立足地方产业　做好科技推广及科技服务推广工作

根据吴学进下村前期的调研，汉河广大农户希望能得到瓜菜和甘蔗种植、橡胶栽培和割胶技术相关培训和指导。当他向派出单位中国热科院测试中心领导反映这情况后，单位领导联系了生物所甘蔗中心曾军博士和橡胶所高宏华副研究员，并由测试中心副主任带队前往汉河镇开展有针对性的甘蔗栽培、橡胶栽培及割胶技术、农产品质量安全与农药合理使用等技术培训，并发送了相关的培训视频和技术手册。为了满足当地农户对割胶技术培训的需求，同时为了加大宣传力度，引导对农户利用荒置的坡地种植橡胶调整当地经济林的产业结构，他又积极联系昌江县扶贫办及有关专家到汉河镇地区橡胶林地比较集中的老宏、排岸、唐村等村委会开展橡胶管理和割胶技术的培训。

2013全年吴学进根据当地农户需求并结合农时，组织了 8 场专项的农业技术培训，培训的内容有甘蔗栽培技术、橡胶栽培及割胶技术、芒果高产技术及瓜菜农药施用注意事项等，培训群众约 400 人次。

推广新品种和新技术　充分发挥基地的示范辐射作用

2012—2013 年，海南圣女果市场走俏，十月田镇的姜园村（毗邻汉河镇红阳村）普遍种植千禧红圣女果，汉河地区的一些老百姓也跃跃欲试，但是由于投入成本、田间管理技术的要求高，因此都在观望。针对这种情况，吴学进把科技挂职科技项目与当地经济发展要求、当地农户现急需的产业技术需求相结合起来，申请了"黑樱桃黑番茄栽培技术示范推广"的科技挂职项目，并在县农科局的指导下和镇有关领导的帮助下，在红阳村委红薯地村建成一个20亩黑番茄栽培技术示范与推广基地，引进黑樱桃番茄和千禧红圣女果品种2个，并依托其建成的圣女果生产示范基地推广圣女果的栽培技术，很好地完成了科技项目任务的相关要求，并通过专家的评审验收。在整个项目的执行期间，累计培训了当地农民300人次，发放培训资料700多份，取得良好的经济、社会效益。

推进"绿化宝岛"专项工作　落实惠农富农政策

"绿化宝岛"专项工作是海南省为加快生态文明建设，实现"科学发展、绿色崛起"的重大举措。根据2013年6月《海南省绿化宝岛大行动工程建设总体规划》的规划，该专项工作计划总投资32.23亿元，至2015年全省规划造林绿化总任务150万亩，森林覆盖率达到62%以上。昌江县政府为了率先完成海南省政府下达的"绿化宝岛"任务，2013年还出台了相关配套政策，为有意愿种植林木的群众免费提供苗木，并给予造林财政补贴。

作为分管林业领导，吴学进认真研读了相关的政策文件，并结合前两年该项工作中出现的问题和注意事项，完成了《汉河镇绿化宝岛工作实施方案》及《汉河镇关于做好领苗发苗验收等环节的若干要求和规定》等起草工作，并带领着工作组深入各村广泛宣传，让群众了解政府惠民政策，发动广大群众在闲置的坡地和房前屋后种植橡胶、芒果、花梨、沉香木等，努力推进造林绿化工作。

为了避免群众无序领苗或浪费苗木等现象，吴学进在文件中及相应会议中，不仅明确了各村委会的绿化任务量，还进一步规范了工作程序。如明确苗木申报，采取"农户申报、村委审核、镇里确核"三步程序，即苗木的配发要求农户先到所在村委位申报苗木（种类、数量），并附上种植地块信息（位置、面积），交村委会审核后汇总到镇里"绿化宝岛"专项工作小组，镇里专项工作小组再到村委会找农户确核，之后再统一汇总上报县主管部门申领苗木；发苗时，也以"农户认领、村委清点、镇里确核"的三步程序，即以各村委会为单位集中发放，各农户到所在村委会领苗，领苗时由村委干部清点数量、农户签字确认苗木种类、数量，并交由在现场的镇里干部签字加以确认；领苗后，各村委干部要及时督促农户种植，并上报镇里，镇里干部再和村委会干部到现场确认备案统计。整个工作流程严谨规范，申报、配发、审核等相关表格信息齐全。该项工作流程得到县里林业局的肯定，并推广到各乡镇。

4月份，吴学进拿到各村委会苗木需求汇总表后，镇里的"绿化宝岛"专项工作组成员到各村委会复核，挨家挨户到农户家复核申报的苗木种类、数量及地块，确认无误之后他们再次汇总上报到县里主管部门。9 月份，昌江的雨季到了，集中申报的苗木也开始按批次陆陆续续下达。每一次苗木下达后，他都下村里与村委干部一块清点苗木，并把苗木发放到农户。苗木发放之后，他们都会督促农户在雨季期间及时种植，过一段时间后，又下到地块确认。在整个"绿化宝岛"专项的工作期间，他不仅走遍了汉河镇的 14 个自然村，也用自己的脚步丈量了这块热土的每一寸土地，也和在这块土地上耕耘的群众结下深情厚谊。

2013 年在全镇干部和群众共同努力下，全镇完成造林绿化面积 4 470 亩，其中橡胶林 2 457 亩，花梨 567.7 亩、沉香 286 亩，芒果、莲雾、阳桃、小叶桉、木棉、重阳木等其他树苗 1 000 多亩。全镇完成通道绿化面积达 90 亩，其中老羊地、大洋基、红薯地、坊塘、池头、排岸、水尾、老宏 8 个村的入村公路两侧都种植了木棉树，打造昌江特色的木棉景观路。

<h2 style="text-align:center">接受考核　完成挂职</h2>

在这一年里，吴学进扎根基层，明确科技扶贫挂职任务，为当地老百姓提供科技服务，推广农业技新术，促进当地农业增效，农民增收；为地方经济发展做产业科技服务，为地方产业结构调整升级出谋划策。在这一年里，吴学进认真履行职责，科技扶贫工作取得很大成效：如积极开展科技下乡、实用技术培训等农业科技扶贫活动；积极参与了乡镇的其他工作，如分管"绿化宝岛"专项工作，把镇里的工作与科技扶贫工作相结合，积极将惠民政策落到实处，发动群众种植下了橡胶林、芒果园、木棉路、花梨地、沉香坡等特色林地，努力通过政策引导当地农户逐步改变甘蔗单一产业结构；根据当地农户的需求，建成一个圣女果栽培示范基地，并依托示范基地对当地群众进行技术培训；积极做好产业发展调研，为当地农业发展出谋划策，如撰写火龙果产业发展建议，建议充分利用当地气候环境，积极发展火龙果产业。

时间过得很快，一年挂职时间就到期了。2013 年年底，在完成上级单位的挂职考核结束后，吴学进就回到原单位中国热科院测试中心工作。

在随后的几年里，吴学进和汉河镇政府及各村委会的一些干部群众还保持联系，时常会有电话联系交流时时关注汉河的发展。

2020 年 8 月，汉河镇人民政府引进海南昌江长江村镇银行、海南乐中生态产业公司进行产业合作签约，把火龙果产业作为汉河地区产业扶贫、乡村振兴的产业，据了解 2019 年村集体资金入股乐中公司共计 450 万；贫困户入股乐中公司共计 118.02 万；2020 年村集体资金入股乐中公司共计 175 万。海南乐中生态产业有限公司负责人表示，今后将从老羊地村、红阳地村中优选 40 户村民，每户分配 10 亩火龙果种植地，用于经营管理。经过 8 年的发展，火

汉河镇挂职帮扶干部吴学进（前排左一）

龙果逐渐发展成为汉河地区产业扶贫、乡村振兴的产业。当吴学进了解到这一现况，心中也感到无比欣慰，也在心里默默祝福汉河父老乡亲们，希望他们能搭上产业扶贫、乡村振兴的快车，日子越过越好。

十八、庄辉发：科技扶贫中的"110"热线

庄辉发，中国热科院香饮所科技人员、副研究员。到香饮所工作以来，庄辉发负责创建了海南省农业科技 110 香料饮料专业服务站，并一直工作在农业科研与科技推广第一线，被聘为省级科技特派员，参加了科技副乡镇长派遣、三区人才选派和贫困村驻点等科技扶贫工作，由于工作业绩突出，被省委组织部、省科技厅联合授予"优秀科技副乡镇长"荣誉称号，被省科技厅授予"优秀科技特派员"荣誉称号。

挂职帮扶干部庄辉发（右）

针对我国香料饮料作物的优良种苗繁育技术低、种植模式单一、栽培技术水平差等问题，以高产高效栽培技术研究与示范推广为主线，致力于优良种苗繁育技术、高产栽培技术研究以及技术的集成示范与推广应用，取得一定的进展与突破。庄辉发作为主持人编写了农业行业标准《香草兰扦插苗繁育技术规程》，让香草兰苗优良种苗率提高达 95％以上；由他选育的"密芽苦丁茶"冬青还获了海南省林木品种审定委员会认定并颁发林木良种证书，为产业发展提供了优良种苗技术支撑；庄辉发作为第一副主编撰写了《香草兰栽培与加工》《香草兰栽培技术》等专著，并作为第一作者发表了《香草兰花芽分化期叶片内源激素含量的变化》等研究论文 12 篇，为科技示范、推广和辐射带动提供理论支撑。

　　此外，庄辉发还被海南省科学技术厅聘为省级科技特派员派驻定安县龙湖镇安仁村和里内村、万宁市南桥镇南桥村和桥南村、五指山市通什镇福关村和福安村作为结对帮扶贫困村进行科技扶贫工作。针对安仁村黑山羊口腔溃烂、里内村花叶病危害、南桥和桥南村槟榔黄化严重、福安和福关村胶园种植模式单一等农业生产技术难题，利用中国热科院专家团队资源，邀请相关专家进行实地调研，并举办技术培训班、技术指导和免费赠送防治药剂、优良种苗的方式解决困扰当地农民的生产技术难题，为当地挽回经济损失 30 多万元，增加农民经济收入 200 多万元。期间共举办技术培训班 5 期，培训农民 326 人次，发放技术小册子 1 500 多本。针对南桥镇槟榔黄化病严重和通什镇橡胶种植模式单一等影响农民增收的问题，通过组织村民代表到香饮所标准化林下间作香料饮料作物示范基地参观和免费赠送咖啡、可可、香草兰等种苗的方式带动农民发展槟榔、橡胶间作香料饮料作物产业 500 多亩，增加当地农民收入，推进当地脱贫攻坚工作。

第二节　科研专家创新引领帮扶故事

一、耿涛："蚕博士"科技扶贫之路

　　耿涛，中国热科院环植所桑蚕研究中心副研究员、博士。

　　2016 年，耿涛自江苏科技大学特种经济动物饲养（蚕、蜂）专业毕业后，来到中国热科院环植所桑蚕研究中心工作，并在琼中、儋州、临高、昌江、白沙、海口等 6 个市县、23 个贫困村开展蚕桑产业科技扶贫工作。"脱贫攻坚三年行动"执行以来，为进一步了解一线情况，在 3 年时间里，填写了 100 多个出差审批单，驱车 80 000 多公里，足迹遍布海南省种桑养蚕的每一个乡镇。

"蚕博士"入村记

"符叔，上哪儿去啊？喝喜酒呢？穿这么正式。"11月21日，中国热科院桑蚕研究中心耿涛博士像往常一样来到临高县多文镇美文村，探望养蚕户符文忠的"蚕宝宝"。

"嘿嘿，小耿来了！我正要去喝喜酒。"符文忠扯了扯西装领子，高兴地说，"不过你来得正好，快来看看我家的蚕是不是生病了！"

耿涛打开自己的汽车后备厢，取出一箱农药、一台显微镜、一把剪刀，二话不说便跟着符文忠来到蚕房"问诊"。

"它拉稀吗？吃蚕叶的时候有没有摇头晃脑？"耿涛问。

"哎呀，这些我们都没注意啊！就是这几天感觉不大对劲，长得慢。"符文忠答。

耿涛拿起一个泡沫架子，用几根钉子将"蚕宝宝"的身体固定好，一个简易手术台搭建好了。

他用小剪刀将"蚕宝宝"解剖，指着显微镜上的小黑点告诉符文忠："你看，黑点的地方就是细菌感染，得抓紧用药了。"

耿涛边说，符文忠边记，一个说得仔细，一个听得认真。

这样的场景，若放在半年前，那可是另一番景象。

符文忠回忆说，一开始，附近的养蚕户总看到一位戴着眼镜、斯斯文文的年轻人开着一辆黑色的车进村。这位年轻人拎着一袋农药、一本宣传册，在农户的蚕房边"转悠"边问："有什么需要帮忙的吗？"

"当时，我们都以为他是卖药的，不怎么搭理他。"符文忠说，今年，他养的第二批蚕生病了，听人说这位"卖药的"是个博士，他就抱着试试看的态度去搭话。

"当时我问耿博士，我家的蚕得的病到底是细菌还是病毒引起的，他说要做实验和观察一段时间才能下结论。我就觉得他和一般的技术员的判断不一样，他特别谨慎，我很相信他！"符文忠说，在耿涛的技术指导下，他养蚕的成活率大增，一张蚕种能达100余斤，一个蚕房月收入达1.6万元。

为了能尽快掌握全省种桑养蚕的实际情况，耿涛用了一个"笨办法"：驱车到各个市县踩点，循着连片的桑园找蚕房。找不到路，路边的摩托车司机成了好向导。而他的汽车后备厢里的指南针，因为一些山区没有手机信号，迷路时多次派上用场。

从2019年1月到11月，耿涛一共向单位领导签了31张出差单，长则7天，短则2天。

"如袁隆平院士所说'搞农业的人不能怕辛苦，不能怕失败'，如果我们的技术帮不到农民赚钱，桑蚕产业发展不好，那我们科研人员存在的意义又是什么呢?"耿涛说。①

"蚕博士" 的遗憾

耿涛籍贯江苏省徐州市，但自己的家庭安在了 13 年学习的地方——江苏省镇江市。2016 年 9 月 4 日，他只身一人来到海南，正式入职中国热科院环植所。耿涛博士在工作上是一个尽心尽责的人，但是对于家庭来说他是一个"不称职的人"。工作的压力、家庭的变故、对亲人的亏欠，让他从博士刚毕业时的一头黑发，变成现在的银丝满头。

蚕桑专家耿涛（左一）

他是一个"不称职的孙子"。2017 年 6 月，奶奶去世，他没能及时回到老家送她最后一程，而是在海南省农业科技培训学校的"种桑养蚕技术全省电视电话高级培训班"上主讲课程《养蚕和上蔟技术、蚕病防治、桑园管理》，完了之后才赶回徐州老家参加奶奶的葬礼。

他是一个"不称职的弟弟"。2017 年 8 月，同胞哥哥在贵阳的工地意外坠楼身亡，他忍着巨大的悲痛，主讲完商务部主办的"2017 年发展中国家热带农业新技术培训班"的课程，参加完国家蚕桑产业技术体系十三五工作启动会，才从昆明直接转机去贵阳，料理哥哥的身后事。

---

① 傅人意. 中国热科院"蚕博士"入村记［N］. 海南日报，2019.11.22.

他是一个"不称职的儿子、女婿和丈夫"。2018年3月，他请了10天的假期，回徐州老家和镇江，紧急筹办了自己的婚礼，为的是让精神崩溃的父母得到安慰。辞别老婆和双边父母后就立即回到工作单位，完成项目申报以及蚕桑技术指导和培训，因为海南种桑养蚕最好的季节是3—5月份，这时候蚕农们更需要技术指导。工作3年来，他总共回老家看望父母的时间不过20天，每月能回家看看妻子也成为最大的愿望。

他是一个"不称职的父亲"。2018年9月，他的儿子出生了，而他在家只待了10天，没有等到孩子满月，他就急匆匆赶回海南，因为要参加海南省农业频道和海南省农业干部学校《海南种桑养蚕技术及要点》高清教学片的录制。到现在儿子已经20个月大了，他只能每天通过视频电话看看儿子。他每次都深感愧疚，因为妻子告诉他：儿子一提到爸爸就指着手机屏幕。

脱贫攻坚成效显著

"脱贫攻坚三年行动"执行以来，耿涛参与扶贫的市县累计发展桑园4万亩，建设蚕房24 000平方米、小蚕共育室4 400平方米；桑蚕产业工农业总产值4 000万元。完成科技培训、现场会、技术支持366次，发放技术资料52 400余份，惠及蚕农5 500人次。

优良蚕桑品种覆盖率90%以上，高效种桑养蚕技术覆盖率70%以上。亩桑产叶量2 500千克/年，提高20%；亩桑产茧量150千克/年，提高15%；亩桑年收益4 500元左右，增收30%；小蚕共育室年生产商品化小蚕20批次以上；张种产茧量45公斤，增加35%；蚕病暴发次数显著减少，死笼率降至5%以下；养蚕成本节约300元/张种，减少损失200元/张种；减少化学肥料施用3千克/亩，减少化学药剂施用1千克/亩。

实现建档立卡贫困户5 300余户脱贫，涉及贫困人口26 500人；琼中、临高2个国家贫困县摘帽，15个贫困村出列，全省贫困发生率降低至2.2%。

由于耿涛博士在科研、生产、科普等领域的出色工作，2018年被评为中国热科院环植所级先进个人，2019年被评为中国热科院环植所院级先进个人；2018年和2019年均被选为优秀科技工作者代表，参加儋州市科技工作者日座谈；2019年被选为儋州市优秀科技工作者媒体宣传代表，儋州市广播电视台专访。此外，他的先进事迹分别报道于海南日报、海口日报、海南新闻广播、国际旅游岛商报、今日头条、儋州市电视台、市县资讯、琼中县人民政府和中国热科院网站等新闻媒体上。

二、王祝年：南药产业助力脱贫攻坚

王祝年，中国热科院品资所南药与健康研究中心主任、研究员、首席科学家。主要从事植物学、南药种植栽培技术、天然产物化学等研究工作。

中国热科院品资所首席专家王祝年研究员是一位平易近人、幽默风趣的科学家。工作中他认真勤勉,把握全局;对待科研,他总是饱含热情、刻苦钻研,令人由衷敬佩。

王祝年参加工作至今已有三十余载,先后承担了农业农村部财政专项、科技部平台项目、国家科技支撑计划项目、世界银行技术援助项目、海南省重点科技计划等项目 30 余项,发表包括 SCI、EI 期刊源论文 80 多篇,出版《海南药用植物名录》《海南岛天然抗癌本草图鉴》《南药种质资源描述规范》等著作 18 部,制定并颁布中华人民共和国农业行业标准 4 项,申请国家专利 16 项,研发功能性南药产品 12 种,获中华农业科技奖科学研究成果一等奖、海南科学技术一等奖等 9 项奖励。培养了硕士研究生 15 名、博士研究生 1 名。

南药专家王祝年(中)

三十年探索研究　成就植物学专家

王祝年研究员 1985 年 7 月毕业于兰州大学植物学专业,分配到中国热科院工作。从新疆启程,历经重重波折,终于踏上琼州大地——这个气候温暖、物种丰富的海岛,从此便与这片热土结下了不解之缘。

他致力于热带野生植物资源的调查研究工作,对热带果树、花卉、南药、香料、经济林木等植物资源现状进行详细调查研究,收集了各类重要野生资源植物腊叶标本 20 000 余份,保存了 2 500 多份重要野生植物资源,并开展了相关的鉴定、评价和开发利用研究。完成了 1 000 多份迁地保存野生植物资源重要性状的初步鉴定和评价,并开展高效保护和利用技术研究。在儋州国家农业科技园区建设了珍稀林木育苗圃和 100 多亩核心示范基地,在海南热带植物园建成了农业农村部热带农业野生植物基因资源鉴定评价中心。

对于从事植物学领域的科研人员来说，野外考察是必不可少的手段，这在很多人眼中是件苦差事，但对于王祝年研究员来说，却是件乐事。在进行野外考察时，对已经认识的植物他能不厌其烦地看了一遍又一遍，见到不熟悉的植物更是久久驻足，细细研究。席地而坐，通宵达旦鉴定标本更是常事。有时，鉴定一份标本需要很长时间，几个月甚至几年，这要求研究者不但要细心，还要有足够的耐心和恒心。多少个新纪录、特有种就是这样被发现的。

经过 30 年的探索研究，他终于成为植物学领域的专家。说起海南岛的植物种质资源，他总能侃侃而谈，如数家珍。多少人慕名而来向他讨教植物学知识，他总是热情待人，耐心讲解。中国热科院副院长刘国道研究员曾经这么赞许道："目前，说起海南岛植物学分类专家，王祝年同志当属第一人。"

南药产业助力脱贫攻坚

早在 2002 年，为响应国家扶贫开发的重要战略思想，王祝年研究员作为海南省琼中县生态扶贫项目负责人，组建生态扶贫项目小组，进驻琼中县，旨在改变中部山区的贫困面貌。在当地走访了琼中县有关部门、熟悉了当地的自然资源状况后，深入山区进行实地勘查，在黎凑村和百花岭发展林下经济，推广林下益智等南药产业，取得良好的效果。

经过调研、考察后发现，黎凑村民除了种植橡胶外，还大量种植木薯。而种植木薯要砍伐天然林，采挖木薯又容易导致水土流失，不利于保护中部山区的生态环境。益智是四大南药之一，在海南分布广泛，作为林下经济作物不需大量占用耕地且管理方便，采收果实也不会造成水土流失，很有希望成为村民脱贫致富的"灵丹妙药"。

在刚开始推广种植四大南药之一的益智时，农民们并不了解益智，更不愿意种植。他和团队成员就住在农户家中，与他们交朋友，向他们介绍益智的用途和良好的市场前景，并免费提供益智种苗，在他们的大力宣传和推广下，黎凑村家家户户都开始种植益智。而最初种植益智的农户享受到了它带来的巨大经济效益，盖起了楼房，买了汽车，农民们看到地里的益智喜上眉梢，这才带动了其他农民开始种植。还有深受海南、两广人民喜爱的牛大力，也是由王祝年研究员率先试种并推广的。为促使牛大力的种植与开发成为我国的新兴产业，他与专家团队一道开展了大量前期研究工作，通过资源考察、产业调研、有效成分研究、组培快繁和栽培技术等方面研究，为种植者提供市场信息、优良种苗和高效种植技术，引导农民利用牛大力资源优势发展经济，使牛大力种植面积不断扩大。此外，他和团队成员还研发了牛大力袋泡茶、牛大力速溶茶、牛大力胶囊、牛大力花茶等一系列牛大力产品，推动了牛大力产业的发展。

2004 年起，王祝年团队对槟榔进行系统的研究，收集保存了 22 份槟榔种质资源，并对其进行植物学、农艺学的鉴定评价研究，发掘槟榔优异种质 6 份，对槟榔产业的发展壮大起到关键作用。

首次选育益智新品种"琼中 1 号"和"热选 1 号"牛大力。在近两年的扶贫工作中，已逐渐推广种植"琼中 1 号"益智和"热选 1 号"牛大力，对发展海南省林下经济、助力海南脱贫攻坚起到重要作用。同时，王祝年团队还进行南药功能性产品研发，如益智酒、益智酱等，延伸产业链，提高产品附加值。

坚持行走在科研道路上的植物学家

2015 年，王祝年卸去了品资所副所长的职务，全身心投入科研事业。因为他知道自己更喜欢科研，更热爱植物。工作 30 余载，他先后获"海南省先进工作者""海南省领军人才""海南省有突出贡献的优秀专家""海南省优秀科技工作者"等荣誉称号。研究和制定了《海南省槟榔优势区域布局》，对我国南药产业发展现状与存在的问题进行调查与综合评价，完成了《南药优势区域布局（2016—2020 年）》的撰写与专家论证，主笔为海南省政府编写了《海南省益智产业发展规划-A：益智种植发展规划（2018—2025 年）》，为南药产业发展出谋划策。和《海南省槟榔产业发展规划（2020—2030 年）》，为海南南药产业的发展指明了方向。

关于未来的科研道路，王祝年还有很多设想，比如再多爬几座山，多鉴定一些植物，多收集一些种质资源，多解决一些技术难题……现阶段的他，依然雄心壮志，依然充满激情，继续行走在科研的道路上。[①]

三、鱼欢：一片叶子成就一个产业

鱼欢，中国热科院香饮所科技处副主任、栽培与农业生态研究室副主任、博士、研究员，主要从事斑兰叶等特色热带作物高效栽培技术研究与推广应用。

党的十八大以来，她坚持以习近平新时代中国特色社会主义思想为指导，立足岗位，主动作为，将热带农业科技创新与精准扶贫紧密结合，以高度的政治责任感和历史使命感，积极贯彻落实党中央脱贫攻坚重大决策部署。围绕

---

① 中国热带农业科学院 . 王祝年——坚持行走在科研道路上的植物学家［EB/OL］.（2016－03－09）. https://www.catas.cn/contents/254/21755.html.

《中共海南省委海南省人民政府关于打赢脱贫攻坚战的实施意见》《关于实施科技支撑我国热区农业特色产业促进贫困地区精准脱贫的工作意见》《万宁市2017年脱贫攻坚实施方案》等文件精神，深入海南省万宁市北大镇北大村，通过推广海南"三棵树"林下复合种植的优势作物——斑兰叶帮助4名贫困户脱贫致富。在万宁北大镇北大村建立乡村振兴服务点，并以此为基础，辐射带动万宁市其他乡镇及陵水、保亭、琼海、琼中和白沙等海南其他市县发展林下种植斑兰叶产业，增加农民收入，推动了海南林下经济可持续发展。鱼欢带领团队充分发挥科技工作者的专业特长，心系"三农"，以科技支撑斑兰叶产业发展，助推海南脱贫攻坚行动。

近年来，围绕海南万宁培育的新兴特色作物产业斑兰叶，关注群众"急难愁盼"的技术难题，鱼欢博士潜心研究，带领团队解决了斑兰叶产业发展中种苗繁育、高效栽培技术、斑兰叶收割标准、产品加工等关键技术难题。联合海南兴科热带作物工程技术有限公司研发"斑兰叶制品及其制备加工技术"，其中，开发的加工中间品"冻干斑兰粉"，明显优于国外进口斑兰粉干样的含量水平，且能有效地保护斑兰叶天然绿色，解决了鲜叶不耐储运、风味和色泽难以保持、使用工艺烦琐、综合利用率低等问题，附加值提升3倍以上。总结形成了林下复合种植斑兰叶的标准化种植技术，确定斑兰叶是海南"三棵树"林下复合种植的优势作物。

万宁市北大镇北大村是"十三五"省定深度贫困村。2018年，鱼欢博士深入万宁市北大镇北大村调研，发现该村以种植槟榔和橡胶为主，产业结构单一，农民收入低下，三分之二的农户是贫困户。她深知，农民要脱贫，乡村要振兴，产业兴旺是重点。经过充分论证后，在斑兰叶科技创新研究成果的基础上，探索"科技＋政府＋合作社＋企业＋"的融合发展模式，在北大村示范推广"粽香斑兰"优良无性系和林下复合种植斑兰叶标准化种植与综合利用。首批帮助胡世飞、胡世广、黄亚海和黄顺义在槟榔林下和橡胶林下种植斑兰叶，免费提供斑兰叶种苗、义务进行技术指导，同时将可可和咖啡等饮料作物推广在林下种植，保护价收购斑兰叶、可可和咖啡等农产品，带动北大村发展海南"三棵树"林下种植斑兰叶、可可、咖啡等特色作物产业，打造热带高效农业一体化示范基地，大力发展林下经济，推动北大村"单一产业"向"复合产业"转变。经过2年多的技术帮扶，她指导建设的20亩林下种植斑兰叶示范基地，已经帮助胡世飞、胡世广、黄亚海和黄顺义等4位贫困户成功脱贫，走上了勤劳致富奔小康的新道路。

为进一步巩固脱贫成果，推动农业"产业兴旺"，2020年3月，鱼欢带领团队在北大村设立"中国热科院香饮所万宁市北大村乡村振兴服务点"，以斑兰叶作物产业为基础，通过举办技术培训班、田间地头技术指导等方式指导农户在海南"三棵树"林下种植斑兰叶。促进了农户增收，同时解决了农田除草剂过度施用等生态环境污染难题。指导建立的林下种植斑兰叶示范基地已经成了北大村"产业扶贫"的亮点，受到当地老百姓追捧，得到全国人大常委会委员、环境与资源保护委员会副主任委员、致公党中央副主席吕彩霞，海南省政府和万宁市政府的高度认可和大力支持。

为解决斑兰叶采收与销售的问题，鱼欢带领团队帮扶海南万宁返乡青年关国龙等成立"万宁斑兰农业开发有限公司"，负责斑兰叶的标准化采收与销售。引导海南省万泉股权投资基金管理有限公司、海南省烘焙协会等企业通过"科技＋金融"的模式，打造了"科技＋企业"的高效商业化模式，带动了斑兰叶产业健康发展。牵头向海南省农业农村厅、万宁市政府等建言献策"发展斑兰叶产业"，得到了海南省副省长刘平治、万宁市委书记贺敬平等领导的认可与支持。

目前，鱼欢以万宁北大镇北大村乡村振兴服务点为基础，辐射带动万宁市其他乡镇及陵水、保亭、琼海、琼中和白沙等海南其他市县发展林下种植斑兰叶，推动了海南林下经济可持续发展，促进农民增收。作为一名热带农业科技工作者，鱼欢发挥专业特长，以求真务实的态度为海南省斑兰叶产业的发展默默地奉献，心系"三农"，把论文写在海南的大地上，把科技成果带进百姓家，以发展斑兰叶产业助推海南脱贫攻坚行动，用实际行动诠释了热带农业科技工作者对海南脱贫攻坚的职责与担当。

四、赵青云：刻苦钻研成就芳香事业

香草兰是单价位居世界第二的天然香料，为典型的热带特色经济作物，附加值高，用途广泛，在国内外市场上供不应求。生产上，老龄种植园香草兰植株生长受抑，土传病害高发，严重影响豆荚产量和品质，给农户造成的经济损失达50％以上，农民种植香草兰的意愿下降，部分种植园荒废失管。"香草兰难种"这是赵青云于2011年7月博士毕业来到中国热科院香饮所工作后从前辈们口中得知的印象最深的事情。从此她便下定决心利用自己所学专业知识，解决香草兰种植难的问题。于是，她组建了香草兰绿色高效种植研究团队，对海南香草兰主产区种植园植株长势、发病率等情况进行调查，采集了不同健康状况的香草兰园土壤样品，与团队成员夜以继日，磨土、筛土、称量、消煮、测定……科研工作虽累但充实快乐。经过近10年的不懈努力和探索，她带领团队成员摸清了老龄香草兰园植株易发病、难种的原因，并靶向筛选影响植株健康生长的关键微生物，精准组装了抑病促生高效菌群，结合绿色农艺措施，重构香草兰园土壤微生物菌群，促使植株健康生长，土传病害发生率显著降低，破解了香草兰连续种植易感染土传病害、植株生长受抑的难题，助力产业

健康发展。

井冈山被誉为"中国革命的摇篮"和"中华人民共和国的奠基石"，地处亚热带季风气候区，年平均气温 14.5℃，年均降水量 1 896 毫米，年均日照 1 420 小时，土地等自然资源丰富，具有发展特色热带经济作物的禀赋和潜力。2018 年，赵青云赴井冈山进行种植业调研，发现该地区以常规蔬菜设施种植为主，产业结构较单一。她萌发了在此种植高附加值热带经济作物香草兰的念头。紧接着，调研当地土壤质地、土壤酸碱度、土壤肥力、年均温、年均日照……并与专家论证北移种植香草兰的可行性。2019 年 5 月份，她带领团队成员在井冈山拿山镇开始试种香草兰。经过两年的潜心钻研，克服了冬季连续低温对香草兰植株生长造成的不利影响，种植两年后成功开花结果，实现了我国香草兰"南种北移"零的突破，填补了特色热带经济作物在我国北方地区种植生产的研究空白，打破了作物种植地域限制，为扩大示范推广效应，以及井冈山地区产业升级和乡村产业振兴提供科技支撑，同时，为以点带面辐射带动周边及其他省区，为国家乡村振兴战略提供参考。

作为一名从事热带高效农业研究的科技人员，赵青云博士充分发挥自己的专业知识，在科研工作中不断学习，开拓创新，致力于我国香草兰产业的健康发展，把服务"三农"放在首位，以发展香草兰产业为抓手，巩固扩大井冈山脱贫攻坚成果，助力当地产业升级和乡村振兴。

香草兰专家赵青云

五、杨建峰：一颗小胡椒，带富一方人

杨建峰，中国热科院香饮所科技人员、副研究员，主要开展胡椒高效栽培技术研究及产业服务，致力于我国胡椒传统栽培技术升级及"走出去"服务东南亚。

绿春曾因"青山绿水，四季如春"，由周恩来总理亲自定名，属于云南红河哈尼族彝族自治州。然而绿春为少数民族聚居区，其中有两个特少数直过民族，地处中越边境，全境均为山区，经济社会发展程度低，属于"少、边、山、低"地区和国家深度贫困县。

地处热区的绿春县，20 世纪 70 年代在多元化发展方针指引下引进胡椒产业，胡椒逐渐成为继橡胶之后的主要农业产业之一。云南省委省政府把绿春胡椒产业列入"兴边富民行动工程"予以扶持，更是激发了当地农民种植胡椒的积极性。

2009 年，中国热科院香饮所与云南省农业科学院热带亚热带经济作物研究所等科研单位联合开展云南胡椒生产技术研发与推广应用，带动了绿春县发展胡椒近 1 万亩。为促进绿春胡椒快速发展，2012 年绿春县分管农业的县领导专程带队来海南，找到中国热科院香饮所寻求技术支持，双方一拍即合，签订科技合作协议，助力当地胡椒产业发展。

杨建峰在调研中发现，当地农民种植技术水平普遍较低，而且接受新技术的意识不强，主要表现在：一是园区规划不合理，沿用管理水稻等作物的经验来管理胡椒，导致园区排水不畅，死株率居高不下；二是对优良种苗标准不了解，许多农户不能辨识优良种苗，购买了劣质苗或低等苗，导致植株长势差、死株率高等；三是没掌握修枝整形技术，植株没剪蔓或留蔓过多，难以获得高产树型；四是水肥管理水平低，植株长势整体偏弱，木栓化提前，经济寿命短；五是施用除草剂等药物较多，容易造成土壤质量下降，影响胡椒产品品质，不利于品牌打造，也与县政府打造生态农业理想相悖。因此，迫切需要研究制定绿春胡椒生产技术规程，以规范管理，提高椒农技术水平。

受前几年胡椒价格持续高位运行影响，各地农民纷纷加入种植胡椒的大军，为种植胡椒有些农民甚至不惜毁林造地，选择海拔 1 000 米以上、寒害频发的地段种植胡椒，这些做法不但破坏了生态，也没获得相应的经济收入；有些农民选择河滩或地下水位较高的地段种植胡椒，导致胡椒水害、病害频发。人们常说，方向的错误只是苦劳，徒劳无功。农民选择胡椒没有错，只是缺乏专业指导。为使他们少走弯路，杨建峰更加坚定地要为当地农民提供正确的引导和专业的指导。

绿春县气候条件、地形、地势等与海南存在差异，生产管理技术也应不同，如海南有台风危害，绿春有低温影响；海南地势较为平缓，绿春多陡峭山地等。目前我国胡椒主要栽培技术大多以海南基础条件为主制定，"十二五"期间，中国热科院香饮所通过行业专项与云南省农科院热经所、云南省德宏热作所进行联合攻关，初步制定了适合云南干热区及湿热区的胡椒栽培技术，但

胡椒专家杨建峰（右）

绿春地理、生态资源十分丰富，现有技术并不能完全符合绿春现有种植条件，须进一步加强相关技术研究，生搬硬套现成管理经验会导致管理成本增加、易遭受自然灾害影响等。因此，需要开展针对性研究，以总结形成绿春特有的胡椒生产管理技术，但由于缺乏专业研究机构介入，目前该项工作进展缓慢。此外，目前绿春胡椒产业以种植为主，缺乏龙头企业带动，后端加工等环节缺乏力量，产业发展不平衡。

经过对绿春县胡椒产业发展问题的研究，杨建峰强调应以建立联合研究机构、开展示范和持续技术指导、扶持龙头企业三个方面为突破口，助力云南绿春县胡椒产业的发展。

2011 年，香饮所与绿春县政府签署了胡椒产业发展科技合作协议，同时建立了云南省科协胡椒科技专家服务站，杨建峰多次作为特派员深入绿春县各乡镇开展无偿技术指导和培训，与其他特派员为当地建立胡椒示范基地，并在种苗培育、高产栽培、病害防控等环节提供技术服务和跟踪指导，帮扶当地农民发展胡椒。

在中国热科院香饮所胡椒科研团队与绿春县政府的共同努力下，绿春县胡椒产业快速发展，种植面积发展到 2016 年的 5 万多亩，达到高峰，全县 4 镇 5 乡都有种植胡椒，其中骑马坝乡为主产区，面积达 2 万多亩。骑马坝乡白福现乡长说，骑马坝乡是绿春最早发展胡椒的乡镇，面积也最大，全乡 91% 的家庭种植胡椒，其中因胡椒脱贫的建档立卡户 1 192 户 5 457 人，占全乡

81%，目前乡镇已到处是"胡椒楼""胡椒车"，是胡椒帮助了这个穷乡僻壤脱贫致富。

一颗小胡椒，带富一方人。走进绿春县随处可见一栋栋"胡椒楼"拔地而起，一辆辆"胡椒车"行驶在乡间小路。通过科技引领，绿春县经过8年的发展培育，胡椒已成为当地脱贫攻坚、农民增收的重要支柱产业。全县累计发展胡椒5.8万亩，农民亩均收益超过4 000元。据悉，绿春县因胡椒脱贫的农户2 142户、9 929人，占全县建档立卡贫困户的9.5%，绿春县也于2020年5月顺利脱贫出列。

六、王辉：把科研成果转化到扶贫一线

王辉，中国热科院香饮所科技人员、副研究员。主要从事香草兰、苦丁茶和鹧鸪茶等热带经济作物高效生产技术研究、试验示范基地建设管理和科技成果转化等工作。

茶叶专家王辉（右一）

十八大以来，王辉积极参与科技扶贫工作，扶贫经历丰富。他曾挂职于陵水县椰林镇科技副镇长，代表香饮所多次下乡开展生产指导和技术培训；2008年他负责建立海南省农业科技"110"香料饮料服务站并被列为农业科技"110"专家；2015年到2020年，王辉参与万宁产业扶贫示范基地建设。为了推进"农旅对接"产销融合，他主动组织所属企业结对帮扶南桥镇桥南村。2018年起，按照科技部要求，在王辉江西井冈山等贫困地区组织建设了特色产业示范基地，扶贫效果显著；2020年初王辉被省科技厅列为海南省第一批省级科技特派员，并于2020年被省科技厅选派为"三区"科技人才对接陵水县本号镇开展扶贫工作。

十八大以来，王辉通过技术培训和生产指导，共培训技术骨干400余名；

在产业扶贫基地和示范基地建设过程中，提供就业岗位 26 个；通过多形式扶贫，累计帮助数百户农民在种植樱桃番茄、香草兰、苦丁茶和鹧鸪茶等作物过程中增收 1 000 万元以上并实现脱贫。

在挂职陵水县椰林镇科技副镇长期间，王辉解决了陵水当地农业生产中的关键、共性技术问题，地方电视台对此进行了专题采访报道。此外，他还帮助陵水椰林镇农户实现樱桃番茄的种苗低成本投入并降低台风影响，被海南省科技厅和中共海南省委组织部授予"优秀挂职科技副乡镇长"荣誉称号；先后 100 余次下乡开展生产指导和技术培训，其中鹧鸪茶人工驯化栽培技术和培训工作被海南日报等媒体专题报道；通过在万宁建立扶贫示范基地，引导当地贫困户胡世飞种植斑兰叶等特色经济作物并实现脱贫，受多家媒体关注。

七、苏俊波：科技支撑甘蔗产业发展

苏俊波，中国热科院南亚所旱作种业和节水研究中心主任，博士，担任国家甘蔗产业技术体系湛江试验站站长和广东省甘蔗产业技术体系湛江试验站岗位专家。十多年来，一直从事甘蔗种质资源收、保存、鉴定评价与利用研究，获甘蔗品种登记和审定权各 1 项，同时，从事甘蔗机械化生产与配套栽培技术研究，为开展科技扶贫工作奠定了坚实基础。

省定贫困村遂溪县北坡镇下担村、杨柑镇龙眼村和港门镇货湖村，都是甘蔗种植大村，经过实地考察并与村干部座谈，了解到存在的主要问题是甘蔗品种不良、栽培成本过高、甘蔗种植效益低下，他从品种改良、栽培技术培训、实验示范、轻简机械化和项目申报几个方面对这几个村进行重点帮扶，取得良好效果。

2019 年，他受命入驻遂溪县北坡镇下担村委高塘村，引进甘蔗优良新品种 20 个，并建立甘蔗良种示范基地约 20 亩，进行新品种展示，附近村民、当地农技人员、种植大户等累计参观到访约 200 人次，普及甘蔗良种提升甘蔗产业升级的知识。开展甘蔗提质增效技术培训班一次，参会人员 150 人，在田间传授了甘蔗良种选择、高效轻简栽培技术、机械化栽培技术等实用的技术。协助该村申报 2019 年"一村一品、一镇一业"项目"甘蔗良种"，已获批立项，项目总金额 106 万元，计划建设甘蔗良种标准化生产基地 800 亩，购置 120 马力拖拉机 1 台。协助遂溪县北坡镇申报 2019 广东省"农业产业强镇"项目，其中，下担村委高塘村为重点建设村，计划建设甘蔗主题农业公园一座、甘蔗红糖精深加工车间一座、休闲观光基地一个。项目总投资 1 180 万元，目前已经通过立项审批。2020 年 8 月，举办甘蔗提质增效关键技术培训，给村民重点介绍"甘蔗叶打捆离田综合利用"技术，该技术用途广泛，生态环保，还能助农增收，得到广大村民的好评，纷纷表示将应用这个技术。

龙眼村甘蔗生产成本高，机械化程度低是目前最大问题，通过一系列项目申报，争取资金为村里购买了甘蔗收获机。指导该村开展甘蔗生产全程机械化作业，在 2018—2019 年榨季，该村 2 000 亩甘蔗实现机械化收获，并且开展对外机收作业服务，累计收获甘蔗入榨 4.31 万吨，机械化收获甘蔗量占全湛江市总量的 15%。协助该村"好帮手农业机械专业合作社"申报省级乡村振兴战略专项（现代农业装备引进示范、区域性农机社会化服务发展能力建设资金项目），并已获批立项，该项目总投资金额为 1 764 万元，将新购置甘蔗收获机 20 台，使 2018—2019 年榨季本合作社收获机数量达到 35 台套；培训作业机手 20 名，并建立完善合作社的管理制度；通过项目补贴，完成机械化收获甘蔗 6 万吨以上。目前该项目已经开始实施，预计将于 2021 年通过验收。2020 年，以该村"好帮手农机专业合作社"为主体，利用滚筒筛原理，设计一套机械化收获甘蔗的除杂系统，并通过湛江市农业农村局申报专项资金 140 万元，向洛阳辰汉农业装备有限公司筹集资金 150 万元，建设一套机收甘蔗除杂系统，大幅度除去机械化收获甘蔗中的泥、沙类夹杂物，解决机械化收获发展的"瓶颈"难题。苏俊波用心用情为贫困村提供科技服务，受到村民的热情欢迎和高度评价，村民种植甘蔗的积极性普遍高涨，脱贫后支柱产业得到巩固壮大，致富奔小康的信心更足。苏俊波表示，科技兴农是我们科技人员的崇高使命，2021 年，我们要在贫困村完成脱贫任务的基础上，巩固发展脱贫攻坚成果，发展甘蔗产业，为全面推进乡村振兴提供科技支撑。

八、杨本鹏与甘蔗的故事

春天，是播种希望的季节，也是甘蔗收获的季节。

2018 年 3 月 25 日，广西崇左市扶绥县岜盆村，甘蔗地。一场甘蔗栽培技术现场观摩培训会正在举行。

"杨教授，种你的甘蔗产量上得去吗？"当地一位甘蔗种植户充满疑惑地问。

"你自己看嘛，你种的甘蔗一亩收获 4~5 吨，我们种的甘蔗，又粗又壮，都来数数，一亩地有多少株？大家好好种，每亩 7~8 吨，好的 9 吨都有。"热科院生物所杨本鹏研究员笑眯眯地回答。

"这是第一代苗吗？"一位种植户得到肯定的回答后，高兴地说，"没想到啊，第一代就这么粗，我前年种的才刚长成像藤条一样粗，我们都以为第一代、第二代不能用呢。"

"第一代怎么不行呢？那是没有好苗，你看，我们的脱毒健康种苗第一代就这么好，后面肯定越来越好！"看着眼前这群朴实的甘蔗种植户，杨本鹏充满信心地说。

粗壮、高产的甘蔗脱毒苗，很快吸引了当地农民。在康仲村示范基地，周边的农民赶着自家的牛车，争先恐后前来拉种苗。

"这苗长得这么好，真是少有啊。"农民们交口称赞。

当地村民高高兴兴砍了甘蔗，回去试种，收获时一称，亩产普遍超过7吨。

有个蔗农告诉记者："亩产可以达到12吨！"旁边的村支部书记也给予了证实："真是想不到啊，这苗那么高产！"

大家纷纷说："这样种甘蔗，很有搞头！"

他们都高兴地给亲戚、朋友打电话："我在杨教授那里拿的苗高产，你们赶紧来。"

一传十，十传百，甘蔗脱毒种苗渐渐推广开来。

杨本鹏，中国热科院生物所科技人员、研究员。1986年7月，杨本鹏大学毕业后留校从事科技扶贫工作，30年来，他干过十几个工作岗位，但始终离不开科技扶贫第一线。足迹遍布海南中部山区、广西十万大山……贫困山区的农民真是穷啊。怎么样才能让当地农民真正脱贫？杨本鹏将这件事放在了心里："我当时就想，要靠产业，要发展脱贫致富的支柱产业，让农民自己造血，才能真正脱贫致富奔小康。"杨本鹏想到甘蔗，他把眼光投向了甘蔗产业。选择了这条路，那就意味着"苦"字，所有的工作都要从零开始。

针对我国甘蔗生产存在的品种退化、技术落后、机械化水平低等问题，他带领团队成员围绕国家"糖罐子"基地建设，选育出宿根性极强的"中糖1号"和高抗黑穗病的"中糖2号"新品种；创建了以脱毒种苗为核心的良种繁育技术、"水肥药"精准施用技术、甘蔗农机农艺融合的全程机械化技术，部分技术达到国际先进水平。实现减肥减药25%以上，降低成本20%，提高产量20%以上，提高蔗糖分0.5~1个百分点，节约用种60%。目前，杨本鹏已在海南、广西、云南等地累计建立了各类示范基地（点）150多个，培训各类人员1.5万人次。甘蔗脱毒种苗综合技术在蔗区开花结果。7年来，累计推广应用59万多亩，平均亩增产2吨，蔗农每亩增加纯收入700元以上。

从参加工作到现在，整整过去了30年，杨本鹏获得了很多荣誉：全国首届科技文化卫生"三下乡"先进个人、全国科技扶贫先进工作者、全国振华科技扶贫奖、全国农业先进个人、全国"五一"劳动奖章等。但是，在他的心里，始终把"农民"放在最重要的位置。他的荣誉早已写在甜蜜的田野上，写在了农民增产丰收的喜悦中。

甘蔗专家杨本鹏（右二）

九、戴好富：让黎族传统医药焕发新机

　　黎族是海南世居民族，黎药是我国中医药宝库中的一个重要组成部分。黎药在治疗毒蛇咬伤、跌打损伤、风湿、疟疾及接骨等方面疗效显著，至今还在海南中南部黎族村寨发挥着独特作用。然而，由于黎族没有自己的文字，只能通过口传手授的方式传承黎族民间医药知识，黎药传承现状堪忧。

黎药专家戴好富（左一）

在海口举行的海南省科学技术奖励大会上，一项荣获一等奖的项目让人眼前一亮。这项由中国热科院生物所戴好富研究员率领科研团队，历经 11 年潜心研究的科研成果，填补了我国热带地区重要天然药物及黎药相关空白，构建了海南特有黎族传统医药知识系统，全面抢救和传承了黎族传统用药经验，避免了黎族传统医药面临遗忘及失传的危险。

心怀梦想与黎药结缘

海南黎族历史悠久，最早可以追溯到秦汉时期，在繁衍生息中，创造了独具特色的黎药。随着时代的变迁，黎族年轻人不再愿意学习黎药知识，再加上天然林被破坏，黎药原材料越来越少，黎药面临着巨大挑战。

2004 年，戴好富从德国杜塞尔多夫大学结束博士后研究，进入中国热科院生物所工作。做天然产物化学研究的他不愿意看到如此有价值的资源消失，决定将黎药带出深山老林，让世人熟知，让世人认可。

深入山寨遍收验方

经过调研，戴好富发现，只有加快开发利用，黎药才能延续下去。"想要开发就必须摸清楚黎药的配方和所用植物的详细信息，但因黎药是口口相传的，市面上没有现成的参考资料，那我们就自己做一本黎药的大百科全书。"戴好富说。戴好富开始带领课题组深入黎族村寨，走访乡间黎医，收集民间验方。进山后，蚊虫肆虐的茅草房和并不合胃口的饭菜是大家要克服的第一个生活困难；其次，山里的蚂蟥和毒蛇也给课题组带来了很多麻烦。下山后课题组的成员掀开衣服常常会发现身上布满了蚂蟥或伤口，大家就互相打趣："今天你收集了几只蚂蟥？"

适应了山里的环境后，更大的困难摆在了戴好富等人的前面：稍微说到关于黎药的话题，黎族同胞就闭口不语了。因为黎族的经验处方从来不外传，特别是祖传的经验处方，只有极少数人掌握，具有很强的保密性。戴好富和黎族人一起生活，耐心细致地表明自己的来意，和黎族村民聊到月落星沉。黎医们也渐渐明白了，戴好富此行不是为了和他们抢饭碗，也不是骗方子，而是为了让黎药发扬光大。

渐渐地，村里的药王成了戴好富的朋友，当地人许多家里保存的黎药处方也拿出来给戴好富做记录。

整理研发填补空白

经过 11 年的努力，戴好富带领团队跑遍了海南黎族同胞聚居的 11 个市县的 105 个村寨，系统摸清了黎药资源现状，为全面保护和综合开发利用黎药资源取得了第一手翔实的科学资料。

他们首次科学规范地从植物学名、拉丁学名、黎语发音、药名、植物来源和民间应用等方面编研了黎药 632 种，整理验方 7 776 个，涉及病种 660 个，翻译确证黎族语言文字药名 636 个，确证附方使用药物基原 1 351 种，出版了《黎族药志》（共三卷）和《海南黎族民间验方集》。他们还建立了海南黎药资源数据共享平台，提高了调查研究成果信息共用共享的实用性和公益性。

目前，戴好富团队建立了黎药资源种质圃，对 511 种黎药植物进行迁地保护，其中珍稀植物有 12 种。他们完成了 29 种特色黎药的药效物质基础研究，共分享鉴定新物质 86 个、有开发应用前景的活性物质 193 个，在此基础上研制出了丁国胶囊、血竭外用软膏、血竭活络油等 30 个黎药相关新产品，形成了黎药资源调查与整理、珍稀黎药的抚育和种植、有效成分的发现、特色新产品研发的"产、学、研一体"的海南省黎药产业技术研究体系和发展模式。

戴好富说，下一步将继续立足海南特色，挖掘黎药资源，利用现代技术造福人类健康。

十、高建明：推广防虫网新技术

在大家的印象中，种蔬菜就免不了要打农药治虫防病，而且有的蔬菜隔三岔五就要打一次。为改变这种现状，高建明带领他的团队研发出了一种新技术，让蔬菜种植不但可以基本不打农药，还可以增产增收。高建明是中国热科院生物所科技人员、博士，他的团队研发的这种新技术究竟是什么呢？

四年前，高建明偶然发现苍东村的防虫网大都敞开使用，起不到防虫作用，防虫网棚仅通过分散暴雨、起到防病作用。菜农说虫子、虫卵在地里，防虫网不可能防虫。高博士凭着自己扎实的专业知识，觉得种植户说得不对。他查阅资料进一步证实，其实，大多数害虫都是把卵产在植株上，以便幼虫一孵出就有吃的。那么菜农为什么要敞开防虫网呢？这个疑问萦绕在高博士心头，没有得到解决。他多次到菜地观察，分析出棚里虫多的原因主要有三个：一是防虫网的网眼太大，虫子能进入，防虫网形同虚设；二是犁地后很快又种，虫子还在地里，防虫网起不到作用；三是棚的面积太大，种植户只能今天播几垄，明天播几垄。给先种的、虫多的菜打药，虫子迁到其他菜上，很快又迁回来，防虫网效果不好，许多种植户干脆把防虫网敞开了。

分析棚里虫多的原因以后，高建明研发出大棚防虫用法，他带领团队在田间地头奋战两年，让一张小小的白色纱帐，成为绿色高效的蔬菜种植大技术。新技术研发成功后，高建明没有据为己有，而是写成文章在美篇 App 上宣传。

"放心菜"专家高建明（左一）

海口龙华区新坡镇农丰村接受高建明的建议，试着将易被台风摧毁、夏季棚内高温不能种菜的几个塑料大棚，改造成为防虫网棚，按照新方式种菜，取得了很好的效果，现在已发展到 40 多个棚，大部分蔬菜不打或仅打一次药。由于病虫害大幅减少，每茬增产 20％左右，菜的味道还好，蔬菜销往海口几个大型小区，种植户实现了增产增收。

目前，海南已有一半的县市试用防虫网新技术进行种菜，全国也有多个省份试用。

十一、高景林：甜蜜事业助脱贫

高景林，中国热科院环植所科技人员、研究员。2003 年，来到中国热科院环植所工作，打算将自己和家业都扎根在海南，扎扎实实地为海南做些贡献。毕业于福建农林大学蜂学学院，长期与蜂农、蜜蜂打道的他，欣喜地看到琼中丰富的植物和漫山遍野的野花。他知道，这是蜜蜂喜欢的地方，这也是能够产出优质蜂蜜的地方。海南中华蜂是中国独有的蜜蜂当家品种，是以杂木树为主的森林群落及传统农业的主要传粉昆虫，有利用零星蜜源植物、采集力强、利用率较高、采蜜期长及适应性、抗螨抗病能力强，消耗饲料少等意大利蜂无法比拟的优点，非常适合中国山区定点饲养。高景林建议琼中重点发展中蜂的产业，这样可以和其他地方打出差异化的品牌，同时也能获得更好的效益。

他这样想，也开始这样做。他与琼中县科协摸索并解决了中蜂养殖开展困难期管理、人工育王及分蜂等技术攻关，总结出中蜂科学饲养周年管理技术，策划编写颁布了《琼中中华蜜蜂活框饲养技术规范》标准（DB469030/T 4—2017），编印《养蜂实用技术问答》《中蜂四季管理技术要点》宣传资料，无偿赠送给蜂农。

琼中县的蜂农开始尝到了蜂蜜的甜头，也感受到科协和蜂业协会的力量。政府也关注到这个传统产业的新生命力。在县委县政府的推动下，由高景林主持编写的《琼中县 2016—2020 年蜂业十年发展规划》中提出：将"琼中蜜蜂"产业由单一蜂蜜生产型打造升级为具有蜂产品生产功能、农作物授粉功能、蜜蜂及产品制品医疗保健功能、蜜蜂文化旅游功能与科普功能、蜜蜂维护检测生态环境功能"五位一体"新时代蜜蜂产业，真正将琼中县建成名副其实的"蜜蜂之乡"。

蜜蜂养殖是海南中部山区脱贫攻坚的特色产业之一。在琼中、白沙、五指山、保亭、乐东和昌江等市县，2016 年以来，环植所国家蜂产业技术体系海口综合试验站通过开展蜜蜂养殖技术培训，对蜜蜂饲养过程中存在的主要问题，特别是蜂巢小甲虫的危害与防治、蜜蜂飞逃和如何产蜜高等问题对贫困养蜂户进行重点培训，累计培训贫困农户 1 000 人次以上，并在多地建立了林下蜜蜂健康养殖示范点，取得良好社会效益。为扩大受众面，国家蜂产业技术体系海口综合试验站专家积极配合海南省及相关市县科协、海南省电视台等媒体，制作"三下乡"送温暖活动、海南民生广播、"脱贫致富电视夜校"、《脱贫攻坚大决战》等节目，提高了扶贫工作效率。2017 年开始，中国蜂产品协会常务理事、国家蜂产业技术体系综合试验站长、全国热带农业科技协作网蜜蜂与传粉昆虫专委会主任、中国质量万里行促进会蜜蜂生态专委会常务理事、海南省农村专业技术协会副理事长、海南省蜂业学会会长高景林研究员被海南省乐东县、琼中县、昌江县等各市县聘为科技助力精准服务蜜蜂专家，并公示在每个贫困村。

小蜜蜂变大明星，创新科学养殖技术推广。虽然"赛道"仍然弯弯绕绕，但有了科学的规划，有了专业的指导，琼中县的蜂业就如同找准了方向的赛车。从 2011 年起，"十二五""十三五"将琼中县纳入国家蜂产业技术体系示范县，打造 3 个县级养蜂科普（扶贫）示范基地分别是湾岭蔡仁军养蜂科普（扶贫）示范基地、湾岭王伟养蜂科普（扶贫）示范基地、黎母山卓定雄养蜂科普（扶贫）示范基地；8 个乡镇级养蜂科普（扶贫）示范基地，分别是红毛什裕蒋善海养蜂示范基地、红毛刘世镇养蜂示范基地、吊罗山陈明军养蜂示范基地、吊罗山邓运新养蜂示范基地、上安蓝锦养蜂示范基地、长征王贵专养蜂示范基地、中平李正雄养蜂示范基地、营根镇王维才养蜂示范基地。抓好基地建设，定期到琼中蔡仁军蜂场、蒋善伟蜂场、梅学国蜂场指导交流，做好蜜蜂高效健康养殖示范蜂场建设；示范基地先后获中国养蜂学会"中华蜜蜂之乡""蜂产品安全与标准化示范基地""成熟蜜示范基地"。

为养蜂扶贫示范基地提供的中华蜜蜂规模化技术方案，围绕"简化操作"核心技术，在分析琼中县海南中华蜜蜂规模化饲养实际情况的基础上，提出蜜蜂"滴管饲喂""及时换王，同时分蜂""多观察、少开箱""储蜜于箱内，闲时取熟蜜"等关键技术，进一步集成完善海南中华蜜蜂规模化饲养技术模式。制定《琼中中华蜜蜂活框饲养技术规范》地方标准（DB469030/T 4—2017）。

创新蜜蜂饲养技术示范创新模式。在海南琼中县什仍村建设智慧蜂场，采用"互联网＋"模式，远程监控蜂箱内情况，该蜂场的发展模式得到广大专家和同行的好评，也吸引不少游客前来参观游玩。现正逐步以养蜂为主业的休闲式农旅结合的模式发展，带动了 5 个村集体经济和 93 户 430 人贫困户的经济发展，为打造以养蜂为特色产业强村夯实了基础。什仍村获得首届"中国农民丰收节"100 特色村庄称号，更加扩大了当地蜂业的影响力。

蜜蜂专家高景林（前排）

十二、刘立云：农民喜欢的"田教授"

"在文昌乃至海南的槟榔种植界，刘主任已经成了一张名片，农民们见到他最高兴。"这里说的刘主任就是刘立云。刘立云，中国热科院椰子所科技人员，1995 年毕业于华南热带农作物学院。大学毕业后，刘立云深入生产科研一线，在试验基地一干就是 7 年多。期间，他爬树去观察、记录，与工人同吃同住同劳动。从试验基地回来后，刘立云回归实验室专心做检测、分析等工作。2009 年，刘立云前往非洲国家科摩罗参加农业援非工作。如今，刘立云仍奋战在实验室与田间地头之间，将钻研农业技术与帮助农民防治农作物病虫害两项工作视为责任。

为了能让这些经验真正帮助有需要的农民，刘立云用通俗易懂的语言，将槟榔的管理操作方法整理成了数百张"明白纸"。"所谓'明白纸'，上面写的是在灾害气候条件下作物的防灾减灾、打药、病虫害防治等方面最基础、最实用的操作方法。"刘立云告诉记者，这样做也是为了能将自己实践中总结出的经验进行推广，真正让实践与理论相结合，让书本知识落地。刘立云笑道："现在，不少槟榔种植户遇到问题就会第一时间想到问我，这也让我很欣慰，说明农民认可我了。""记得有一次我们在龙滚镇田头村开展工作时，一名槟榔种植户家的槟榔有了病虫害，刘主任马上拿出方案，帮他解决问题，并很快看到了成效。"周焕起回忆道，种植户们都希望刘立云能成为"槟榔界的袁隆平"，帮助农民提高槟榔产量，快速致富。

同时针对农户对将来槟榔价格的担忧，刘立云查阅了大量经济资料，分析了槟榔的价格走势，他说，近年来，随着我国社会经济的高速发展，槟榔加工产品的销售也在快速增加，已经从"海南人种植槟榔，湖南人吃槟榔"走向全国多数省份都有消费槟榔的格局。价格也从 2000 年每千克 2～4 元涨到 2016 年每千克 12～16 元，2020 年最高时甚至达到每千克 36～46 元。他特别提到，目前，万宁、琼海、陵水等地的槟榔大量患病，产量急剧下降，造成槟榔青果原料紧缺，市场供给的短缺和需求的旺盛，势必推动槟榔价格维持在较高水平。

十三、周兆禧：让热带果树成为临高有奔头的产业

周兆禧，中国热科院海口站科技服务中心主任、硕士研究生、副研究员，从事热带果树高效栽培生理和科技推广研究。海南省科技特派员、海南省"三区"科技人才、海南省临高县科技局科技顾问、贵州省贞丰县脱贫攻坚特聘专家、海南省共享农庄评审专家、海南省农业信贷担保项目评审专家、海南省高素质农民培育工程——现代青年农场主产业发展导师。

扶贫攻坚是实现乡村振兴战略的基础，在推进扶贫攻坚工作中乡村产业发展是关键，乡村科技人才和致富带头人培养是核心。海南省一直以来非常重视海南中西部市县智力扶持计划工作。因此，海南省科技厅所选派的科技副乡镇长、科技特派员和"三区"科技人才为地方扶贫攻坚和乡村振兴提供了强有力

槟榔专家刘立云（右一）

的科技支撑。

　　周兆禧曾经连续两年被海南省委组织部和省科技厅联合选派到海南省中西部市县挂职科技副乡镇长，从这以后他一直是以科技特派员和"三区"科技人才的身份服务于地方，也就和曾经挂职的海南省临高县结下了不解之缘，专注于乡村产业发展和地方土专家及致富带头人的培养工作，他带领科技团队深入到所派遣服务的海南省各市县的乡镇进行产业调研，以临高县农业产业调研为例，在充分了解并掌握了当地土壤养分、水资源、气候特点及交通等优势资源的基础上，进一步因地制宜规划农业产业，在产业规划中兼顾作物长短结合，短期作物促进脱贫，长期作物促进致富的发展理念，同时发挥所在单位中国热科院科研成果及人才资源的优势，引进热带果树新品种新技术进行核心示范，通过核心示范再辐射推广。

　　周兆禧在所服务的临高县博厚镇、东英镇等地调研时说，这里土壤肥沃，水资源丰富，交通便利，气候宜人，但所种植大多是传统的甘蔗、桉树等低产值作物，每亩年产值仅 2 000～3 000 元，扣除成本利润所剩无几。其根本性的问题为以下几点：一是产业有待调整优化升级；二是缺乏科技人才和致富带头人，导致农户们形成了惯性思维，传统作物懂种懂管而收益低（被简称为"懒汉经济"），高效作物如热带果树新品种新技术收益高而不懂种和管。因此，周兆禧一手助力产业科学规划，并引进热带果树新品种新技术进行示范，一手开展技术培训和地方科技人才及致富带头人培养。

近四年，周兆禧积极组织地方企业和合作社策划申报农业科技成果转化类项目，积极为地方服务，联合地方政府组织、企业及合作社等策划申报了 9 个科技项目，总金额达到 5 315 万元，其中仅 2019 年临高县绿色循环优质高效特色农业促进项目就达 4 600 万元（获批 1 840 万元），海南省重点研发及地方项目达到 715 万元，对促进地方农业供给侧改革及农业产业结构调整起到积极作用。先后对香蕉、火龙果、台湾青枣、黄皮等新品种及高效配套栽培新技术进行核心示范，示范基地面积 2 080 亩，辐射推广退蔗种果基地面积就达到 1 万多亩。在 2019 年，周兆禧所在的中国热科院海口站第五党支部和临高县东英镇居留村党支部结对，共建促产业发展，共建黄皮间作大蒜示范基地 800 亩，初步实现了短期作物促进脱贫，长期作物促进致富科学规划与管理，不到半年时间，所间作的大蒜产值实现了 9 000 元以上，扣除成本的收益达到 6 000 元以上，实现了临高县东英镇居留村全村脱贫，实现了农业产业结构调整优化升级。

　　另外，组织各类专业技术培训及田间地头指导已成常态，适时举办专业技术培训班，每年培训基层农技人员、企业及合作社技术员、农民及种植户等共计 11 000 人次，其中遴选的地方科技人才和致富带头人 610 名，为地方农业专业技术人于培养起到积极作用；在每年一度的地方组织科技活动月期间，集中制作对热带果树、蔬菜、南药等品种新技术图文并茂的科技展板 50 余张进行了巡回展览和技术指导。在履行科技特派员工作期间，乡土人才培养、项目策划、项目申报、示范基地建设等起到良好的经济效益、生态和社会效益。

果树专家周兆禧（中）

十四、马帅鹏：岭南处处疑西域，一路向南见葡萄

"马博士，我的葡萄卖完了，大家都说很好吃！一共 50 多串，卖了 2 500 块钱，感谢你这么关心我们，感谢你的帮助！"电话里，一位激动地操着客家口音不断地重复着感谢的话语的是一位鹤市村村民……虽过了近两年，鹤市村贫困户邬姨感激的话语仍时时回响在他的耳边。发自内心的感谢，让他更加坚信科技扶贫的信念。

这通电话里的"马博士"就是中国热科院广州站一名普通的农业科技工作者马帅鹏同志，主要从事南方葡萄优异种质资源筛选利用和南方葡萄优质高效栽培技术研发与示范推广工作。他说这是他参加工作以来接到的最高兴的电话，国家和单位培养了他多年，终于可以为贫困农户带来一点实实在在的改变，那些欢快的笑声一直感染、鼓励着他，那不断重复的"谢谢"也深深藏在了他心里最柔软的地方，更加坚定了他"把论文写在大地上、把成果留在百姓家"的决心。

2017 年，广州站绿色精准农业中心配合广东省财政厅农业科技支撑对口扶贫点龙川县鹤市村，先后带领贫困户们种植了西瓜、葡萄和木薯，效果喜人。

广东高温高湿病虫害严重，冬季冷凉不足，是葡萄非适宜种植区。马博士团队积极钻研葡萄北果南移技术，总结优质丰产高效生产经验，摸索适应各类种植园地形地貌的栽培技术模式，经过 5 年的示范和推广，他们不仅能在广东种出好葡萄，葡萄更是已经成为广州站科技支撑精准扶贫，参与乡村振兴优势科技项目；5 年来，在葡萄北果南移技术推广中，马帅鹏博士率领科研团队，深入岭南各地乡村城镇，一路向南，在广东省各地和海南省建立了 12 个南方避雨葡萄优质高效栽培技术推广和示范基地，深入各地开展技术服务和技术示范，极大地推动了葡萄产业在南方的发展。

2019 年 6 月，龙川县受持续强降水影响，鹤市镇及周边镇区遭遇特大暴雨洪水灾害。鹤市村贫困户大棚精品瓜果基地即将成熟的葡萄、西瓜受灾严重，灾情就是命令，需求就是责任，马帅鹏从广东省财政厅驻龙川鹤市村扶贫工作队了解到灾情发生后，当晚就乘坐火车赶赴龙川，受到灾情的影响，到达龙川已是凌晨 2 点多。第二天一早，马帅鹏就赶到鹤市村的葡萄基地，现场指导农户排水，查看挂果葡萄水浸损害，结合水灾发生和大棚被大水长时间浸泡的情况，传授贫困户如何防止长时间浸泡导致葡萄植株出现烂根落果的技术，提出相关预防措施并指导贫困户科学使用药剂处理，最大限度地降低了贫困户受灾损失。当年，贫困户邬姨家不足半亩地的葡萄园获得了 3 万多元的收益，科技扶贫效果显著。与此同时，马帅鹏科研团队还在龙川县鹤市村邬姨、罗妹

等贫困户的葡萄园开展葡萄与西瓜、草莓的立体间套技术创新，在葡萄园实施后，单位面积产生更大的经济效益，实现设施大棚时时有果采，全年有效益。

　　春节假期本是阖家团圆的日子，同时也是葡萄修枝、施肥、催芽、疏花、疏果管理的关键时期，若这个时期的工作有缺失将影响全年的产量和效益，同葡萄打交道多年的马帅鹏更是深知这一点。受新冠肺炎疫情的影响，需居家远程技术服务扶贫对象，他不仅打电话沟通葡萄现场生产情况，还要通过视频查看现场情况，或者画制草图给农户演示技术要领，虽不在现场，也能够及时解决农户技术难题。不同基地的情况差异较大，叮嘱的重点也不一样，有些基地还是第一次种植葡萄，问题五花八门，他都不厌其烦地一一解决。他的爱人是中学教师，要给学生上网课，大女儿小学一年级要在家上网课，他经常是一边照顾尚在褥褓的小儿子，一边远程给扶贫对象做技术指导，小孩儿的哭声常常出现在他扶贫技术指导电话和视频中。对扶贫对象的咨询求助，时间不分早上晚上，马帅鹏做到了有求必应，有问必答。虽然受到疫情的影响，但他指导的12个葡萄基地都正常生产管理，不误农时。对于平时就很少回家的马帅鹏来说，春节期间既没有给予家人更多的陪伴，还破了家里不当着孩子看手机的家规，对此，他一直愧疚于心。

果树专家马帅鹏（右一）

　　马帅鹏及其所在团队的扶贫事迹获得了社会各界的广泛关注和表彰。广东省财政厅人事教育处在发送给中国热科院广州站的感谢信中，感谢马帅鹏及其所在团队对河源市龙川县鹤市村扶贫工作的辛苦付出。马帅鹏及其所在团队的扶贫工作被4次写进广东省财政厅的工作简报。此外，由马帅鹏及其团队指导贫困户种植的葡萄被广东卫视、南方日报、学习强国 App、南方＋、河源电视台、河源日报、龙川电视台、龙川在线等媒体多次报道。不忘初心，牢记使

命。马帅鹏是一名行走在扶贫攻坚路上平凡又不平凡的热带农业科技工作者，是中国热科院广州站众多科技人员的一个缩影和优秀代表。马帅鹏及其科研团队本着学农为农，服务广东现代农业，不断以实际行动践行着科研工作者服务"三农"的初心，为精准扶贫、产业扶贫贡献力量。

第五章　启示和思考

第一节　存在的问题

一、贫困户致贫原因复杂，科技帮扶受制约

根据厦门大学马克思主义学院特聘教授朱冬亮 2017—2018 年在贵州、广西、甘肃和福建 4 个省（自治区）的 9 个县（区）对抽取的 537 户建档立卡的贫困户家庭样本进行的分析结果，贫困户家庭致贫的原因多种多样（表5-1-1）。

表 5-1-1　4 省（自治区）9 县（区）537 户样本贫困户家庭主要致贫原因分析

主要致贫原因	频率（户）	百分比（%）	有效百分比（%）
缺失值①	41	7.6	7.6
交通条件落后	7	1.3	1.3
缺技术	50	9.3	9.3
缺劳力	50	9.3	9.3
缺资金	161	30.0	30.0
因病	105	19.6	19.6
因残	72	13.4	13.4
因学	39	7.3	7.3
因灾	1	0.2	0.2
自身发展动力不足	8	1.5	1.5
其他	3	0.6	0.6
合计	537	100	100

注：①缺失值是指粗糙数据中由于缺少信息而造成的数据的聚类、分组、删失或截断。
数据来源：朱冬亮，贫穷的本质：基于精准扶贫实践的思考，人民论坛。

根据上表数据分析，因缺劳力致贫的占 9.3%，因病因残致贫的占 23%。针对这类人群，无法对其直接进行科技扶贫和产业扶贫。另外贫困人口文化程

度较低，他们对现代化种植、养殖手段和新品种农作物认识不足，在科技扶贫中对现代化种植、养殖技术难以理解，致使科技扶贫达不到预期的效果。

二、贫困地区生产环境差，成果推广受制约

经过多年和多轮的扶贫开发工作，剩下的都是攻坚地区，是"硬骨头"。生产环境，如信息闭塞、交通不便、农业基础条件差、区位不好、气候恶劣等是导致贫困的主要原因之一。这些都限制了科技成果推广，运用科技提升传统产业增值和运用科技助推产业转型升级存在较大的难度。例如，中国热科院扶贫帮扶点——海南省白沙县青松乡拥处村是海南省典型的黎族传统村落，部分村民甚至连汉语都听不懂，拥处村交通闭塞，信息不畅，生产力低下，经济效益差。中国热科院科技扶持的云南省怒江州处在中缅滇藏的接合部，这里既是多民族聚集地区，又是深度贫困地区；怒江州地处峡谷地带，土地资源145.85万公顷，耕地少林地多，耕地仅有6.88万公顷，全州灌溉耕地占总耕地面积比例为24%，比云南省低6.55%，比全国低26.62%。全州98%以上的面积为高山峡谷，坡度在25°以上的耕地占总耕地面积的51.3%。地块分散，土地碎片化特征明显，地形复杂，地势起伏大，运输、灌溉、机械等农业基础设施缺乏。

三、农业生产风险大，科技创新应用受制约

一是自然风险。农业生产对自然环境有先天性依赖，自然灾害对农业的影响较其他行业更为明显，城镇化和工业化在一定程度上加速了生态环境的破坏，更加导致了自然灾害的频发，大自然带来的各种风险很容易导致农业歉收和绝收。二是市场风险。在农业市场化推进过程中，农户要独自面对变化多端的市场环境，在我国农村特别是贫困地区，小农户仍是农业生产经营的主体，小农户小规模经营难以有效把握市场需要，跟风种植、过度养殖，导致农产品市场价格波动较大，这直接影响农户种植、养殖的经济利益。三是技术风险。农业科技成果的应用存在较高的技术风险，一些农业科技成果运用或转化需要特定的环境或条件，温度、湿度和气候等条件难以控制和预测，加上农户有可能操作不当而导致技术失败。另外，社会风险、政策风险等各种风险因素的叠加影响，一定程度挫伤了农户特别是贫困户的生产积极性，不愿轻易接受和采用农业新技术、新品种，这阻碍了科技创新在扶贫领域的运用。

四、管理机制不完善，科技服务创新受制约

在评价激励方面。农业科研院所科技服务工作缺乏完善的考核评价和激励机制，影响了科研工作者开展科技服务的积极性。主要表现在评价体系不健全

和保障措施不到位。评价内容仍重基础、轻应用。如在科研人员的职称评审方面仍以科研项目、高水平的学术论文等硬性指标为主要评价指标，而科技服务指标占的比例比较少。对于科技推广服务工作，农业科研院所缺乏可操作的激励机制，推广项目的绩效管理办法缺乏，这对从事农业技术推广服务工作的科研人员在职称晋升、工作量获得、绩效考核的正向推动作用不大。

在科技干部驻点帮扶方面。目前，科技干部驻点帮扶主要采取派驻科技副镇长、村第一书记、驻村工作队、科技特派员等方式进行。从整体上来看，科技干部驻点帮扶在促进院地对接和地方产业发展方面发挥了无可替代的作用，但在实践中，科技干部驻点帮扶的作用发挥有待进一步加强和改进。科技干部主要以学术型专业科研人员为主，他们习惯了科研院所相对单纯的环境，参与"点对点"技术服务较多，缺乏足够的组织协调能力，很难为驻点提供全方位的技术创新和产业服务升级。另外，驻点干部一般任职期限较短，很难在较短时间有较大的成果产出。

第二节　对策和建议

一、精准调研，精准施策

针对贫困对象致贫原因复杂的情况，展开精准的摸底调查，对贫困对象精准分类，发挥科研院所优势集中、针对性地开展扶贫工作。针对贫困地区生产环境以及资源禀赋不同的情况，开展科技需求调研，找准"穷根"，开出"中药良方"。例如中国热科院在科技助力云南省怒江州产业发展前，展开了充分的调研工作，先后出台《怒江州咖啡产业发展专题调研报告》《怒江州芒果专题调研报告》《怒江州福贡县草果产业发展专题调研报告》《怒江州泸水市草果产业发展专题调研报告》等，为怒江州精准开展产业扶贫提供大数据支撑和决策依据。根据贫困地区不同的情况，精准遴选科技扶贫特派员、专家和科技组织。为避免科技特派员、专家和科技组织与贫困对象需求信息不对称，应建立健全贫困对象对科技需求信息征集机制，深入了解贫困对象对于不同技术领域、不同行业和不同专业科技人才的需求，并根据科技人才需求情况进一步拓宽遴选范围和渠道，鼓励所需领域的各级科技组织、高等院校、科研院所等专家、科技人员按照贫困对象的科技需求，深入贫困地区开展扶贫服务。

二、科技创新，提升科技扶贫能力

根据贫困地区的气候条件与自然环境，运用科学方法培育农作物新品种，培育出更加适应贫困地区气候等自然条件的农作物新品种，增加抗自然灾害的

能力，指导贫困对象选择适宜当地生长的农作物，科学合理安排农业生产活动，提升其农业生产技术水平。

依靠科技创新，支持贫困对象发展生态绿色农业，重点推广和应用病虫害综合防治、绿色防控、水肥一体化、标准化施肥等关键技术，引导其发展"绿色、协调、循环"等生态绿色农业；依靠科技创新，增加优质农产品效益，提高扶贫对象生产优质农产品的积极性；依靠科技创新，指导贫困对象采用新工艺、新技术、新机械，减少生产费用投入，降低生产成本，提高产出率，指导贫困对象实行反季节供给，实现农产品高收益；依靠科技创新，指导贫困对象通过互联网及电子商务等平台，拓展优质农产品销售渠道，降低流通成本，发展订单农业，采用科学的管理制度、先进的保鲜设备缩短农产品物流时间，提高生鲜农产品物流配送效率。

三、完善机制，发挥科技扶贫效能

争取稳定的经费支持 稳定的经费支持是持续开展科技服务的基本前提和重要保障。建议围绕如下几个方面重点进行经费投入：一是加大农业一二三产业链综合科技服务项目支持力度，避免重单项技术支持，缺乏产业链融合发展的问题；二是加大科技服务示范基地建设的投入，增强基地服务能力；三是加大科技服务信息化平台的建设力度，提高农村科技服务信息化水平；四是加大科技服务模式的探索的投入，提高科技服务的高效化；五是推动示范推广基地企业化运作，使示范基地能独立同地方政府和新型经营主体开展有偿科技服务，增强基地造血功能，提升基地服务内涵。

加强科技服务队伍建设 科技服务队伍是科技推广中最重要、最活跃的因素。目前，科研院所科研团队比较强大，但科技推广队伍建设相对滞后。建议通过"内培外引"的方式强化科技推广队伍。吸引一批懂专业、能吃苦、善沟通的复合型人才到科技服务的队伍中来，吸纳一批有意愿、有热情、有能力的科研人员承担农技推广项目和担任示范推广基地的负责人，聘用一批常年在农业一线的"土专家""田秀才"加入农技推广队伍。科研单位要进行科学论证，确定科技服务队伍建设规划，明确队伍专、兼职人员数量与比例，保证科研单位人才培养、科学研究、社会服务三支队伍的平衡发展。

建立和完善科技服务考评和激励机制 农业科研单位要重视科技服务工作，将科技服务和人才培养、科学研究放在同等重要的地位，积极营造重视科技服务工作的氛围。科学设计服务评价指标，规范评价工作流程，加强评价工作管理；完善科技帮扶的科技人员的监督和考核机制，完善基层挂职的科技干部的培养和使用机制；科技服务工作纳入工作量认定范畴，服务效果作为职称晋升、干部任用等的重要依据。

第三节　巩固拓展脱贫攻坚成果同乡村振兴有效衔接，中国热科院科技助推热区乡村振兴2019—2022 年重点任务

中国热科院强化科技支撑引领，以项目为载体，"立足海南、广东，面向全国热区"，找准区域农业产业的需求点、关键点和突破点，充分发挥现有的技术成果和人才优势，聚力"一个行动"，推进"八个计划"，加强"一个体系"，力争通过四年（2019—2022 年）努力，使院科技支撑引领产业发展的现代化水平显著提高，全面支撑热区产业兴旺、生态宜居、生活富裕和农业农村现代化。

一、全面实施"百名专家百项技术兴百村"行动

统筹全院科技人才资源，以"百名专家百项技术兴百村"行动为中心，组织百名专家联系或进驻百个村庄，推广百项新品种、新技术与新模式，带动广大新型生产经营主体参与打造地方特色高效农业，最终打造百个科技引领乡村振兴示范点，争取在海南白沙县、广西扶绥县、云南耿马县等联合创建农业农村部"乡村振兴科技引领示范村镇"，为实施乡村振兴提供强有力的科技支撑和引领，使科技成果得到充分展示、科技创新支撑作用得到充分彰显。

二、全力推进"八个计划"助力热区乡村振兴

（一）热带现代农业技术集成创新计划

实施重点：推进热带现代农业技术集成创新，强化热区乡村振兴科技引领。围绕热区 9 省（自治区）农业产业发展需求，集成创新热带现代农业发展必要的综合技术模式，加快促进热作产业升级跨越。集成创新大宗热带作物增产增效技术，保障大宗热带农产品有效供给；集成创新热带特色经济作物增产增效技术，促进热带特色农产品提质增效；集成创新设施作物提质增效标准化技术，推动热区设施农业发展；集成创新热区耕地改良和地力提升技术，推动热带农业可持续发展；集成创新节水节肥减药技术，推进热带农业绿色发展；集成创新废弃物资源化利用技术，推动资源高效利用；集成创新热带水果、天然橡胶、香辛饮料、热带油料等热带农产品加工增值技术，改善产品品质、提高产业效益；集成创新农机农艺结合技术，提高热作农机化水平；集成创新热带农业信息技术，提高农业信息化水平；集成创新热区稻田绿色增效技术模式、石漠化地区综合治理技术模式、山区草畜一体化模式、林下经济模式等农

业综合模式，支撑热区典型生态区可持续发展。

（二）成熟技术成果转移转化计划

实施重点：大力推进成熟技术成果转化运用，依托国家重要热带作物工程技术研究中心、院热带农业技术转移中心及院属各单位技术成果转移平台，优选转移一批特色鲜明、品质优良、受市场欢迎的热带作物品种、脱毒健康种苗等新品种和良种繁育、高效安全栽培、产品精深加工、农业资源综合利用、农业生态环境、农产品质量安全、农业机械化、农业信息化等新技术；联合企业开发一批功能性食品、绿色专用农药、高效专用肥、健康饲料等新产品和特种天然橡胶、橡胶炭化木、新型可降解材料等新材料，以及电动胶刀等热带作物田间管理、收获、加工、检验检测等机械化、自动化、信息化、智能化装备等新装备，打造一些叫得响、过得硬、有影响力的特色热带农业品牌，提高热带农业竞争力。

（三）热带现代农业技术推广服务计划

实施重点：构建符合热区特点的农业推广服务体系，在院试验场，结合建设海南儋州国家农业科技园区、现代农业产业园，打造"有干头、有看头、有说头"的科技助推乡村振兴样板田，形成海南农业新技术新模式集成示范推广核心区、热区热带现代农业发展引领示范区，加快推动新技术成果推广应用；与热区9省（自治区）共建一批具有示范和带动作用的区域乡村振兴战略研究院（中心），打造成为区域经济发展与产业升级的助推器，加速新技术新模式集成示范推广，增强服务地方乡村振兴实力和能力；发挥"科技110服务站"和科技活动月等载体作用，大力推介发布院新技术新模式，支撑热带农业产业提质增效和热区农民持续增收。

（四）热带特色高效示范基地建设计划

实施重点：围绕热区9省（自治区）科技需求，结合国家热带现代农业基地建设，在热区建设一批热带特色高效示范基地。其中，在海南重点建设好乡村振兴试验田——海南儋州热带农业科技博览园，打造天然橡胶节本增效、橡胶林下经济、冬季瓜菜、热带水果、特色热带水稻、热带花卉、南药、热带畜禽等产业技术集成示范基地；在海南文昌，打造椰子、椰枣、槟榔、油棕规模种植及立体生产、产品加工技术集成示范基地；在海南万宁，打造一二三产融合发展示范基地；在海南海口，打造高效安全栽培、农业资源综合利用、农业生态环境、农产品质量安全、农业信息化等技术集成示范基地；在广西建设甘蔗、木薯等高效栽培示范基地；在云南打造澳洲坚果、咖啡高效栽培示范基地；在广东打造生态农业、都市农业示范基地；在贵州打造石漠化综合治理、中晚熟芒果优质栽培、草畜一体化循环农业示范基地，在"攀枝花"模式的基础上，凝练总结科技扶贫的"兴义模式"等，服务地方实施乡村振兴战略。

（五）热区科技精准扶贫示范计划

实施重点：围绕热区坚决打赢脱贫攻坚战的总要求，针对贵州石漠化地区的兴义，广东的湛江、河源，海南的中西部市县及文昌、万宁，"三区三州"中的云南怒江州以及西藏区林芝等深度贫困地区，重点帮扶若干定点扶贫点、科技帮扶点。以挂职干部、专家服务团队为桥梁纽带，通过科技帮扶，突破一批关键技术、扶持建立一批特色主导产业、集成一批绿色高效技术模式、建设一批成果转化推广基地、培养一批脱贫致富带头人，提升贫困地区自我发展的内生动能，打造一批"有干头、有看头、有说头"科技精准扶贫样板田，总结推广接地气、效果好、易复制的"攀枝花模式"等成功模式，促进贫困地区农业农村经济发展，助力地方打赢脱贫攻坚战。

（六）热区农业农村人才队伍培养计划

实施重点：加强与高等农业院校合作，扩大联合培养应用型专业研究生规模，重点培育一批"一懂两爱"的"三农"科技工作队伍，提升青年科技人才扎根基层一线、奉献乡村振兴的服务意识。积极推动实施以专业大户、家庭农场经营者、农民合作社带头人、农业龙头企业负责人和农业社会化服务组织负责人等为培训对象的农业经营主体带头人轮训计划；以中等教育及以上学历的返乡下乡创业青年以及农村务农青年为培训对象的现代青年农场主培养计划；以产业发展带头人、大学生村官等为主要培训对象的农村实用人才带头人培训计划；以村党组织成员、种养大户等为培训对象的农业产业精准扶贫带头人培训计划，培养壮大一批懂技术、善经营、会管理、扎住根的新型生产经营主体，为乡村振兴提供智力支持和人才支撑。

（七）集聚社团组织共同参与实施计划

实施重点：发挥中国热带作物学会、海南蜂学会、海南博士学会等社团组织作用，建立海南、广西、云南等热带作物学会服务站，为地方、企业提供科技咨询、技术转化或人员培训等服务，有针对性地开展天然橡胶、热带香辛饮料、热带水果等领域的实用技术培训，组织专家为农户提供现场科技咨询活动，组织开展农业农村科普展览等。

（八）科技引领乡村振兴典型塑造计划

实施重点：加大宣传和组织党员干部学习习近平总书记关于"三农"工作论述、扶贫论述等重要讲话精神，以及党的乡村振兴战略和脱贫攻坚战政策；通过党建引领，挂职第一书记为纽带，联合建立乡村振兴党建工作站，助力提升新时代党领导农村工作的水平；组织开展科技引领乡村振兴和扶贫攻坚典型塑造，应用多方式宣传若干个典型示范点和个人，引导广大科技人员自觉投身于服务乡村振兴的热潮中，促进各项工作有效推进。

三、加强院所科技支撑乡村振兴体系构建

规划设计院科技助推热区乡村振兴体系方案，建立健全服务热区"三农"网络系统，促进院服务"三农"工作有效推进；打造乡村振兴科技咨询服务平台，研究形成一批研究成果，为热区提供实施乡村振兴战略政策制度建议、规划及咨询服务；构建热带农产品产业监测预警体系和热带农产品安全风险评估体系，为热区农户热带农产品生产贸易、政府决策提供技术支撑；加强对院属单位业务的服务和管理，建立健全科技助推热区乡村振兴评估指标，建立分类评价指标体系，完善服务"三农"的长效机制；改进科技服务人才职称评价体系，建立在基层服务"三农"和扶贫工作经历绿色通道。

附 表 及 附 录

【附表1】

中国热带农业科学院帮扶点信息统计表

序号	单位	帮扶点名称	所属省（自治区）	所属市县	所属乡镇
1	品资所	拥处村	海南省	白沙县	青松乡
2	橡胶所	拥处村	海南省	白沙县	青松乡
3		美万新村	海南省	儋州市	和庆镇
4		红茂村	海南省	白沙县	元门乡
5		福妥村	海南省	白沙县	打安镇
6		新村	海南省	白沙县	阜龙乡
7	香饮所	北大村	海南省	万宁市	北大镇
8		对俄村	海南省	白沙县	牙叉镇
9		白沙陨石岭咖啡专业种植合作社	海南省	白沙县	元门乡
10		莲花村	海南省	万宁市	礼记镇
11		桥南村	海南省	万宁市	南桥镇
12		福关村、福安村	海南省	五指山市	通什镇
13		下三村	海南省	万宁市	北大镇
14		安仁村、里内村	海南省	定安县	龙湖镇
15		香草兰南种北移技术示范基地	江西省	井冈山市	拿山镇
16		骑马坝乡	云南省	红河州	绿春县
17		三猛乡	云南省	红河州	绿春县
18		小妹村	海南省	陵水县	本号镇
19		新村	海南省	五指山市	水满乡
20		毛脑村	海南省	五指山市	水满乡

（续）

序号	单位	帮扶点名称	所属省（自治区）	所属市县	所属乡镇
21		方龙村	海南省	五指山市	水满乡
22		牙排村	海南省	五指山市	水满乡
23		水满村	海南省	五指山市	水满乡
24		小管村	海南省	万宁市	南桥镇
25		上江、鲁掌等乡镇	云南省	泸水市	上江、鲁掌等乡镇
26		格择村	海南省	陵水县	本号镇
27	香饮所	黎盆村	海南省	陵水县	本号镇
28		军昌村	海南省	陵水县	本号镇
29		乐利村	海南省	陵水县	本号镇
30		亚上村	海南省	陵水县	本号镇
31		本号村	海南省	陵水县	本号镇
32		芭蕉村	海南省	陵水县	本号镇
33		芬坡村	海南省	陵水县	群英乡
34		墩尾村	广东省	徐闻县	下洋镇
35		曹家村	广东省	徐闻县	前山镇
36		和安村	广东省	徐闻县	和安镇
37		龙湾村	广东省	麻章区	民安镇
38		新家村	广东省	雷州市	北和镇
39		贤洋村	广东省	雷州市	北和镇
40		乾案村	广东省	廉江市	横山镇
41	加工所	铺洋村	广东省	廉江市	横山镇
42		平山村	广东省	廉江市	石颈镇
43		大山村	广东省	廉江市	营仔镇
44		圩仔村	广东省	廉江市	营仔镇
45		黄竹垌村	广东省	廉江市	新民镇
46		南渡村	广东省	雷州市	南兴镇
47		符村村	广东省	雷州市	雷高镇

（续）

序号	单位	帮扶点名称	所属省（自治区）	所属市县	所属乡镇
48		泥浪村	广东省	廉江市	塘蓬镇
49		课堂村	广东省	雷州市	调风镇
50		迈炭村	广东省	雷州市	英利镇
51		调风村	广东省	雷州市	调风镇
52		调风村	广东省	湛江市	高桥镇
53		大冲村	广东省	廉江市	高桥镇
54		李村村	广东省	廉江市	高桥镇
55		平山岗村	广东省	廉江市	高桥镇
56		德地村	广东省	雷州市	龙门镇
57		九斗村	广东省	雷州市	龙门镇
58		公树村	广东省	雷州市	龙门镇
59		垌口村	广东省	廉江市	营仔镇
60		香岭村	广东省	廉江市	石颈镇
61		平城村	广东省	廉江市	石颈镇
62	加工所	龙潭村	广东省	廉江市	安铺镇
63		欧家村	广东省	廉江市	安铺镇
64		茅坡村	广东省	廉江市	安铺镇
65		山角村	广东省	廉江市	雅塘镇
66		陀村村	广东省	廉江市	雅塘镇
67		江东村	广东省	廉江市	雅塘镇
68		余村村	广东省	遂溪县	乐民镇
69		安埠村	广东省	遂溪县	乐民镇
70		昌洋村	广东省	遂溪县	江洪镇
71		铺岭村	广东省	廉江市	青平镇
72		那毛角村	广东省	廉江市	青平镇
73		大路湾村	广东省	廉江市	青平镇
74		赤农村	广东省	徐闻县	龙塘镇
75		福田村	广东省	徐闻县	龙塘镇

(续)

序号	单位	帮扶点名称	所属省（自治区）	所属市县	所属乡镇
76	加工所	西洋村	广东省	徐闻县	龙塘镇
77		息安村	广东省	廉江市	青平镇
78		新楼村	广东省	廉江市	青平镇
79		香山村	广东省	廉江市	青平镇
80		杜陵村	广东省	雷州市	唐家镇
81		莫宅村	广东省	雷州市	纪家镇
82		大群村	广东省	雷州市	雷高镇
83		排岭村	广东省	廉江市	横山镇
84		谭福村	广东省	廉江市	横山镇
85		峥角溪村	广东省	廉江市	横山镇
86		山美村	广东省	雷州市	松竹镇
87		方家村	广东省	雷州市	松竹镇
88		塘仔村	广东省	雷州市	松竹镇
89	南亚所	塘东村	广东省	雷州市	乌石镇
90		那良村	广东省	吴川市	吴阳镇
91		沙尾村	广东省	吴川市	振文镇
92		那板村	广东省	徐闻县	锦和镇
93		巴东村	广东省	坡头区	南三镇
94		祝美村	广东省	麻章区	湖光镇
95		下担村	广东省	遂溪县	北坡镇
96		龙眼村	广东省	遂溪县	杨柑镇
97		黄沙村	广东省	阳春市	双窖镇
98		明乐西村	广东省	龙川县	紫市镇
99		华侨农场	广东省	阳春市	岗美镇
100		金河村	四川省	盐边县	桐子林镇
101		新街村	四川省	攀枝花市	大龙潭乡
102		六联村	广西壮族自治区	田阳县	百育镇

（续）

序号	单位	帮扶点名称	所属省（自治区）	所属市县	所属乡镇
103	南亚所	新景村	广西壮族自治区	田阳县	坡洪镇
104		坡塘村	贵州省	兴义市	郑屯镇
105		江新村	西藏区	墨脱县	背崩乡
106		察隅农场	西藏区	察隅县	下察隅镇
107	生物所	昌平乡	广西壮族自治区	扶绥县	昌平乡
108		金波乡	海南省	白沙县	金波乡
109		大丰镇	海南省	澄迈县	大丰镇
110		新坡镇	海南省	海口市	新坡镇
111		宝岛新村	海南省	儋州市	宝岛新村
112		响水村	广西壮族自治区	龙州县	响水村
113		城西镇	海南省	海口市	城西镇
114		长征镇	海南省	琼中县	长征镇
115		石山镇	海南省	秀英区	石山镇
116		荣邦乡	海南省	白沙县	荣邦乡
117		营根镇	海南省	琼中县	营根镇
118		南吕镇	海南省	屯昌县	南吕镇
119		科技人才综合帮扶	海南省	东方市	板桥镇
120	椰子所	椰村村	海南省	保亭县	什岭镇
121		合口村	海南省	保亭县	响水镇
122		新建村	海南省	保亭县	新政镇
123		什奋村	海南省	保亭县	新政镇
124		三弓村	海南省	保亭县	三道镇
125		首弓村	海南省	保亭县	三道镇
126		加总村	海南省	屯昌县	南坤镇
127		大朗村	海南省	屯昌县	南坤镇

（续）

序号	单位	帮扶点名称	所属省（自治区）	所属市县	所属乡镇
128	椰子所	吕狗村	海南省	屯昌县	南坤镇
129		长圮村	海南省	屯昌县	南坤镇
130		青梯村	海南省	屯昌县	乌坡镇
131		美华村	海南省	屯昌县	乌坡镇
132		坡心村	海南省	屯昌县	乌坡镇
133		应示村	海南省	五指山市	通什镇
134		牙日村	海南省	五指山市	通什镇
135		毛贵村	海南省	五指山市	毛阳镇
136		南开村	海南省	白沙县	南开乡
137		牙和村	海南省	白沙县	南开乡
138		萎根村	海南省	儋州市	海棠镇
139		三江侗族自治县	广西壮族自治区	三江侗族自治县	三江侗族自治县
140	信息所	拥处村	海南省	白沙县	青松乡
141	测试中心	黎跃村	海南省	陵水县	本号镇
142		亚欠村	海南省	陵水县	本号镇
143		大坡村	海南省	陵水县	本号镇
144		番阳村	海南省	五指山市	番阳镇
145		毛道村	海南省	五指山市	毛道乡
146	广州站	湾中村	广东省	云浮市新兴县	河头镇
147		料坑村	广东省	云浮市新兴县	河头镇
148		大朗村	广东省	云浮市新兴县	太平镇
149		新民村	广东省	河源市东源县	上莞镇
150		李白村	广东省	河源市东源县	上莞镇
151		新轮村	广东省	河源市东源县	上莞镇
152		迳口镇	广东省	肇庆市	迳口镇
153		鹤市村	广东省	龙川县	鹤市镇
154		下屯村	广东省	东源县	义和镇

（续）

序号	单位	帮扶点名称	所属省（自治区）	所属市县	所属乡镇
155	广州站	桂林村	广东省	河源市江东新区	临江镇
156		伞塘村	广东省	台山市	冲蒌镇
157		星塘村	广东省	和平县	青州镇
158		王屋村	广东省	广州市	黄陂镇
159		新联村	广东省	东源县	黄田镇
160		车头圆村	广东省	乐昌市	三溪镇
161		仕坑村	广东省	乐昌市	三溪镇
162	海口站	禾登村黄皮基地	海南省	临高县	东英镇
163		鲁容乡	贵州省	贞丰县	鲁容乡

注：数据由中国热科院各院属单位提供。表中单位均为简称。

其中，品资所指中国热带农业科学院热带作物品种资源研究所；橡胶所指中国热带农业科学院橡胶研究所；香饮所指中国热带农业科学院香料饮料研究所；加工所指中国热带农业科学院农产品加工研究所；南亚所指中国热带农业科学院南亚热带作物研究所；生物所指中国热带农业科学院热带生物技术研究所；椰子所指中国热带农业科学院椰子研究所；信息所指中国热带农业科学院科技信息研究所；测试中心指中国热带农业科学院分析测试中心；广州站指中国热带农业科学院广州实验站；海口站指中国热带农业科学院海口实验站。以下附表同。

【附表2】
中国热带农业科学院帮扶专家信息统计表

序号	单位	专家姓名	职称/职务	帮扶地区	帮扶内容
1		党选民	研究员	海南省白沙县	小西瓜种植管理技术指导
2		李洪立	研究员	海南省白沙县	火龙果种植管理技术指导
3	品资所	黄海杰	副研究员	海南省白沙县	腰果种植管理技术指导
4		林立铭	助理研究员	海南省白沙县	木薯种植管理技术指导
5		王清隆	副研究员	海南省白沙县	益智种植管理技术指导
6		罗世巧	研究员	海南省儋州市、东方市、白沙县，广东省湛江市、茂名市	旋切式电动胶刀培训，培训胶农熟练掌握旋切式电动胶刀操作；低频割制培训；橡胶树低频高效割胶技术及电动采胶机培训，提升产业发展能力；垦区割胶技术指导；橡胶园被火烧现场处理指导
7		王文斌	副研究员	海南省儋州市、万宁市、定安县	胶园施肥管理、测土配方施肥技术指导，橡胶树配方施肥技术指导，胶园施肥管理技术指导，科学施肥、化肥减施增效、土壤保育与地力提升技术指导
8	橡胶所	张永发	农艺师	海南省儋州市、万宁市、乐东县	胶园施肥管理、测土配方施肥技术指导，橡胶树配方施肥技术指导，耕地地力提升、化肥减施增效、胶园施肥管理技术指导，科学施肥、土壤保育与地力提升技术
9		安锋	副研究员	云南省勐腊县，海南省东方市、文昌市、白沙县	调研勐腊县橡胶生产相关情况和标准化抚管基地管理中存在的问题，对天然橡胶高产示范园和标准化管理示范基地建设情况等进行部署和安排，提供橡胶林农林复合生态系统及林下资源利用科技服务，进行生产技术指导和科技帮扶，提供宽窄行模式间作技术、混种模式的管理技术指导，提供橡胶树南瓜、橡胶树香蕉等不同种植模式管理技术指导

（续）

序号	单位	专家姓名	职称/职务	帮扶地区	帮扶内容
10	橡胶所	谢贵水	研究员	云南省勐腊县	调研勐腊县橡胶生产相关情况和标准化抚管基地中管理中存在的问题，对天然橡胶高产示范园和标准化管理示范基地建设情况等进行部署和安排
11		张希财	副研究员	云南省勐腊县，海南省儋州市、东方市、屯昌县、白沙县	调研勐腊县橡胶生产相关情况和标准化抚管基地中管理中存在的问题，对天然橡胶高产示范园和标准化管理示范基地建设情况等进行部署和安排，对屯昌多功能生态胶园凋落物情况进行调研，开展多功能生态胶园建设事宜，就间种乡土树种苗木抚管、补苗、施肥等与中坤农场相关同志开展调研，开展橡胶树田间生产管理方面培训，提供环境友好型橡胶园复合种植现场指导
12		李艺坚	研究实习员	海南省琼海市、白沙县、屯昌县	开展电动胶刀使用、新割胶技术、开展电动胶刀理论及操作技能培训；开展橡胶树栽培实用技术及电动胶刀培训；进行生产技术指导和科技帮扶，针对胶园白粉病严重，传统白粉病防治相对低质低效，开展高质高效的无人机防治；提供林下种植魔芋，橡胶开割前技术指导
13		周立军	副研究员	海南省海口市、儋州市、东方市、文昌市	提供胶园牧草种植管理及其养牛技术、橡胶林农林复合生态系统及林下资源利用科技服务，提供宽窄行模式间作技术、混种模式的管理技术指导，讲解橡胶林下经济栽培模式
14		张江海	副研究员	海南省白沙县	电动胶刀使用、新割胶技术
15		张培松	助理研究员	海南省白沙县、琼中县	橡胶园间作、绿肥覆盖种植情况调研和分析
16		肖鑫丽	助理研究员	海南省白沙县、琼中县	橡胶园间作、绿肥覆盖种植情况调研和分析

（续）

序号	单位	专家姓名	职称/职务	帮扶地区	帮扶内容
17		袁淑娜	助理研究员	海南省琼中县	提供橡胶林下间作模式讲解
18		高宏华	研究员	海南省文昌市、白沙县	提供海胶集团山荣分公司胶园两病防治技术指导、橡胶开割前技术指导、橡胶树高产栽培技术培训
19		魏芳	副研究员	海南省乐东县	提供海胶集团山荣分公司胶园两病防治技术指导
20		徐正伟	助理研究员	海南省东方市、白沙县、澄迈县，云南省勐腊县	进行橡胶树热研 7-20-59 组培苗中小苗管理、宽窄行种植规划、热带水果组培与工厂化生产、橡胶树组培苗种植规划，提供橡胶树组培苗栽培技术培训
21	橡胶所	华玉伟	研究员	海南省白沙县、澄迈县	提供橡胶树热研 7-20-59 组培苗宽窄行种植规划、橡胶树组培苗种植规划
22		刘钊	副研究员	云南省勐腊县，海南省琼海市、白沙县、屯昌县	调研勐腊县橡胶生产相关情况和标准化抚管基地管理中存在的问题；对天然橡胶高产示范园和标准化管理示范基地建设情况等进行部署和安排；提供生产技术指导和科技帮扶；针对胶园白粉病严重，传统白粉病防治相对低质低效，提供开展高质高效的无人机防治；提供林下种植魔芋、橡胶开割前技术指导
23		肖苏伟	助理研究员	海南省儋州市、白沙县、琼中县	提供 4GXJ-2 型电动胶刀机械割胶操作培训、电动胶刀培训
24		吴思浩	助理研究员	海南省儋州市、白沙县、琼中县	提供 4GXJ-2 型电动胶刀机械割胶操作培训、橡胶树栽培实用技术及电动胶刀培训
25		郑勇	助理研究员	海南省白沙县、琼中县	提供 4GXJ-2 型电动胶刀机械割胶操作培训、橡胶树栽培实用技术及电动胶刀培训

（续）

序号	单位	专家姓名	职称/职务	帮扶地区	帮扶内容
26		黄敵	助理研究员	海南省白沙县、琼中县	提供 4GXJ-2 型电动胶刀机械割胶操作培训，提供橡胶树栽培实用技术及电动胶刀培训
27		李雅超	助理研究员	海南省白沙县	提供橡胶树栽培实用技术及电动胶刀培训
28		曹建华	研究员	海南省儋州市	提供电动胶刀培训
29	橡胶所	吴志祥	副研究员	海南省儋州市、东方市、文昌市、屯昌县	提供橡胶林农林复合生态系统及林下资源利用科技服务，宽窄行模式间作技术、混种模式的管理技术指导；对屯昌多功能生态胶园凋落物情况进行调研，对屯昌多功能生态胶园凋落物情况进行调研；提供环境友好型橡胶园复合种植现场指导
30		林清火	副研究员	海南省琼中县、屯昌县	对橡胶树间作情况调研和分析，对当地物候情况进行调研及施肥指导；提供橡胶树缓释配方肥施肥技术指导，提供农场施肥数据收集及施肥指导
31		张培松	助理研究员	海南省儋州市、琼中县、白沙县	对橡胶树间作情况调研和分析，开展橡胶白粉病无人机飞防调研，采集橡胶园土壤样品进行营养诊断
32		郭澎涛	助理研究员	海南省儋州市、琼中县、白沙县	对橡胶树间作情况调研和分析，采集橡胶园土壤样品进行营养诊断
33		周逢坚	研究员	海南省白沙县	提供电动胶刀理论及操作技能培训
34		吴治统	助理研究员	海南省白沙县	提供电动胶刀理论及操作技能培训
35		卜友达	研究实习员	海南省白沙县	开展生产技术指导和科技帮扶，提供橡胶实用技术和乙烯利使用技术
36		张江海	研究员	海南省白沙县	提供电动胶刀理论及操作技能培训

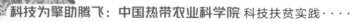

（续）

序号	单位	专家姓名	职称/职务	帮扶地区	帮扶内容
37		王甲芳	助理研究员	海南省白沙县	提供电动胶刀理论及操作技能培训
38		吴俊南	研究员	海南省白沙县	提供电动胶刀理论及操作技能培训
39		校现周	研究员	海南省万宁市、乐东县，广东省湛江市、茂名市，云南省河口县	提供海胶集团山荣分公司胶园两病防治技术指导，提供万宁试验站超低频割胶技术指导、采胶机培训；培训胶农熟练掌握旋切式电动胶刀操作；提供垦区割胶技术指导
40		姚行成	助理研究员	海南省琼中县	阳江农场大型苗示范基地定植
41		周珺	助理研究员	海南省琼中县	阳江农场大型苗示范基地定植
42		陈先红	助理研究员	海南省白沙县、琼中县	阳江农场大型苗示范基地定植，讲解并示范橡胶树大型控根器苗种植注意要点
43	橡胶所	王新龙	研究实习员	海南省琼中县	阳江农场大型苗示范基地定植
44		陈健	研究实习员	海南省琼中县	阳江农场大型苗示范基地定植
45		王立丰	副研究员	广西壮族自治区龙州县	开展线上技术指导和培训示范，制作技术操作视频和手册等多种方式开展合作。在橡胶所儋州基地示范橡胶树轻简化高效栽培技术、电动胶刀和干胶仪测定技术，热带作物高产高效生物学研究方法和理论
46		王纪坤	助理研究员	广西壮族自治区龙州县	开展线上技术指导和培训示范，制作技术操作视频和手册等多种方式开展合作。在橡胶所儋州基地示范橡胶树轻简化高效栽培技术、电动胶刀和干胶仪测定技术，热带作物高产高效生物学研究方法和理论，干胶仪使用技术培训，胶园死覆盖技术培训

（续）

序号	单位	专家姓名	职称/职务	帮扶地区	帮扶内容
47	橡胶所	高宏华	助理研究员	海南省儋州市、琼海市、白沙县	开展线上技术指导和培训示范，以制作技术操作视频和手册等多种方式开展合作。在橡胶所儋州基地示范橡胶树轻简化高效栽培技术、电动胶刀和干胶仪测定技术，培训胶农掌握低频高效采胶技术，开展橡胶树割胶技术理论培训，使胶农能够熟练掌握旋切式采胶机采胶操作，讲解橡胶树割胶、病虫害防治等内容
48		黄月球	农艺师	海南省儋州市、东方市、白沙县	指导胶农防治橡胶根病，开展橡胶实用技术和乙烯利使用技术培训，橡胶树高产栽培技术、橡胶树割胶技术培训，橡胶林下经济作物种植培训
49		罗微	研究员	海南省白沙县	提供亩产万元胶园建设技术服务
50		王军	副研究员	海南省东方市、白沙县、昌江县	提供亩产万元胶园建设技术服务，进行大型全苗试验地规划，宽窄行模式间作技术、混种模式的管理技术指导、香蕉、魔芋、咖啡等组培苗生产、抚管技术指导
51		薛欣欣	研究实习员	海南省万宁市	科学施肥，开展橡胶树施肥管理技术指导、橡胶树平衡施肥指导
52		黄艳艳	研究员	海南省澄迈县	提供畜禽粪污处理及堆肥技术培训、有机肥堆肥技术及施肥技术培训
53		杨红竹	助理实验师	海南省澄迈县	提供畜禽粪污处理及堆肥技术培训
54		祁栋灵	副研究员	海南省文昌市、屯昌县	开展多功能生态胶园（文昌）开展田间取样活动，开展多功能生态胶园建设事宜，就间种乡土树种苗木抚管、补苗、施肥等与中坤农场相关同志开展调研

（续）

序号	单位	专家姓名	职称/职务	帮扶地区	帮扶内容
55		符桂珍	研究员	海南省白沙县	开展电动胶刀理论及操作技能培训
56		杨川	研究实习员	海南省文昌市	开展多功能生态胶园（文昌）开展田间取样活动
57		胡义钰	助理研究员	海南省儋州市、琼海市、屯昌县	针对胶园白粉病严重，传统白粉病防治相对低质低效的问题，开展高质高效的无人机防治；针对PR107、大丰95死皮严重的问题，开展死皮防控工作；现场提供技术指导，赠送橡胶树死皮康缓释颗粒及死皮康液体制剂
58		张志扬	副研究员	海南省琼海市、屯昌县	针对胶园白粉病严重，传统白粉病防治相对低质低效的问题，开展高质高效的无人机防治技术培训
59	橡胶所	冯成天	见习期	海南省儋州市、万宁市、琼海市、屯昌县	针对胶园白粉病严重，传统白粉病防治相对低质低效的问题，希望开展高质高效的无人机防治技术培训；针对PR107、大丰95死皮严重的问题，开展死皮防控工作，现场提供技术指导，赠送橡胶树死皮康缓释颗粒及死皮康液体制剂
60		茶正早	研究员	海南省屯昌县、琼中县	对当地物候情况进行调研及施肥指导，提供橡胶树缓释配方肥施肥技术指导
61		张大声	研究员	海南省白沙县	开展电动胶刀理论及操作技能培训
62		谭昕	助理研究员	海南省白沙县	开展林下种植魔芋，橡胶开割前技术指导
63		潘剑	助理研究员	海南省白沙县	开展林下种植魔芋技术培训，指导全周期胶园定植

（续）

序号	单位	专家姓名	职称/职务	帮扶地区	帮扶内容
64	橡胶所	黎昌美	助理研究员	海南省儋州市	进行减耕覆盖模式培训；以防草布为覆盖材料，进行植胶带杂草覆盖技术推广应用
65		吴定全	助理研究员	海南省儋州市	进行减耕覆盖模式培训，以防草布为覆盖材料，进行植胶带杂草覆盖技术推广应用
66		张江海	研究员	海南省白沙县	开展电动胶刀理论及操作技能培训
67		吴敏	副研究员	海南省三亚市、儋州市	针对肥料利用率的问题，开展田间试验与调查，崖州豇豆死苗地土壤改良示范
68		韦家少	研究员	海南省三亚市、儋州市	针对肥料利用率的问题，开展田间试验与调查；进行崖州豇豆死苗地土壤改良示范
69		黄坚雄	助理研究员	海南省儋州市、白沙县	指导全周期胶园定植，培训林下间作技术及种养结合技术
70		吴东胜	研究员	海南省白沙县	进行电动胶刀理论及操作技能培训
71		李哲	副研究员	海南省儋州市	进行长裙竹荪等食用菌林下栽培技术指导
72		何鹏	副研究员	海南省东方市	在莲雾种植基地深入田间查看灌溉设施、施肥系统等，现场交流果树修剪、整形等操作要领，到冷藏车间观看包装作业，与基地技术人员一起分析探讨施肥、病虫害防治等方面的实用技术
73		高乐	助理研究员	海南省东方市	在莲雾种植基地深入田间查看灌溉设施、施肥系统等，现场交流果树修剪、整形等操作要领，到冷藏车间观看包装作业，与基地技术人员一起分析探讨施肥、病虫害防治等方面的实用技术

（续）

序号	单位	专家姓名	职称/职务	帮扶地区	帮扶内容
74	橡胶所	孙勇	高级工程师	海南省东方市	在莲雾种植基地深入田间查看灌溉设施、施肥系统等，现场交流果树修剪、整形等操作要领，到冷藏车间观看包装作业，与基地技术人员一起分析探讨施肥、病虫害防治等方面的实用技术
75		张先	助理研究员	海南省东方市	在莲雾种植基地深入田间查看灌溉设施、施肥系统等，现场交流果树修剪、整形等操作要领，到冷藏车间观看包装作业，与基地技术人员一起分析探讨施肥、病虫害防治等方面的实用技术
76		甘霖	助理研究员	海南省东方市	在莲雾种植基地深入田间查看灌溉设施、施肥系统等，现场交流果树修剪、整形等操作要领，到冷藏车间观看包装作业，与基地技术人员一起分析探讨施肥、病虫害防治等方面的实用技术
77		李陈义	助理研究员	海南省白沙县	给示范胶园定标
78		刘海林	助理研究员	海南省琼中县	提供橡胶树缓释配方肥施肥技术指导
79		吴东胜	研究员	海南省白沙县	开展电动胶刀理论及操作技能培训
80		林钊沐	研究员	海南省琼海市、云南省昆明市、景洪市、勐腊县、江城县、勐海县	进行农场施肥数据收集及施肥指导、农场施肥数据收集及施肥指导、胶园施肥管理技术指导
81		郑定华	助理研究员	海南省儋州市	开展林下间作规划
82		杨文凤	副研究员	海南省万宁市，广东省阳江市	提供万宁试验站超低频割胶技术指导，开展采胶机培训

（续）

序号	单位	专家姓名	职称/职务	帮扶地区	帮扶内容
83	橡胶所	魏芳	副研究员	海南省海口市、儋州市、万宁市	开展万宁试验站超低频割胶技术指导、采胶机培训、橡胶树高效割胶技术培训，开展橡胶树种植管理和病虫害防治技术培训
84		杨琳	助理研究员	海南省儋州市、临高县、白沙县、屯昌县	调研橡胶农户家庭收支情况，了解农户橡胶树生产投入情况
85		伍薇	助理研究员	海南省儋州市、临高县、白沙县、屯昌县	调研橡胶农户家庭收支情况，了解农户橡胶树生产投入情况
86		何长辉	助理研究员	海南省儋州市、临高县、白沙县、屯昌县	调研橡胶农户家庭收支情况，了解农户橡胶树生产投入情况
87		罗雪华	助理研究员	海南省儋州市	提供橡胶园施肥管理技术指导
88		丁丽	副研究员	海南省白沙县	提供洗胶桶废水处理培训
89		袁淑娜	助理研究员	海南省保亭县	提供橡胶林下间作模式讲解
90		李维国	研究员	云南省瑞丽市、耿马县，广东省高州市	开展橡胶树热研 8-79 爆皮流胶情况调查并进行品种特性及抚管介绍，橡胶树新品种死皮调查，新品种特性及抚育管理
91		张源源	助理研究员	云南省瑞丽市、耿马县	橡胶树热研 8-79 爆皮流胶情况调查及品种特性及抚管介绍
92		赵春梅	农艺师	海南省定安县、文昌市、屯昌县	提供化肥减施增效、测土配方施肥等技术指导，不同硼肥在油棕生长期间的施肥技术指导，不同硼肥在油棕生长期间的施肥技术指导
93		高新生	副研究员	海南省儋州市	进行橡胶树育种技术介绍、新品种鉴定技术培训
94		周逢坚	研究实习员	海南省白沙县	提供乙烯利和电动胶刀使用技术培训
95		李壮清	研究实习员	海南省白沙县	提供乙烯利和电动胶刀使用技术培训

（续）

序号	单位	专家姓名	职称/职务	帮扶地区	帮扶内容
96		高亚二	研究实习员	海南省白沙县	提供乙烯利和电动胶刀使用技术培训
97		张晓飞	副研究员	海南省儋州市	进行橡胶树育种技术介绍、新品种鉴定技术培训
98		王祥军	副研究员	海南省儋州市	提供橡胶树育种技术介绍、新品种鉴定技术培训
99		位明明	助理研究员	海南省儋州市、广东省高州市	进行橡胶树育种技术介绍、新品种鉴定技术培训，开展橡胶树热研879爆皮流胶情况调查并进行品种特性及抚管介绍，开展橡胶树新品种死皮调查，进行新品种特性及抚育管理介绍
100		黄肖	助理研究员	海南省儋州市	进行橡胶树育种技术介绍、新品种鉴定技术培训
101		黎斌	助理研究员	海南省乐东市	进行化肥减施增效、测土配方施肥等技术指导
102	橡胶所	吴炳孙	副研究员	海南省三亚市	崖州豇豆死苗地土壤改良示范
103		王大鹏	助理研究员	海南省三亚市	崖州豇豆死苗地土壤改良示范
104		王桂花	副研究员	海南省三亚市	崖州豇豆死苗地土壤改良示范
105		王真辉	副研究员	广东省高州市、湛江市，海南省东方市	针对广东地区种植的橡胶树7-33-97死皮严重的问题，开展橡胶树死皮康复综合技术培训，并赠送橡胶树死皮康缓释颗粒及死皮康液体制剂，现场指导死皮防治技术
106		刘辉	助理研究员	广东省高州市、湛江市，海南省东方市	针对广东地区种植的橡胶树7-33-97死皮严重的问题，开展橡胶树死皮康复综合技术培训，并赠送橡胶树死皮康缓释颗粒及死皮康液体制剂，现场指导死皮防治技术
107		杨文凤	助理研究员	云南省河口县	培训胶农熟练掌握电动胶刀操作
108		吴明	实验师	云南省河口县	培训胶农熟练掌握电动胶刀操作

（续）

序号	单位	专家姓名	职称/职务	帮扶地区	帮扶内容
109		李哲	副研究员	海南省儋州市	对西庆农场等客户进行长裙竹荪等食药用菌林下栽培技术指导
110		王凤启	农艺师	海南省东方市、乐东县	进行化肥减施增效、测土配方施肥等技术指导
111		谢学方	助理研究员	海南省儋州市	橡胶栽培管理及电动胶刀推广
112		杨洪	研究实习员	海南省儋州市	对该队胶工前期反映的割胶树位单株胶乳产量差异很大、死皮发生率较高的问题进行连续跟踪调查
113		黄天带	研究员	海南省儋州市、屯昌县、澄迈县、昌江县	在示范基地开展调研并做出种植规划，推广组培苗技术，提供香蕉、魔芋、咖啡等组培苗生产、抚管技术指导，为橡胶树热研7-20-59组培苗高线间作垦植规划
114	橡胶所	吴小平	研究员	海南省儋州市	开展科学施肥培训、胶园机械施肥技术指导
115		符特	农艺师	海南省儋州市	开展橡胶树高产栽培技术、橡胶林下经济作物种植培训
116		代龙军	助理研究员	海南省海口市	进行橡胶树组培苗实验处理和采样技术进行指导和示范
117		杨洪	研究实习员	海南省海口市	进行橡胶树组培苗实验处理和采样技术进行指导和示范
118		杨先锋	助理研究员	海南省屯昌县、昌江县	进行示范基地调研并做出种植规划，提供香蕉、魔芋、咖啡等组培苗生产、抚管技术指导
119		潘剑	助理研究员	海南省儋州市	培训林下间作技术及种养结合技术
120		王凤启	农艺师	海南省乐东县	提供化肥减施增效、测土配方施肥等技术指导
121		彭素娜	助理农艺师	海南省昌江县	指导组培苗生产环境改造及生产流程优化

(续)

序号	单位	专家姓名	职称/职务	帮扶地区	帮扶内容
122	香饮所	鱼欢	研究员/研究室副主任	海南省万宁市	免费提供斑兰叶种苗；义务进行斑兰叶优良种苗繁育、海南"三棵树"林下间作斑兰叶技术指导
123		林兴军	副研究员	海南省白沙县	种草养羊技术引进与示范、咖啡产业一体化集成示范、咖啡标准化种植技术示范
124		庄辉发	副研究员	海南省万宁市	进行香料饮料作物高产高效栽培技术指导
125		赵青云	副研究员	海南省万宁市	香草兰南种北移种植技术示范
126		杨建峰	副研究员	云南省绿春县	胡椒高产栽培及瘟病防控技术指导示范
127		王辉	副研究员	海南省陵水县	进行槟榔、瓜果蔬菜等农业产业和旅游服务产业升级
128		王灿	副研究员/胡椒研究中心副主任	海南省五指山市	提供水满鸭、阉鸡、黑山羊养殖项目，水满大叶茶种植项目技术指导
129		吴刚	副研究员	海南省万宁市	面包果无核品种及配套技术共享利用
130		庞永青	助理研究员/主任	云南省泸水市	帮助当地进行农村产业融合发展示范园建设、开展林下草果标准化栽培技术培训、帮扶贫困户、培养农技人才等
131		郝朝运	研究员/副所长	云南省泸水市	提供草果技术指导
132		朱自慧	副研究员/副主任	海南省陵水县	开展冬季瓜菜、热带经济作物栽培技术培训
133		郑维全	副研究员/农业科技110香料饮料服务站站长	海南省陵水县	提供热带作物栽培技术培训
134		闫林	研究员/主任	海南省陵水县	咖啡优良品种及高效栽培技术推广
135		秦晓威	副研究员/处长	云南省州泸水市、海南省陵水县	特色香料优良品种及高效栽培技术推广

（续）

序号	单位	专家姓名	职称/职务	帮扶地区	帮扶内容
136	南亚所	张新民	退休农艺师	广东省湛江市	驻村帮扶
137		陆军迎	助理研究员	广东省湛江市	驻村帮扶
138		陈永辉	副研究员	广东省湛江市	驻村帮扶
139		韩建成	副研究员	广东省湛江市	草畜一体化肉牛羊养殖
140		曾辉	副研究员	广东省湛江市	坚果科技帮扶
141		王松标	副研究员	广东省湛江市	芒果科技帮扶
142		姚全胜	副研究员	广东省湛江市	芒果科技帮扶
143		苏俊波	副研究员	广东省湛江市	甘蔗科技帮扶
144		孔冉	助理研究员	广东省湛江市	甘蔗科技帮扶
145		孙伟生	副研究员	广东省湛江市	菠萝科技帮扶
146		王松标	副研究员	广东省湛江市	芒果科技帮扶
147		贺军军	副研究员	广东省湛江市	春砂仁科技帮扶
148	生物所	杨本鹏	研究员	广西区崇左市	甘蔗健康种苗技术指导
149		陈诗文	处长	海南省白沙县	技术指导、人才挂职
150		高建明	副研究员	海南省	防虫网技术实践指导
151		王健华	副研究员	海南省	百香果高效栽培技术指导
152		陈燕羽	副研究员	海南省	蔬菜绿色防控技术指导
153		戴好富	研究员	海南省海口市	技术合作
154		王尉	研究员	海南省	香蕉高效栽培技术指导
155		黄圣卓	副研究员	海南省	药用植物技术指导
156		韩冰莹	助理研究员	海南省	食用菌/百香果技术指导
157		马海霞	副研究员	海南省	食用菌技术指导
158		冼建安	副研究员	海南省	水产养殖技术指导
159		贾瑞宗	副研究员	海南省	南繁育种与生物安全技术指导
160		张建斌	副研究员	海南省	科技人才综合帮扶
161		熊国如	副研究员	海南省儋州市	科技人才综合帮扶

（续）

序号	单位	专家姓名	职称/职务	帮扶地区	帮扶内容
162	椰子所	吴翼	副研究员	海南省屯昌县	取"企业＋村集体＋基地"模式发展村集体经济，其中乌坡镇青梯村、美华村、坡心村组成联营农场，种植面积398亩，种植品种为椰子所培育的"文椰3号"新品种椰子，于2020年8月23日开始定植，9月1日完成种植，种植数量近8 000株
163		贾效成	助理研究员	海南省屯昌县	针对农户对槟榔的高产品种和种苗需求及槟榔防治病虫害防治的迫切，尤其是槟榔黄化病和椰心叶甲提供技术培训。为了解决两村提出的槟榔产业存在的技术问题，提供以上技术明白纸和科技产品
164		贾效成	助理研究员	广西区三江县	担任技术顾问参加科技扶贫活动2次，提出完善油茶产业发展规划方案1个，通过网络、电话等技术指导2次，通过本次科技扶贫活动，对三江县的油茶产业整体规划情况及目前的病虫害情况有了比较详细的了解，为下一步有针对性的油茶产业科技扶贫指明了方向
165		李朝绪	副研究员	海南省屯昌县	与驻村第一书记和书记沟通，针对该村特点，提出种植林下经济作物香草兰，并向其推荐中国热科院香饮所专家。建议他们利用边角地种植油茶，增加收入来源。开展槟榔病虫害防治技术培训，针对槟榔病虫害以及寒害进行现场技术指导。送中国热科院槟榔、油茶相关技术手册及产品。同时，通过微信和电话及时沟通，解决农民生产中遇到的问题

（续）

序号	单位	专家姓名	职称/职务	帮扶地区	帮扶内容
166	椰子所	刘立云	研究员	海南省五指市	在毛阳镇毛贵村建立固定管道式水肥一体化示范基地20亩，并且配套进行土壤注射式水肥施肥技术和精准施药等技术的示范应用，进行槟榔芽腐病、红脉穗螟与椰心叶甲的绿色综合防控，降低示范点病虫害发病率61%。以示范点为基础，在毛贵村、什会村开展技术培训2次，发放相关技术资料420份，辐射带动周边椰子槟榔种植户开展病虫害的绿色综合防控技术应用，核心区面积100亩，技术辐射区域面积1 000～2 000亩，提高了槟榔的安全生产水平
167		刘蕊	副研究员	海南省五指山市	针对受援村五指山市通什镇应示村、牙日村的产业需求，通过开展科技服务和帮扶活动、实地解决农民生产中遇到的问题，提高当地椰子、槟榔种植和病虫害防治方面的技术水平
168		周焕起	副研究员	海南省儋州市、白沙县	针对儋州市、白沙县一些槟榔种植户反映当地槟榔普遍黄化的现象，分别到儋州市和白沙县实地调研，调查后发现槟榔黄化现象是因旱情引起，并非种植户所反映的黄化病，给出了不需要打药而是应加强灌溉的建议。参加了各市县进行的科技活动，为众多槟榔种植户讲解槟榔种苗繁育和高效栽培技术要领，并发放相关的技术资料600多份，大田指导槟榔种植户进行槟榔园的科学管理
169		余凤玉/牛晓庆	副研究员	海南省保亭县	通过槟榔黄化灾害综合防控技术示范与推广工作，提高贫困户种植管理槟榔的技术能力和水平，辐射带动周边农户增产增收

科技为擎助腾飞：中国热带农业科学院 科技扶贫实践 · · · · · · · · · ·

（续）

序号	单位	专家姓名	职称/职务	帮扶地区	帮扶内容
170	椰子所	朱辉	副研究员	海南省屯昌县	针对受援贫困村屯昌县南坤镇加总村和大朗村的产业需求，平均每月至少下村1次；通过举办技术培训班、实地解决农民生产中遇到的实际问题、联系相关科研单位和企业、推广技术新模式等方式提高两个贫困村农户的生产技术水平，尤其是槟榔种植和病虫害防治技术水平；通过技术帮扶，预计提高加总村和大朗村贫困户生产技术水平，重点提高农户槟榔种植和病虫害防治技术水平，促进农民增产增收，培育本土技术人才
171		陈君	助理研究员	海南省屯昌县	针对农户及村产业的生产问题及技术需求，深入田间地头指导生产，向村民讲授槟榔、椰子和橡胶等作物的种植管理方法和种植注意事项，共开展现场田间技术指导8次；除了现场指导外，充分利用信息网络技术，特别是在疫情期间，通过热线电话服务和微信服务等形式开展帮扶工作，在线解决科技问题10余次；此外，在社区和村委会农业产业发展、结构调整和经营模式改进方面积极献言献策，提出发展幼龄椰子园间种短期经济作物和发展水芹基地混养等建议
172	信息所	胡盛红	副研究员	海南省白沙县	编制了白沙青松乡拥处村乡村振兴规划，开展了白沙青松乡拥处村电子商务培训工作，积极开展扶贫消费工作
173		杨奕嘉	助理研究员		
174		黄家健	助理研究员		
175		高静	副研究员		
176		方继华	助理研究员		

— 192 —

（续）

序号	单位	专家姓名	职称/职务	帮扶地区	帮扶内容
177	信息所	胡盛红	副研究员	海南省海口市	调查基本情况，开展农业信息推送、产业扶贫规划和电子商务培训等方面的工作
178		宋启道	副研究员		
179		胡盛红	副研究员	海南省白沙县	分别编制村级乡村振兴发展规划，谋划乡村特色产业发展
180		孙海燕	助理研究员		
181		谢龙缘	助理研究员		
182		黄家健	助理研究员		
183		高静	副研究员	海南省临高县	作为海南省"三区"科技人才开展科技服务工作
184		薛刚	助理研究员		
185		宋启道	副研究员	云南省怒江州	赴云南省怒江州农业农村局挂职副局长，开展"三区三州"干部人才支援帮扶工作
186	测试中心	张利强	助理研究员	海南省陵水县	帮助当地实现冬季瓜菜质量安全水平提升
187		赵敏	副研究员	海南省陵水县	帮助当地实现酸性土壤改良及农产品品质提升
188		郁志博	副研究员	海南省陵水县	帮助当地实现豇豆质量安全提升及全程质量控制
189		田海	助理研究员	帮助当地实现海南省五指山市	帮助当地实现黄瓜品牌认证及质量提升
190		范琼	助理研究员	海南省五指山市	帮助当地实现百香果质量提升及酸性土壤改良
191	广州站	夏溢	站长/书记	广东省云浮市	帮助当地实现在青梅林下种植益智、养蜂，利用青梅和益智为蜜蜂提供蜜源，循环生态养殖
192		陈秀龙	副站长	广东省云浮市	帮助当地建立牛油果屋前屋后种植示范基地
193		蒋仁娇	研究实习员	广东省东源县	提供葡萄—西甜瓜—草莓间套种技术、香芋优质抗病种植技术指导
194		李伯松	副研究员	广东省东源县	建立杂粮性食用木薯绿色栽培技术示范基地，并开展木薯粉条加工技术示范
195		左清清	研究实习员		

（续）

序号	单位	专家姓名	职称/职务	帮扶地区	帮扶内容
196	广州站	马帅鹏	助理研究员	广东省河源市	提供优质葡萄及食用木薯绿色高效栽培技术指导
197		郑永清	助理研究员		
198		龙卫平	副研究员	广东省河源市	提供火龙果、蔬菜和生态养殖的优质高效栽培技术指导
199		陈石	产业办主任		
200		马旭东	助理研究员	广东省韶关市	提供精品西甜瓜绿色高效栽培技术，食用木薯高产高效间套作技术指导
201		刘青	研究实习员		
202	海口站	周兆禧	副研究员	海南省临高县	为当地做出产业规划，提供栽培管理技术指导
203		毛海涛	主任	海南省临高县	栽培管理
204		明建鸿	研究员	海南省临高县，四川省攀枝花市	提供栽培管理技术指导
205		丁哲利	副研究员	海南省临高县	提供养分管理技术指导
206		林兴娥	助理研究员	海南省临高县	提供品质调控技术指导
207		高宏茂	助理农艺师	海南省临高县	帮助当地进行基地建设
208		宋顺	副研究员	贵州省贞丰县	提供百香果种植技术指导
209		吴斌	研究实习员	贵州省贞丰县	提供百香果水肥药管理技术指导
210		黄东梅	助理研究员	贵州省贞丰县	提供百香果扦插技术培训
211		马伏宁	助理研究员	贵州省贞丰县	提供百香果病虫害防治培训
212		许奕	副研究员	贵州省贞丰县	提供百香果病毒病防治培训
213		邢文婷	助理研究员	贵州省贞丰县	提供百香果嫁接技术培训
214		杨其军、冼淑颜	研究实习员	贵州省贞丰县	提供百香果树形构建、百香果修剪管理技术培训
215		马蔚红	研究员	四川凉山州	提供油梨高效栽培技术指导

注：数据由中国热科院各院属单位提供。

【附表3】

中国热带农业科学院示范基地信息统计表

序号	单位	基地名称	详细地址	基地规模（亩）	示范内容
1	品资所	火龙果新品种引进与示范基地	海南省白沙县青松乡拥处村委会青开新村	12	"金都一号"火龙果新品种引进与示范
2		小型西瓜新品种引进与示范基地	海南省白沙县青松乡拥处村委会青开老村	2	"琼香""琼丽"和"热研墨玉"三个小西瓜新品种引进与示范
3	橡胶所	橡胶树速生丰产示范基地	海南省儋州市热科院试验场三队	400	通过选种速生高产新品种，选好种植新型种植材料，集成使用通沟深耕定植技术、规范化胶园土壤培肥管理技术、营养诊断精准施肥技术、胶园科学灌溉及保水技术、高效低频割胶与动态平衡采胶技术、病虫害综合防控等新技术，实现幼树速生、开割树高产稳产的目标
4		橡胶树良种苗木繁育基地	海南省儋州市热科院试验场五队	200	实现基地原种圃、增殖圃和地播苗圃三圃配套，从源头上保证了品种的纯度和质量，集科研、示范、培训、推广于一体
5		全周期间作模式胶园示范基地	海南省儋州市热科院试验场三队	60	针对常规胶园因成龄后光照不足和地下根系竞争激烈而导致可间作模式少的问题，以直立疏冠的热研7-20-59品种，建立全周期间作模式胶园（宽行20米，窄行4米，株距2米），并在成龄期间作示范益智、草豆蔻、益智、咖啡、斑兰叶等

（续）

序号	单位	基地名称	详细地址	基地规模（亩）	示范内容
6	橡胶所	农业部儋州油棕种质资源圃	海南省儋州市热科院试验场一、三、红卫队	400	建立油棕种质资源圃，收集保存国内外油棕种质资源315份，建成目前国内面积最大、种质保存最多的油棕种质资源收集保存、评价鉴定与创新利用的平台
7		橡胶树新型种植材料示范基地	海南省儋州市热科院试验场五队	60	种植橡胶新品种、选用新型种植材料，配套橡胶树标准化抚育措施，达到幼树速生目的
8		橡胶林全周期间作模式	海南省白沙县元门乡	100	针对红旗村委会红卫村老龄低产胶园，因地制宜指导胶园更新。采用全周期栽培模式，选种热研7-20-59，开展橡胶林全周期间作示范，按橡胶＋凤梨、橡胶＋雷公笋模式进行打造
9		橡胶树组培苗高效间作示范基地	海南省白沙县龙江农场珠碧江管理区	60	利用橡胶树组培苗热研7-20-59速生、高产、茎干直立、冠幅小等特性，采用2-4-20宽窄行种植模式，在其宽行间间种香蕉，配套水肥一体化滴灌设施，打造"产值万元胶园"示范片
10		橡胶树死皮康复缓释颗粒调理剂的示范应用	海南省琼中县阳江农场24队	30	针对阳江大丰95胶园橡胶树死皮日趋严重情况，示范施用死皮康复缓释颗粒调理剂及结合橡胶树死皮康复综合技术的运用
11		橡胶树组培苗高产栽培示范基地	云南省西双版纳州勐腊县	200	示范种植热研7-33-97组培苗，按照《橡胶树栽培技术规程》标准化抚育管理，达到非生产期缩短一年，增产20%的目标
12		橡胶树组培苗室外育苗示范基地	广东省茂名市	50	开展组培苗室外育苗及栽培示范,每年育袋装组培苗20 000株以上,建设热研7-33-97组培种植基地

（续）

序号	单位	基地名称	详细地址	基地规模（亩）	示范内容
13	橡胶所	橡胶树低频采胶技术示范基地	云南省勐腊县瑶区乡腊卓村	30	示范"四天一刀"割胶制度，提高割胶劳动效率，降低割胶劳动频率，提高人均产量
14	香饮所	海南省万宁市北大村林下间作斑兰叶基地	海南省万宁市北大镇北大村	30	优良种苗及繁育技术；槟榔林下间作斑兰叶高效栽培技术；橡胶林下间作斑兰叶高效栽培技术
15		咖啡标准化种植技术示范基地	海南省万宁市礼记镇莲花村	70	咖啡标准化种植技术示范
16		咖啡产业一体化集成示范基地	海南省白沙县元门乡青年农场25队	200	咖啡产业一体化集成示范
17		香草兰高产栽培示范基地	海南省万宁市北大镇下三村	5	香草兰高产栽培技术示范
18		香草兰南种北移试验示范基地	江西省井冈山市拿山镇	10	香草兰北移种植技术示范
19		胡椒标准化栽培示范基地	云南省红河州绿春县骑马坝乡	5	优良种苗繁育、标准化田间管理
20		万宁主要经济作物示范基地	海南省万宁市万城镇上边田村	20	槟榔、椰子和百香果高效生产技术
21		万宁香料饮料作物示范基地	海南省万宁市南桥镇高龙村	80	香草兰、咖啡和可可标准化生产技术
22		水满大叶茶优质栽培管理技术示范基地	海南省五指山市水满乡牙排村委会	60	地力提升技术示范；病虫害绿色防控技术示范
23		菠萝蜜高效示范基地	海南省文昌市南阳农场三队	30	菠萝蜜高效生产技术
24		怒江草果标准化种植技术示范基地	云南省怒江州泸水市鲁掌镇三河村	30	林下草果标准化栽培技术

（续）

序号	单位	基地名称	详细地址	基地规模（亩）	示范内容
25	加工所	热带特色农产品加工技术集成试验基地	广东省湛江市麻章区湖光镇湖秀新村1号	6.2	特色农产品加工技术、产品及生产线示范
26		广东省农村科技特派员水稻种植示范基地	广东省廉江市安铺镇欧家村	20	水稻主推品种引进、口感改善，质量安全水平提升
27	南亚所	芒果示范基地	广东省湛江市雷州市乌石镇塘东村	14	芒果新品种和栽培新技术示范
28		芒果示范基地	四川省攀枝花市盐边县桐子林镇金河村	800	芒果新品种和栽培新技术示范
29		芒果示范基地	广西区百色市田阳县百育镇六联村	100	芒果新品种新技术示范
30		芒果示范基地	贵州省黔西南州望谟县平硐街道办事处坝奔村	550	芒果新品种新技术试验示范
31		坚果示范基地	广西区百色市田阳县新景村	100	坚果新品种试验示范
32		坚果示范基地	贵州省黔西南州望谟县平硐街道办事处坝奔村	600	坚果600亩试验示范
33		菠萝示范基地	广东省湛江市徐闻县锦和镇那板村	50	菠萝新品种和栽培新技术示范
34		甘蔗示范基地	广东省湛江市遂溪县北坡镇下担村	1 386	甘蔗新品种示范
35		坚果示范基地	西藏区林芝市背崩乡江新村	30	坚果新品种新技术示范

（续）

序号	单位	基地名称	详细地址	基地规模（亩）	示范内容
36	南亚所	坚果示范基地	西藏区林芝市察隅县下察隅镇察隅农场	120	坚果新品种新技术示范
37		坚果示范基地	广东省阳江市阳春市岗美镇	500	坚果新品种新技术示范
38		春砂仁示范基地	广东省阳江市阳春市双窖镇黄沙村	110	阳春砂仁规范化种植示范
39		草畜一体化示范基地	广东省河源市龙川县紫市县明乐西村	100	肉牛羊草畜一体化循环养殖示范
40		草畜一体化示范基地	广东省湛江市坡头区南三镇巴东村	100	肉牛羊草畜一体化循环养殖示范
41		草畜一体化示范基地	广东省湛江市麻章区湖光镇祝美村	300	肉牛羊草畜一体化循环养殖示范
42		草畜一体化示范基地	贵州省黔西南州兴义市郑屯镇坡塘村	100	肉牛草畜一体化循环养殖示范
43	生物所	海南省甘蔗试验基地	海南省临高县皇桐镇文贤村	350	开展甘蔗新品种选育、国家甘蔗新品种区域性试验、甘蔗水肥一体化栽培、甘蔗病虫草绿色防控及全程机械化技术试验、示范
44		国家甘蔗脱毒健康种苗繁育基地	广西壮族自治区扶绥县昌平乡八联村委	1 500	采用以甘蔗脱毒健康种苗技术为核心，实施脱毒种苗田间移栽种植、田间扩繁为一体的甘蔗良种繁育技术
45		甘蔗新品种示范基地	海南省白沙县金波乡白打村委会玉花村	20	示范推广热科院生物所培育的甘蔗新品种中糖1号和3号

（续）

序号	单位	基地名称	详细地址	基地规模（亩）	示范内容
46	椰子所	油茶新品种示范基地	海南省定安县龙湖镇永丰墟	50	主要示范油茶新品种有"热研1号""热研2号"及新筛选的油茶优良品系
47		槟榔微肥调控与高效栽培关键技术示范基地	海南省定安县富文镇	50	针对旱季生理黄化现象严重的问题，集成槟榔专用有机肥、均衡全营养液体肥、多功能微肥药包等新产品，以及土壤注射式水肥一体化和槟榔树顶精准投药等新技术，达到省肥、省药、省工、增产、增收的效果
48		槟榔种苗繁育及标准化栽培示范基地	海南省文昌市文清大道	60	建立由制种园、种苗繁育基地和高效栽培示范基地组成的"三园一体"槟榔种苗繁育及高效栽培示范基地。通过制种园的高标准管理、种苗标准化繁育、种苗规模化种植，展示槟榔从"种—苗—树"系列过程的标准化生产过程
49		西部椰子种植示范基地	海南省儋州市新州镇	100	开展椰子种植技术、配方实施技术、椰子抗旱栽培技术示范
50		水果型矮种椰子示范基地	海南省屯昌县嘉乐潭	500	主要示范水果型新品种椰子文椰2号、文椰3号、文椰4号，通过"政府＋科研＋企业＋农户"模式推广
51	信息所	儋州两院橡胶基地	海南省儋州市热科院	60	橡胶生长环境大数据采集、分析
52		儋州两院品质所基地	海南省儋州市热科院院	10	南药、花卉、莲雾、芒果、木薯、橡胶苗、果树等农业物联网环境监测与预警
53		儋州两院橡胶基地	海南省儋州市热科院	50	橡胶、橡胶苗、橡胶林下作物、农业物联网监测与预警
54		椰子所文昌实验基地	海南省文昌市	30	油棕、椰子物联网环境监测与水肥一体化技术

（续）

序号	单位	基地名称	详细地址	基地规模（亩）	示范内容
55	信息所	文昌实验基地木薯基地	海南省文昌市	3	木薯物联网环境监测与预警
56		香饮所四大作物基地	海南省万宁市热科院香饮所	20	香草兰、咖啡、可可物联网环境监测与预警
57		南亚热带作物研究所基地	广东省湛江市	40	热带作物物联网环境监测与节水灌溉技术
58		热带生物技术研究所文昌基地	海南省文昌市热科院实验基地4队	3	热带作物物联网环境监测与水肥灌溉技术
59		国家甘蔗繁育基地	广西壮族自治区扶绥市	30	甘蔗远程视频监控及病虫害监测预警技术
60		攀枝花实验基地	四川省攀枝花市	120	芒果远程视频监控及病虫害监测预警技术
61		贵州省石漠化基地	贵州省黔西南州布依族苗族自治州兴义市田坝村	100	石漠化地区作物生长环境物联网监测与节水灌溉技术
62		三亚芒果基地	海南省三亚市崖州区	100	芒果生理生态环境物联网监测与水肥一体化灌溉技术
63		广东茂名橡胶基地	广东省茂名市红峰农场二队	100	橡胶生理生态环境物联网监测
64		云南景洪橡胶基地	云南省景洪市	100	橡胶生理生态环境物联网监测与节水灌溉技术
65	测试中心	百香果品质提升示范基地	海南省五指山市毛道乡毛道村	2	百香果土壤改良及品质提升
66		沙田橘品质提升示范基地	广西壮族自治区桂林市恭城县加会乡	5	沙田橘土壤改良及品质提升
67		柚子品质提升示范基地	福建省平和县小溪镇	5	柚子土壤改良及品质提升
68		树仔菜品质提升示范基地	海南省五指山市畅好乡	2	树仔菜土壤改良及品质提升

（续）

序号	单位	基地名称	详细地址	基地规模（亩）	示范内容
69	广州站	河源市东源县李白村示范基地	广东省河源市东源县李白村	20	特色蔬菜绿色种植示范
70		河源市东源县新轮村示范基地	广东省河源市东源县新轮村	20	火龙果绿色种植示范、种草养牛模式示范
71		广东省河源市龙川县鹤市镇鹤市村示范基地	广东省河源市龙川县鹤市镇鹤市村	10	采取"西瓜＋草莓"轮作，"葡萄＋西瓜"套种等模式，实现大棚周年利用，提高经济效益
72		广东省河源市东源县义和镇下屯村示范基地	广东省河源市东源县义和镇下屯村	20	开展杂粮性食用木薯绿色栽培技术示范，并开展木薯粉条加工技术示范
73		广东省河源市江东新区桂林村示范基地	广东省河源市江东新区桂林村	20	精品西瓜"一苗三收"技术示范、"以短养长"葡萄西瓜间套种技术模式示范
74		江门市台山市冲蒌镇伞塘村示范基地	广东省江门市台山市冲蒌镇伞塘村	20	木薯与檀香幼苗套作技术示范，开展科普采挖体验工作，提高土地利用率及经济效益
75		广州市黄埔区黄陂镇王屋村示范基地	广东省广州市黄埔区黄陂镇王屋村	20	开展葡萄—西瓜间套作技术模式示范，开展可可、香草兰等热带特色作物功能拓展示范
76		和平县青州镇星塘村示范基地	广东省河源市和平县青州镇星塘村	30	开展精品西瓜、鲜食葡萄、食用木薯等绿色栽培技术示范，以及牛油果适应性栽培等技术示范
77	海口站	禾登村黄皮基地	海南省临高县东英镇禾登村	800	黄皮标准化种植示范
78		百香果种植示范基地	贵州省黔西南州贞丰县鲁容乡	13 700	山地百香果标准化种植示范
79		芒果种植示范基地	贵州省黔西南州贞丰县鲁容乡	31 800	山地芒果标准化种植示范
80		福橙高效栽培示范基地	海南省澄迈县福山镇红光农场和平队	600	福橙无病容器大苗繁育与配套高效栽培示范

（续）

序号	单位	基地名称	详细地址	基地规模（亩）	示范内容
81		五指山山竹子高效栽培示范基地	海南省五指山市毛道乡	210	高山山竹子高效栽培示范
82		五指山有机茶高效栽培示范基地	海南省五指山市水满乡	200	有机红茶茶园土壤提肥增效示范
83	海口站	海南火龙果冬果调控高效栽培示范基地	海南省乐东县尖峰镇长田村	100	火龙果人工补光诱花技术示范
84		海南榴莲新品种（系）高效栽培技术研发与示范	海南省保亭县什岭乡	50	榴莲抗风栽培、水肥一体化、树体综合养护等技术示范
85		特色果树示范基地	四川攀枝花仁和区大龙潭乡混萨拉村、迤资村	50	特色果树良种良法试验示范
86		油梨种植示范基地	云南省保山市芒宽镇	200	山地油梨标准化种植示范

注：数据由中国热科院各院属单位提供。

【附表4】

中国热带农业科学院科技成果应用(新品种、技术、成果)情况一览表

序号	单位	科技成果名称	成果简介	当前应用情况
1	品资所	益智新品种引进与示范项目	引进"琼中一号"、热选13、热选14、热选15等高产益智种苗	运行正常，预计2023年益智开始结果
2		火龙果新品种引进与示范项目	引进"金都一号"火龙果，规模12亩，于2020年开始结果并产生效益，实现55户入股贫困户分红，分红金额共计1.5万元	运行正常，火龙果已开始正式销售并产生经济效益
3		新型小西瓜品种引进与示范项目	引进"琼香""琼丽"和"热研墨玉"三个品种小西瓜，种植规模达2亩，带动8名贫困户就业	种植的小西瓜已经成熟，将于本年度4月正式开始产生经济效益
4	橡胶所	主推橡胶品种热研7-33-97	生长较快，林相整齐，开割率高，抗风能力强，五级以上的风害累计断倒率平均仅为2.40%，白粉病发病率较低	海南省40%种植的品种均为热研7-33-97
5		主推橡胶品种热研7-20-59	具有较强的抗风和恢复生长能力，白粉病发病率较低	海南省全周期间作模式品种均为热研7-20-59
6		橡胶树小筒苗	橡胶树小筒苗省工省时便于山区进行种植	海胶集团种植2万亩
7		橡胶树袋育苗	橡胶树袋育苗可缩短大田非生产期0.5~1年，从春季至秋季均可定植，尤其适合于春季干旱比较严重的地区采用；定植成活率高，苗木生长均匀，林相整齐	我国植胶区种植面积100万亩
8		橡胶树自根幼态无性系苗(组培苗)、橡胶树大型苗	橡胶树组培苗该种苗较传统种植材料生长快10%~20%，增产10%~30%，价格较以上两种略高	我国植胶区推广种植3万亩

（续）

序号	单位	科技成果名称	成果简介	当前应用情况
9	橡胶所	橡胶树大型苗	橡胶树大型苗以橡胶树组培苗、小苗芽接苗、籽苗芽接苗为胚苗，通过控（束）根、基质改良技术繁育出的4-6蓬叶橡胶树种苗，是一种新型、高效的橡胶树种植材料。该种苗大田定植后长势良好	海胶集团种植2万亩
10				
11		油棕苗组培苗	以油棕外植体初生体胚发生为基础，通过"克隆"（组培）技术繁育出的油棕种苗，是一种新型、高效的种植材料。该种苗较传统种植材料生长快、品种纯度一致	我国植胶区试种面积200亩
12		南芪苗、珠芽魔芋等林下经济作物产品	充分利用橡胶林下土地资源，提高天然橡胶综合效益	我国植胶区推广种植3万亩
13		橡胶树专用肥	根据橡胶种植区域土壤状况和橡胶的需肥特点，氮磷钾和中微量元素等营养元素进行科学配比，供该区域橡胶专门使用的肥料。	海南植胶区推广应用5万亩
14		热带作物专用缓控释配方肥	兼具缓控释肥与配方肥的优点，可根据每种土壤和每种作物对养分的需求，灵活地将缓控释肥料与速效肥料掺混在一起，总养分可达50%以上。价格远低于纯控释肥。缓控释配方肥的配肥科学添加了作物所必需的主要养分和中量元素、微量元素，能够提高肥料的利用率，减少施肥次数	海南植胶区推广应用1万亩
15		生物有机肥料	以畜禽粪便、菜籽饼、海藻渣等有机物为基础原料，经堆肥发酵制备而成，含有枯草芽孢杆菌、地衣芽孢杆菌等有益微生物菌以及氨基酸、海藻酸等增效物质，并科学添加中量元素及微量元素	海南植胶区推广应用6万亩

（续）

序号	单位	科技成果名称	成果简介	当前应用情况
16	橡胶所	割面营养增产素	依据橡胶树营养生理和产排胶特点，开展了钼、锌、硼等微量元素和赖氨酸等有机养分的作用机理和效果研究，提高了橡胶产量，延长胶树经济寿命	已在海南农垦及广东农垦和海南儋州、白沙、琼中等市县部分民营胶园使用（分别占全国和海南可使用面积的 12% 和 20%），三年多累计应用面积达 18.2 万公顷
17		橡胶树冬季割面保护剂	使用方便，在割面上涂用后能形成一层透气而不透水的薄膜，不会被雨水冲掉。使用后防寒性提升显著；防病性减少条溃疡等割面病害；为新割面增加营养，促进再生皮生长。其再生皮生长比使用一般涂封剂的快 30% 左右；可提高次年开割时的产量。前十刀的产量约增加 8%；翌年开割时干皮薄，且麻面光滑不爆皮，割线平整不崩口，木栓皮下呈青绿色	我国植胶区推广应用 10 万亩
18		橡胶树死皮康复产品及技术	针对橡胶树死皮，研发出的一种新型的康复营养剂——死皮康及其配套施用技术，包括糊剂与树干涂抹技术、液体营养剂与树干注射与喷施技术等。使用本技术可以使 40%～50% 的死皮停割植株恢复产胶，具有较好的生产持续性；同时也可预防和减轻橡胶树轻度死皮发生与发展，促进橡胶树生产	云南植胶区推广应用 4 万亩
19		电动胶刀	大幅降低割胶技术难度和胶工劳动强度，割胶作业由"专业型转变为大众型"，有效拓展胶工来源	我国植胶区推广应用 10 万亩

（续）

序号	单位	科技成果名称	成果简介	当前应用情况
20	橡胶所	低频刺激割胶技术	"减刀、浅割、增肥、产胶动态分析、全程连续递进、低浓度短周期、复方乙烯利刺激割胶"等具有中国特色的割胶技术体系。该成果2006年获得国家科技进步二等奖。	我国植胶区推广应用100万亩
21		精准化施肥技术	该技术与橡胶树传统施肥技术相比，具有数量精、位置准、决策快、肥效高的特点，填补了橡胶树变量施肥理论研究的空白，革新了橡胶树施肥机制，达到国际领先水平。2009年获得中国热科院科技进步奖一等奖；2010年获海南省科学技术进步奖一等奖；2011年获中华农业科技奖二等奖	累计应用面积达18.1万公顷，共增产干胶1.07万吨，产量平均提高3%～8%；增收节支1.7亿元
22		橡胶园全周期间作模式	适宜于开展长期间作生产的橡胶树种植模式，改变了以往橡胶林下只能种植耐阴作物的问题。模式采用直立树型品种和宽行窄株种植形式建立胶园，空旷的大行间（约占胶园面积50%或以上）可供发展多种作（植）物生产。在不增加投资情况下，不明显减少干胶产量	海南植胶区推广应用20万亩
23	香饮所	海南"三棵树"林下间作斑兰叶高效栽培技术	明确了海南"三棵树"林下间作斑兰叶适宜的种植密度、施肥技术、采收时期和采收标准等关键技术	在海南省推广"三棵树"林下间作斑兰叶模式和高效栽培技术，应用500亩以上
24		咖啡优良品种标准化种植技术	集成应用优良种苗繁育、芽接换种、整形修剪、复合栽培、有机覆盖、病虫害综合防治技术，产量提高1倍以上	在海南省推广应用500亩

（续）

序号	单位	科技成果名称	成果简介	当前应用情况
25	香饮所	槟榔间作香草兰高效栽培技术研究与示范	项目的实施，能够充分利用有限的土地资源，达到增加农民收入的目的，还能减少槟榔园病虫草害的发生和减少水土流失，符合国家和海南省科学发展林下经济的政策要求，具有良好的社会和经济效益	在海南省万宁市、琼海市、琼中县、保亭县、定安县、文昌市和五指山市等地区推广应用该种植模式
26		胡椒山地高产栽培技术	针对云南山地特点，研发山地胡椒高产栽培技术，集成优良种苗繁育、高柱密植、排水抗瘟等栽培技术	在云南省绿春县骑马坝乡、三猛乡推广超过 1 000 亩
27		地力提升技术、病虫害绿色防控技术	以五指山水满大叶茶为主要示范品种，重点开展茶园地力提升、病虫害绿色防控、优质栽培管理技术示范与推广应用	在海南省五指山市水满乡地推广应用60 亩
28		热引 4 号可可	具有较强的抗寒性，良好的丰产性状，较佳的品质。定植后第3 年开花结果，盛产期可可豆平均产量为 1 578.2 千克/公顷，可可豆平均产量为 1 087.3 千克/公顷，表现出广泛的适应性和较高的产量潜力	在海南省进行槟榔、椰子等经济林下复合种植，推广应用400 亩
29		可可嫁接育苗技术	可可种苗繁育方法，操作简单，经本发明嫁接后的可可成活率可达 73.3%，可有效解决可可优良种苗繁育	在海南省结合热引4 号优良品种推广，应用嫁接育苗技术，年可繁育优良可可嫁接苗 1 万株
30		面包果优良品种示范推广	新选育筛选适应本地气候条件优良面包果品种	在海南省万宁市南桥镇推广应用 80 亩
31		菠萝蜜优良品种示范推广	新选育香蜜 17 号菠萝蜜、香蜜 1 号菠萝蜜，品质佳	在海南省定安县南金农场推广应用200 亩
32		林下草果标准化栽培技术	开展林下草果标准化栽培技术与草果水肥一体化技术示范，有效提高怒江州草果种植技术水平、实现怒江草果标准化生产，促进产业提质增效	在怒江州泸水市鲁掌镇推广应用

（续）

序号	单位	科技成果名称	成果简介	当前应用情况
33	加工所	高良姜加工产业化关键技术研究	突破高良姜成套化收获机械集成研制、无硫提质干制加工技术、提取物制备与功能化产品开发技术、精油及纯露高效提取与创新利用技术，解决高良姜产业化过程中的技术瓶颈，为高良姜产业技术与装备升级提供技术支撑	在相关企业应用
34		怒江特色草果加工关键技术研究	开展草果产业链延伸加工产品研发及产业化，进一步提升产业附加值，拓展草果产业应用范围。以草果系列产品开发增效为目标，以草果酒、草果含片等研发及产业化为主，推动草果产业一二三产融合	在怒江州相关企业推广
35		咖啡及制品标准体系的建立与应用	构建了与加工工艺相配套的咖啡标准，率先规范了咖啡术语，提出了生咖啡分级导则，制定了咖啡贮藏运输、产品质量及检验方法要求和技术指标，为研制标准化生产设备提供准则。研制了与工艺技术相配套的设备和生产线，提高了生产效率，显著提升了咖啡及其制品市场竞争力	在相关企业中推广应用，近3年累计实现产值21.73亿元，取得了良好的经济、社会和生态效益
36	南亚所	热农1号芒果	新品种	在四川省攀枝花市种植3万亩，广西壮族自治区百色市田阳县种植4万亩，云南省华坪等县种植5万亩
37		菠萝	新品种	在广东省徐闻县曲界种植50亩
38		南亚1号坚果	新品种	在贵州省罗甸、兴义、望谟等县种植300亩、广东省阳春等县市种植2000亩、广西壮族自治区岑溪、田阳等县种植1000亩、西藏区林芝察隅、墨脱等县种植100亩

（续）

序号	单位	科技成果名称	成果简介	当前应用情况
39	南亚所	南亚 3 号坚果	新品种	在贵州省罗甸、兴义、望谟等县种植 1 000 亩、在广东省阳春等县市种植 10 000 亩、在广西壮族自治区岑溪、田阳等县种植 2 000 亩。在西藏区林芝察隅、墨脱等县种植 300 亩
40		南亚 116 号坚果	新品种	在贵州省罗甸、兴义、望谟等县种植 200 亩、在广东省阳春等县市种植 100 亩、在广西壮族自治区岑溪、田阳等县种植 200 亩。在西藏区林芝察隅、墨脱等县种植 50 亩
41		922 澳洲坚果	新品种	在贵州省罗甸、兴义、望谟等县种植 2 500 亩、在广东省阳春等县市种植 30 000 亩、在广西壮族自治区岑溪、田阳等县种植 15 000 亩。在西藏区林芝察隅、墨脱等县种植 300 亩
42		热甘 1 号甘蔗	新品种	广东省遂溪县北坡镇种植面积约 2 000 亩
43		湛砂 11 号阳春砂仁	新品种	广东省阳春市黄沙村种植 8 亩

（续）

序号	单位	科技成果名称	成果简介	当前应用情况
44	南亚所	草畜一体化	新技术	在广东省湛江市、河源市，贵州省兴义市等地建立示范基地分别为 100 亩、300 亩、100 亩和 100 亩
45	椰子所	文椰系列椰子新品种：文椰 2 号、文椰 3 号、文椰 4 号	文椰 2 号：果皮黄色，简称"黄椰"。椰子水总糖含量达 6%～8%；种植后 3～4 年开花结果，8 年后达高产期，平均株产 120 个 文椰 3 号：果皮橙红色，俗称"金椰"。椰子水总糖含量达 8%，定植后 3～4 年开花结果，年产量达 120 个/株 文椰 4 号：果皮绿色，椰水和椰肉均具有特殊的芋头香味，俗称"香水椰子"，一般种植后 3～4 年开花结果，8 年后达到稳产期，产量高：平均株产 150 个	已推广 8 万多亩
46		槟榔"热研 1 号"新品种	"热研 1 号"是我国目前唯一的槟榔品种，由我所培育并通过国家品种审定委员会审定。该品种 4～5 年开花结果，8 年后达到盛产期，平均年产鲜果 9.6 千克/株，综合性状优良	已推广 5 万多亩
47			槟榔产业已发展成为海南省支柱产业，是海南 12 市县 200 多万农民重要的经济来源，推广新品种，将显著提高海南槟榔产量（目前平均每株产量 2.5～3 千克），在海南巩固脱贫攻坚成效和推进乡村振兴中发挥重要作用	

（续）

序号	单位	科技成果名称	成果简介	当前应用情况
48		油茶热研系列新品种：热研1号、热研2号	"热研1号"是大果型品种，平均单果重94.26克，亩产茶油60.89千克。"热研2号"是中果型品种，平均单果重67.55克；亩产茶油52.66千克。两个品种都表现出丰产、稳产、抗逆能力强的特性。适宜在海南东北部、中部地区种植	逐步推广中
49		椰子专用肥（椰丰素）	针对椰子坐果率低、果小、单株果量少、品质差等问题，以椰子营养需求规律为基础，根据椰子幼龄期和生产期，分别研制高氮型和高钾型椰子专用肥，按椰子树所需最佳元素配比并添加螯合剂、椰子特需微量元素，提供全年营养套餐。该产品可促进幼龄树快速生长，提高椰子产量30%～40%	已推广应用2万亩左右
50	椰子所	槟榔促花保果专用肥	针对当前海南槟榔园单产较低（仅为2.5～3千克/株）的问题，根据槟榔园土壤养分含量和槟榔花果发育规律，研发出槟榔促花保果专用肥，获得国家发明专利授权，该产品可显著提高槟榔坐果率，降低畸形果发生率，一般低产槟榔园可实现增产30%～50%，目前在海南槟榔主产区万宁、琼海、琼中、屯昌、定安等市县推广应用面积达2万多亩，对低产槟榔园改造效果显著，受到了市县地方政府和农户的欢迎	已推广应用2万亩左右
51		槟榔水溶性液体专用肥	针对当前槟榔施肥难、施肥成本高等问题，在掌握槟榔水肥需求规律的基础上，研发出适合槟榔生长需求的槟榔水溶性液体专用肥、施用器械（施肥枪）及其施用技术，具有促进生长、提高产量、施肥效率高、节约成本等优点，特别适于农村缺乏劳动力的槟榔种植户使用	逐步推广中

（续）

序号	单位	科技成果名称	成果简介	当前应用情况
52	椰子所	红棕象甲诱捕器防治技术	通过红棕象甲信息素诱芯来吸引红棕象甲成虫，成虫飞行中碰到诱捕器的全方位挡板即会本能地撞死，掉落到捕集器内，我们研发的信息素有缓释作用，抗晒耐高温，持效期长达 3 个月以上。与国外同类产品相比，诱捕效果提升 30% 以上。本装置能适应野外复杂的地理环境，具有使用方便、效果好等特点，为红棕象甲等害虫的防治提供技术支持	逐步推广中
53		椰心叶甲生物防治技术	椰心叶甲啮小蜂是椰心叶甲的蛹寄生蜂，主要寄生椰心叶甲 1～2 日龄蛹，野外寄生率 50% 以上；椰甲截脉姬小蜂是椰心叶甲的幼虫寄生蜂，主要寄生 3～5 龄幼虫，野外寄生率 20% 以上。两种寄生蜂同时释放，6 个月可见明显效果，防效时间较单一释放效果缩短 2 个月以上	已广泛应用
54			利用释放寄生蜂防治椰心叶甲，操作方便，可产生持续控制效果，且可减少化学杀虫剂大量使用，避免对生态环境的污染。且每株成本仅为化学防治成本的 1/5。本防治技术减少农药施用，有力保障海南等地棕榈产业健康发展	
55	测试中心	耕地土壤重金属污染钝化调理技术	针对热区耕地土壤酸性较强、重金属活性高的特点，筛选适宜当地气候、污染特征、不同作物的配套修复技术，集成了酸性土壤改良与品质提升、优化施肥、调理剂及叶面调控等对污染耕地土壤重金属行之有效的阻隔技术。解决了热区土壤重金属污染中"卡脖子"技术问题，实现耕地绿色安全利用和农产品餐桌安全	本技术实施应用已 10 余年以上，累计推广面积超 10 万亩，肥料创收累计超 160 万，为种植户新增创收累计超 1 000 万元

（续）

序号	单位	科技成果名称	成果简介	当前应用情况
56	广州站	精品西瓜优质高效栽培标准化种植技术	围绕已引进的琼丽、热研黑宝等品种，集成创新水肥一体化、绿色防控、一苗多收、冬季低温弱光条件增温补光栽培、西瓜—葡萄套种等技术	已广泛应用到科技扶贫工作
57		南方优质葡萄栽培标准化种植技术	围绕已引进的阳光玫瑰、甜蜜蓝宝石、夏黑等品种，集成葡萄避雨设施栽培技术、果实品质调控技术、休眠调控技术、根域限制技术、产期调控技术、一年两收或多收技术等	已广泛应用到科技扶贫工作
58		食用木薯绿色高效栽培技术	围绕已引进的华南九号等品种，集成创新食用木薯病虫草害绿色防控技术，优质丰产栽培技术，间套作栽培技术，木薯嫩茎叶、木薯粉饲料化利用技术、机械化栽培技术等	已广泛应用到科技扶贫工作
59		油梨绿色生产栽培技术	围绕已引进哈斯等品种，集成创新水肥一体化、生物菌肥、生物农药等节水、降肥、降药技术等，实现油梨的绿色生产	已广泛应用到科技扶贫工作
60		食用木薯休闲利用模式	以食用木薯绿色生态栽培技术、木薯食品加工技术为基础，配以相应的科普教育，采挖、品尝体验，为食用木薯推广、销售服务，形成了一整套的食用木薯推广、种植、科普、体验、销售模式	已广泛应用到科技扶贫工作
61		精品西瓜休闲采摘种植模式	在设施大棚内采用立体种植技术种植精品西瓜，并配套使用水肥一体化技术进行精准施肥，运用物理、化学、生物防治等技术进行病虫害防治，尽量减少农药化肥的使用量，实现绿色生产，为顾客提供健康安全高品质的精品西瓜	已广泛应用到科技扶贫工作

（续）

序号	单位	科技成果名称	成果简介	当前应用情况
62	海口站	贵州省贞丰县山地百香果产业技术集成与示范	总结出多套山地百香果高效种植技术	在贵州省贞丰县鲁容乡示范推广种植1.37万亩
63		贵州山地芒果丰产优质栽培技术研究	通过成果转化总结出山地芒果种植技术规范	在贵州省贞丰县鲁容乡示范推广种植3.18万亩
64		海南火龙果冬果调控高效栽培技术	通过对火龙果栽培模式优化、人工补光诱导、营养调控、树体综合养护等技术研发与示范	在海南省乐东、三亚、儋州等市县推广2万亩
65		海南福橙无病容器大苗繁育与配套高效栽培技术	通过福橙脱毒面进一步实施在设施条件下培养无病容器大苗，并进行定杆，培养主枝后进行大田栽培，比常规栽培提前2年结果，一定程度避免了黄龙病传播	海南省澄迈县建立示范基地600亩

注：数据由中国热科院各院属单位提供。

【附表 5】

中国热带农业科学院经费、项目、设施设备等投入情况统计表

序号	单位	名称	内容简介	金额（万元）
1	品资所	新型小西瓜品种引进与示范	引进琼香、琼丽和热研墨玉 3 个品种的小西瓜，种植规模达 2 亩。带动 8 名贫困户就业	4.00
2		2018—2020 年驻村第一书记工作经费	对驻村挂职第一书记给予连续 3 年，2 万/年的工作经费支持，用于拥处村产业发展	6.00
3	橡胶所	橡胶树高产高效栽培技术科技支撑贫困村脱贫成效研究	通过对贫困村橡胶产业高产高效技术应用、产量、收入等情况进行摸底，分析橡胶树对植胶贫困村脱贫攻坚战的支撑情况，综合其他产业进行分析比较，形成橡胶树高产高效技术科技支撑贫困村脱贫成效研究报告	10.00
4		橡胶所服务三农模式和应用	受世界经济发展缓慢等因素影响，天然橡胶价格持续低迷，减少了广大胶农和植胶企业的经济收入，影响了我国天然橡胶产业的持续健康发展，针对现状提出新的服务模式	20.00
5		民营胶园技术集成与示范	针对民营胶园存在的生产技术问题，通过新品种、新技术、新成果的应用示范，提升胶园单位面积产出水平	30.00
6	香饮所	水满大叶茶优质栽培技术示范	2018 年海南省中西部市县科技副乡镇长派遣计划项目。以五指山水满大叶茶为主要示范品种，重点开展茶园地力提升、病虫害绿色防控、优质栽培管理技术示范与推广应用	20.00
7		海南特色农产品调优增效项目"咖啡优良品种标准化种植示范基地建设"	引进和筛选优良品种 5 份，制定标准化技术规程 1 项，建立示范基地 100 亩，集成应用优良种苗繁育、芽接换种、整形修剪、复合栽培、有机覆盖、病虫害综合防治技术，开展技术培训 6 期，培训农户 266 人次，带动万宁、白沙、澄迈发展咖啡标准化种植 500 亩	50.00

（续）

序号	单位	名称	内容简介	金额（万元）
8	香饮所	海南省中西部市县科技副乡镇长派遣计划 _ x005f 项目"种草养羊技术示范与推广"	引进热研4号王草，集成牧草种植技术、牧草栽培和加工利用，黑山羊养殖技术，半放牧半舍饲的养殖技术，海南山羊疾病免疫程序制定与实施，羔羊培育，羊精饲料配方配制技术，形成海南山羊舍饲养殖技术；举办培训班，开展海南山羊舍饲技术推广应用，建立牙叉镇山羊半放牧半舍饲养模式	10.00
9		樱桃番茄优质高效生产技术研究与示范	通过引进新品种，创新、集成嫁接苗繁育、适时早培、测土配方施肥和预防为主的病虫害防治等技术，解决樱桃番茄生产过程中存在的品质不稳定和产品滞销两大实际难题，并通过示范基地建设和推广辐射，形成海南樱桃番茄生产优势区域	3.00
10		怒江草果标准化种植技术研究与示范	开展林下草果标准化栽培技术与草果水肥一体化技术示范，确定高产草果适宜环境气候条件，并形成针对性丰产栽培技术，解决当前生产管理粗放，带来产量低、质量差的普遍问题，有效提高怒江州草果种植技术水平、增加农民收入，实现怒江草果标准化生产，促进产业提质增效	30.00
11		草果、花椒愈伤组织诱导与组培快繁关键技术研究	以云南怒江草果为主要原料，开展鲜果保鲜、腌制、制浆、干燥、制粉与风味调配等技术研究，研发草果风味复合调理食品与休闲食品加工技术，创制草果休闲方便食品和草果复合调味品，并进行中试试验，促进草果产业技术升级，为怒江精准扶贫提供科技支撑	11.30
12		怒江州不同海拔地区草果农艺性状鉴定及品质分析	以草果、花椒的嫩叶、嫩茎与种胚为外植体，进一步探索外植体诱导愈伤组织最佳条件及以带芽茎段直接诱导丛生芽的组培快繁关键技术，解决草果分株繁育无法高通量繁育优良后代；与花椒种子繁育造成后代种质混杂，发芽率低的问题，为日后草果、花椒种苗高通量繁育奠定技术基础	20.00

（续）

序号	单位	名称	内容简介	金额（万元）
13	香饮所	草果新产品开发与应用	以云南怒江州草果为主要原料，开展鲜果保鲜、腌制、制浆、干燥、制粉与风味调配等技术研究，研发草果风味复合调理食品与休闲食品加工技术，研制草果休闲方便食品和草果复合调味品，并进行中试试验，促进草果产业技术升级，为怒江州精准扶贫提供科技支撑	50.00
14		香露兜安全风险评估技术服务	提供香露兜安全风险评估所需样品，收集整理申请新食品原料安全性评估意见所需材料	10.00
15		斑兰粉烘焙团体标准及产业技术服务	联合申报斑兰粉中国烘焙技术委员会团体标准，为委托方制定斑兰粉企业标准并提供斑兰叶产业技术咨询	15.00
16	加工所	广东省湛江市农业农村现代化"十四五"规划编制	调研广东省湛江市农业产业情况，编写湛江市农业农村现代化"十四五"规划	50.00
17		农村创新创业实用技术推广	农业农村部乡村产业发展与管理服务项目，开展农村实用技术培训	15.00
18		火龙果采收技术规范	农业行业标准制定和修订，制定火龙果采收技术规范	7.00
19		下六沙虫扶贫产业基地建设	研发沙虫加工利用关键技术，协助遂溪沙虫企业建设沙虫基地	40.00
20		优质菠萝果酒低温全汁发酵关键技术研究及应用	研发菠萝果酒低温发酵技术，在徐闻合作企业推广	20.00
21		吴川塘尾羽绒专业镇协同创新中心建设	研发羽绒加工关键技术，协同吴川合作企业建设羽绒研究中心	5.00
22		羽绒加工品质提升关键技术研究与示范	研发羽绒加工关键技术，并在吴川合作羽绒企业推广	8.00
23		农产品产地土壤环境监测	开展我国部分省份农产品产地土壤重金属、基本理化性质及农产品质量协同监测	48.00

（续）

序号	单位	名称	内容简介	金额（万元）
24	加工所	2019 年广东省科技专项资金（"大专项＋任务清单"乡村振兴战略专项资金部分）项目	开展农产品精深加工，科技支撑当地乡村振兴	50.00
25		2020 年广东省农村科技特派员项目	主要在广东省省定贫困村以及云南省国家贫困地区开展乡村振兴和科技帮扶等工作，重点是以农产品加工科技创新促进当地产业兴旺，培养乡村人才队伍，带动农民脱贫致富，助推热区乡村振兴	110.00
26	南亚所	广东省徐闻县那板村菠萝新品种和引种和新技术示范推广	菠萝新品种新技术示范	30.00
27		2019 年广东省乡村振兴战略专项资金	芒果、菠萝、甘蔗、春砂仁新品种新技术示范	50.00
28		2020 年广东省农村科技特派员重点派驻任务项目	为对接省定贫困村作芒果、菠萝、甘蔗、坚果等热带经济作物新品种新技术示范	140.00
29		西藏自治区林芝地区科技扶贫项目	建立过程气象观测站、水肥一体化设施、围栏基础设施	189.90
30	椰子所	保亭黎族苗族自治县扶贫点槟榔科技扶贫	依托海南省重大科技项目"槟榔黄化灾害防控和生态高效栽培关键技术研究与示范"，专家服务团队成员在保亭县国家级专家服务基地"槟榔主要病虫害综合治理示范基地"开展了一系列农药减施增效技术示范，同时在省人才发展局经费的支持下，将现有团队成熟的技术研发成果，在保亭县的 6 个贫困村委会推广应用。通过槟榔黄化灾害综合防控技术示范与推广工作，提高贫困户种植管理槟榔的技术能力和水平，辐射带动周边农户增产增收	20.00

（续）

序号	单位	名称	内容简介	金额（万元）
31	信息所	海南省白沙县黎族自治县青松乡拥处村乡村振兴	编制《白沙黎族自治县青松乡拥处村乡村振兴发展规划》	2.00
32		海南省白沙县金波乡白打村、打安镇福妥村乡村振兴	编制《白沙县金波乡白打村乡村振兴发展规划》《白沙县打安镇福妥村乡村振兴发展规划》	6.00
33		海南省白沙县贫创业致富带头人培训、橡胶新割制培训	举办白沙全省扶贫创业致富带头人培训班、富民强县——橡胶新割制培训班	40.00
34		云南省怒江州绿色香料产业园文脉实践与融合发展研究	为充分发挥国家级农业科研机构在云南省怒江地区特色农业扶贫行动中的科技支撑和引领作用，坚持科技为核，坚持三产融合，开展怒江绿色香料产业园文脉实践与融合发展研究	15.18
35		特色热带水果及经济作物市场调查和分析预警	深入贫困地区实地调研当地产业全产业链发展现状、存在问题、扶贫模式及效益等，并针对性地提出发展建议，为贫困地区产业可持续发展和巩固脱贫攻坚成果提供决策支持	80.00
36		海南热带水果产业链价格波动传导与调控机制研究	以长期收集的价格数据为基础，研判海南热带水果价格波动特征及影响因素，揭示海南热带水果价格沿产业链"顺逆向传导"及"正负信息溢出"的传导强度、传导效率、传导速度的非对称性。提出海南热带水果遭遇"黑天鹅事件"时的有效介入途径，助力海南乡村振兴发展	5.00
37		国家治理视角下海南农村人居环境整治的影响因素与长效机制研究	加强村级组织建设，发挥村党组织的领导核心作用，发挥农民的主体性作用，推进农村人居环境整治建立多方投入制	5.00

（续）

序号	单位	名称	内容简介	金额（万元）
38		国际热带农业合作与农产品贸易联合调研	整理并采集热带农业资源及对外合作等相关信息，开展热带地区典型农业国家的热作产业科技发展动态分析，提出重点国家（地区）热区产业科技发展报告	20.00
39		"一带一路"热带农业国际合作大数据平台构建	以我国热带农业科技资源数据为核心，构建由世界热带农业科技、热带农业发展与政策、热带农业资源与热作产业、国际热带农业贸易等四大数据板块组成的国家级"一带一路"热带农业国际合作大数据平台，在"一带一路"倡议中发挥推动热带农业科技交流合作、提升热带农业公共信息服务能力	7.59
40	信息所	热带农业走出去体系及运行机制合作研究	通过开展热带农业走出去体系及运行机制合作研究，加强走出去中心团队建设、制度建设及绩效考核体系建设等方面内容，全面提升走出去中心管理办公室能力建设，构建高效、顺畅的运行管理体系，促进走出去中心支撑和服务我国热带农业走出去的作用	15.18
41		"'一带一路'热带国家农业交流与合作信息"融媒体传播路径研究	借助现代传播技术，创新传播方式，促进《世界热带农业信息》新媒体融合发展，优化平面媒体版式，打造"'一带一路'热带农业交流与合作信息"融媒体矩阵，构建热带农业交流信息大数据，对热带农业走出去相关信息进行有效传播，促进新时代下热带农业交流与合作信息的全方位传播内容与形式的创新	11.38
42		世界热区热带农业重大和共性问题跟踪研究	对比亚太地区山地农业与我国热区山地农业的政策、经验技术，提出我国可借鉴的山地农业发展经验	7.59

（续）

序号	单位	名称	内容简介	金额（万元）
43	信息所	热区乡村治理模式及体系构建	以热区乡村治理为研究主题，热区乡村治理的社会基础、基层党组织的治理模式、"三治结合"的乡村治理体系、地方乡村治理创新典型经验为研究对象，通过田野调查、案例研究、问卷调查等研究方法，进而探索实现热区乡村振兴治理有效目标的模式和体系，产生一系列相关研究成果	7.20
44		热区乡村人居环境整治长效机制研究	以我国热区各地农村生活垃圾治理、生活污水治理、厕所革命、农村绿化行动、美丽乡村建设等实践行动为研究对象，借助深度调查与个案研究，搜集案例资料、总结问题经验及其实现条件，进而概括出热区乡村人居环境整治的典型案例与经验启示，为热区农村人居环境整治提供可供参考的经验和意见	10.20
45		热区乡村人才振兴研究	深入热区9省农村进行实地调研与个案访谈，发现热区乡村人才振兴存在的问题，找出热区乡村人才振兴中存在的困境，提出热区乡村人才振兴的路径选择，对于热区乡村人才发展有借鉴与参考意义，对于热区乡村长远发展来说有利于产业兴旺和治理有效的实现，为热区人才振兴提供可供参考的经验和意见	7.20
46		热区乡村特色产业振兴研究	为破解槟榔、橡胶、椰子产业发展难题，采取理论分析和实践调查相结合的方法，采取农业经济、产业经济、比较经济学理论对产业系统研究分析，试图破解产业难题	7.20
47		热区乡村区域布局与协调发展研究	利用耦合协调函数法评判其产业协调度，获取热区产业区域布局演变规律与差异化类别，对热区产业耦合协调度进行排名，引导热区乡村产业定位与区域布局优化；结合乡村区域热点问题研究，从人、财、物及资源环境等方面找出促进热区农村区域经济协调发展的动力机制方案，并提出相应的政策建议，以促进农村发展不平衡不充分矛盾的解决	7.20

（续）

序号	单位	名称	内容简介	金额（万元）
48	信息所	芒果、菠萝、火龙果等特色水果产业经济研究	为提高芒果、菠萝、火龙果产业生产效率，促进技术进步和优化产业组织结构提供政策依据，并为社会各界提供决策咨询。从市场需求导向战略、质量提升战略、标准化生产加工战略、产业化发展战略等方面来分析支撑芒果、菠萝、火龙果等产业发展的政策建议	39.20
49		香辛饮料、槟榔、椰子产业发展研究	通过动态调研与数据、资料收集整理等相关工作，展开对香辛饮料、槟榔、椰子产业发展形势分析报告。从世界香辛饮料、槟榔、椰子产业概况，以及我国香辛饮料、槟榔、椰子产业发展现状、市场情况入手，总结新一年我国香辛饮料、槟榔、椰子产业出现的新情况、新特征、新问题，预测下一年可能出现的新趋势，为香辛饮料、槟榔、椰子产业主管部门及生产经营决策者提供参考	39.20
50		热带农业大数据决策分析	运用大数据思维和大数据决策分析方法，发现热带作物产业经济、世界热带农业等方面的问题并找出差距，为辅助决策提供依据	57.20
51		热带农业大数据应用研究	探讨热带农业大数据在农业资源、作物生长等方面的应用，从整体上把握热区农业资源的现状与趋势；关联历史气候与作物生长，实现农业灾害预测；关联芒果、菠萝、槟榔、椰子等主要热带作物生长环境与产量，实现作物估产，构建作物生长关系模型。通过对热带农业大数据应用，达到强化农业资源要素数据的集聚利用、提升预测预警能力的目的	39.20
52		热带农业大数据平台构建与共享	围绕菠萝、芒果、火龙果、咖啡、槟榔、椰子6种热带作物，采用需求驱动和集成创新的研究手段，充分利用现代计算机技术、网络技术、大数据技术，开展热带农业大数据平台需求分析和框架设计研究，构建数据平台	39.20

（续）

序号	单位	名称	内容简介	金额（万元）
53	信息所	国外热带农业大数据采集与加工	我国热带农业数据历史长、数量大、类型多，但存在底数不清、核心数据缺失、数据质量不高、共享开放不足、开发利用不够等问题，通过热带农业大数据标准规范的研究与制定，初步建立热带农业大数据采集与加工标准体系，系统开展芒果、菠萝、火龙果、咖啡、槟榔、椰子等主要热带作物全产业链大数据的采集及标准化处理，为热带农业大数据平台的建立打下良好的基础，推动热带农情、生产、市场等环节信息资源的深度开发、整合和应用服务	39.20
54		国内热带农业大数据采集与加工	对东南亚、非洲、拉丁美洲和大洋洲国家和地区菠萝、芒果、火龙果、咖啡、槟榔、椰子等主要热带作物的农业政策、生产、贸易、科技动态等方面的数据进行系统的采集，并按照统一标准规范，对数据内容、格式等进行标准化处理	39.20
55		海南省三亚市乡村振兴产业发展情况专题调研	开展海南省三亚市乡村振兴乡村产业发展情况专题调研并撰写《三亚市乡村振兴乡村产业发展情况专题调研报告》	4.50
56		2020年农业农村系统乡村振兴业务培训班	开展云南省怒江州2020年农业农村系统乡村振兴业务培训	48.79
57		乡村振兴战略实绩考核评价	开展海南省市县党政领导班子和领导干部推进乡村振兴战略实绩考核评价	32.80
58		海南省海口市耕地土壤质量类别划分信息核查确认项目	完成优先保护、安全利用和严格管控三个类别耕地土壤质量信息核查确认的工作	43.36
59		海南省三亚市乡村振兴产业发展情况专题调研方案	调研三亚市各区乡村振兴规划及落实情况并撰写报告	4.50
60		海南省三亚市"十四五"农业农村现代化发展规划编制	编制三亚市"十四五"农业农村现代化发展规划	76.80

（续）

序号	单位	名称	内容简介	金额（万元）
61	信息所	四川省攀枝花市"十四五"农业农村发展规划	编制攀枝花市"十四五"农业农村发展规划	10.00
62		编制《海口市秀英区"十四五"农业农村发展规划》	编制《海口市秀英区"十四五"农业农村发展规划》	19.20
63		广西壮族自治区南亚所"十四五"科技发展规划	编制《广西南亚所"十四五"科技发展规划》	18.00
64		文昌市会文镇佛珠特色产业小镇建设	开展调研并撰写《文昌市会文镇佛珠特色产业小镇建设方案》	4.50
65		文昌市抱罗镇传味文昌鸡产业小镇建设	开展调研并撰写《文昌市抱罗镇传味文昌鸡产业小镇建设方案》	4.00
66		"农信采"数据采集与技术应用	收集海南省 10 个监测点的主要农产品价格数据	10.00
67		海南省农村人居环境检查评估项目	评估海南省农村人居环境	28.80
68		海南省东方市农村人居环境三年行动验收项目	开展海南省东方市农村人居环境三年行动验收	12.19
69		海南省海口市生态循环农业发展规划（2020—2025 年）调研编制	编制《海口市"十四五"生态循环农业发展规划（2021—2025 年）》	41.20
70		海南省冬季瓜菜、常年瓜菜和热带水果产业发展问题研究	在海南省建立 50～55 个冬季瓜果菜价格信息采集点，每个市县 2～5 个乡镇信息采集点	15.77
71		海南省农业产业损害监测预警项目	开展海南全省农业统计基点信息统计、价格、成本和农业大数据采集，蔬菜和水果生产者价格采集，批发市场价格监测，进行蔬菜、水果等品种交易价格、交易量、产销地等数据收集。对海南省农业产业价格波动进行数据分析	8.00

（续）

序号	单位	名称	内容简介	金额（万元）
72	信息所	海南省儋州市两新组织入党积极分子和新党员示范培训班	培训海南省儋州市两新组织入党积极分子和新党员	24.00
73		海南省儋州市基层党组织书记社会治理能力提升专题示范培训班	培训海南省儋州市基层党组织书记	59.26
74		海南省儋州市基层党员社会治理能力提升专题示范培训班	培训海南省儋州市基层党员	30.45
75		书香助力抗"疫"全民阅读活动	海南省开展全民阅读相关培训	4.20
76		海南省文昌市2019年新型职业农业培育	开展海南省文昌市新型职业农民培训	14.85
77		2019年海南省儋州市农民教育培训	开展海南省儋州市农民教育培训	54.99
78		2020年海南省儋州市基层图书管理员业务知识培训	开展海南省儋州市基层图书管理员业务知识培训	11.25
79		农业科技110中西部服务中心业务培训	开展农业科技110海南省中西部服务中心业务培训	5.20
80		海南省儋州市"十四五"农业农村现代化规划	编制海南省儋州市"十四五"农业农村现代化规划	8.00
81		海南省五指山市牙胡梯田申报中国重要农业文化遗产申报	编制《五指山市牙胡梯田申报中国重要农业文化遗产申报书》	8.00
82		《定安县"十四五"农业农村现代化发展规划（2021—2025年）》编制	编制《定安县"十四五"农业农村现代化发展规划（2021—2025年）》	24.20

（续）

序号	单位	名称	内容简介	金额（万元）
83	信息所	海南省农业技术交流培训项目	"一带一路"农业技术交流培训项目海南站，学习借鉴海南省农业对外合作方面的政策、经验及做法，深入推进陕西省"一带一路"和自贸区建设	23.60
84		海南省公共数字文化培训	开展海南省公共数字文化培训	40.00
85		撰写海南省文昌市潭牛文昌鸡美食特色产业小镇建设方案	编写《潭牛文昌鸡特色产业发展规划》	4.00
86		2021年监测预警项目合同	香蕉、荔枝、龙眼、芒果、椰子、槟榔、咖啡、菠萝、火龙果热带作物产业信息监测与分析，完成月报、年报及调研报告的编写	16.00
87		《琼海农业对外开放合作试验区总体实施方案》编制	编制《琼海农业对外开放合作试验区总体实施方案》	8.00
88		云南省怒江新城绿色香料产业园综合开发项目可行性研究报告编制	编制怒江新城绿色香料产业园综合开发项目可行性研究报告	42.50
89		云南省怒江大峡谷乡村振兴产业示范园总体规划编制服务合同	编制《怒江大峡谷乡村振兴产业示范园总体规划》	58.00
90	测试中心	碱性肥料对我国热区土壤改良与土传病害绿色防控技术的研究与示范推广（1630082019004）	采用碱性肥料开展酸性土壤改良和土传病害抑制的工作	10.00
91		酸性土壤改良肥的研发与示范应用（1630082019006）	研发系列改良肥，开展产前环境质量控制技术和产中品质提升技术的研究，并将酸性土壤改良技术和产品进行示范和推广	20.00
92		酸性土壤改良肥的研发与示范应用（1630082020003）	研发系列改良肥，开展产前环境质量控制技术和产中品质提升技术的研究，并将酸性土壤改良技术和产品进行示范和推广	15.00

（续）

序号	单位	名称	内容简介	金额（万元）
93	信息所	海南番茄地砖红壤铝赋存形态、生物有效性及调控研究（320QN300）	调查岛内樱桃番茄产地砖红壤发生铝毒害的情况，分析形成铝毒害的关键环境因子，采用酸性土壤改良营养液调控活性铝形态并评估其生物有效性	5.00
94		碱性水溶肥对树仔菜镉、锌迁移积累及其根际细菌真菌群落特征的影响	分析碱性水溶肥对镉锌在树仔菜迁移及类的影响，及其对根际土壤中细菌真菌群落特征的影响	5.00
95	广州站	2020 年广东省农村科技特派员项目	提供益智、牛大力等南药优质高产栽培技术，蔬菜绿色高效栽培技术服务	2.56
96		2020 年广东省农村科技特派员项目	提供葡萄—西甜瓜—草莓间套种技术、香芋优质抗病种植技术服务	2.90
97		2020 年广东省农村科技特派员项目	提供杂粮型食用木薯绿色种植与加工技术，精品瓜果种植技术服务	1.32
98		2020 年广东省农村科技特派员项目	提供优质葡萄及食用木薯绿色高效栽培技术服务	4.12
99		2020 年广东省农村科技特派员项目	提供牛油果和蔬菜优质高效栽培技术服务	6.21
100		2020 年广东省农村科技特派员项目	提供精品西甜瓜绿色高效栽培技术，食用木薯高产高效间套作技术服务	2.04
101	海口站	百香果科技示范园建设	通过建设百香果科技示范园在鲁容乡开展技术培训及种植技术推广，发展百香果 1.37 万亩	
102		贵州省第七批人才基地建设	通过与科研院所开展长期合作，建立科技种植技术示范交流、培训、实践平台，有效保障全乡热带水果科研储备	
103		贵州省科技厅百香果提质增效科技创新能力建设项目	通过开展百香果良种苗木繁育，构建百香果优势种苗标准化生产技术规程；制定百香果优质高效栽培管理技术规程，为百香果产业提供科技支撑，通过科研单位服务企业，解决农业种植技术问题，广泛带动周边贫困户地区种植户	

（续）

序号	单位	名称	内容简介	金额（万元）
104	海口实验站	海南省临高县东英镇居留村黄皮高效栽培技术	通过站所地合作，结合党支部结对共建促进扶贫产业发展，把示范基地建立在贫困村，实施短期作物促进脱贫，长期作物促进致富的"长短结合"栽培模式	37.00
105		海南省临高县科技引领脱贫攻坚专题培训	全县遴选致富带头人、创业青年及两委干部、农技推广人员、县科技特派员等300人进行培训，促进脱贫	37.50
106		海南省临高县科技引领乡村振兴专题培训	全县遴选致富带头人、创业青年及两委干部、农技推广人员、县科技特派员等300人进行培训，促进脱贫与助力乡村振兴	40.00
107		海南省科技副乡镇长挂职十年工作报告	开展了智力扶持脱贫攻坚 科技助力乡村振兴（"海南省中西部市县科技副乡镇长派遣计划"十年工作调查与思考），对科技副乡镇长派遣十年工作进行了全部调研和总结，并结合现行的乡村振兴工作提出了建议	4.90
108		海南省保亭黎族苗族自治县科技扶贫"百村千户"创建技术培训	遴选科技扶贫示范户继续专业技术培训	7.80
109		幼树间作杂粮高效栽培技术示范	在海南省临高县博厚镇实施科技副乡镇长挂职项目——幼树间作杂粮高效栽培技术示范	10.00
110		新坡镇、遵潭镇科技引领乡村振兴技术培训	遴选致富带头人、创业青年及两委干部、农技推广人员、县科技特派员等300人进行培训，促进脱贫与助力乡村振兴	9.00
111		农业部优势农产品重大技术推广项目	通过果园间作牧草、牧草养殖山羊，羊粪回施果园，组织项目示范和农户培训，建立核心示范基地，辐射周边推广种植，扶持农户种植和养殖山羊，带动调整生产结构，增加农户果草畜收入	60.00

（续）

序号	单位	名称	内容简介	金额（万元）
112	海口站	农业农村部热作技术试验示范项目	开展油梨优良品种培育及筛选、种苗快繁技术、整形修剪、果实套袋、产期调节等树体管理技术的研发与集成，组装和熟化水肥高效管理技术，病虫害综合防控技术；建立油梨高产优质栽培技术体系，为油梨产业健康持续发展提供技术支撑。通过科研单位服务企业，解决农业种植技术问题，广泛带动周边贫困户地区种植户，实现产业扶贫、脱贫的目的	40.00

注：数据由中国热科院各院属单位提供。空白处为数据未统计。

【附表 6】

媒体报道中国热带农业科学院扶贫情况统计表

序号	媒体（栏目）名称	标题名称	报道时间
1	中国发展网	中国热科院海南培训食用菌栽培人才	2021 年 4 月 8 日
2	人民日报（网络版）	中国热科院：强化国家战略科技力量支撑引领热区乡村振兴	2021 年 2 月 6 日
3	海南日报	中国热科院延长培训链条为新农人培训做好后续跟踪服务	2020 年 12 月 9 日
4	农民日报	沉下身心传技术　俯下身子探富路——中国热科院用科技为热区脱贫培育新产业增强新动能	2020 年 10 月 20 日
5	中国农网	海南首次举办高素质女农民技能培训	2020 年 8 月 17 日
6	海南日报	琼中 6 个村贫困户有了"胶林宝刀"	2020 年 7 月 17 日
7	新华社	新胶刀助力胶农致富奔小康	2020 年 7 月 16 日
8	农民日报	提升热作产业水平　助推热区乡村振兴	2020 年 7 月 11 日
9	海南日报	白沙拥处村 20 亩火龙果扶贫基地迎来首轮收成	2020 年 6 月 6 日
10	农民日报	中国热科院加大橡胶林下经济示范推广	2020 年 4 月 21 日
11	海口日报数字报	牧草专家开"药方"　帮助胶农增效益	2020 年 3 月 23 日
12	海南日报	疫情下：中国热科院专家"开专方"为胶农解忧	2020 年 3 月 17 日
13	新华社	海南儋州：加强草地贪夜蛾防控研究保丰收	2020 年 3 月 10 日
14	海南日报数字报	利用"科技＋"壮大特色产业	2019 年 11 月 27 日
15	海南日报数字报	让"三棵树"长成乡村振兴的参天树	2019 年 11 月 27 日
16	南国都市	林下生态扶贫样本系列报道：一块地种出两块收益	2019 年 11 月 26 日
17	海南电视台	海南省脱贫致富电视夜校第一百五十三课—防虫网新搭法、新用法	2019 年 11 月 22 日

（续）

序号	媒体（栏目）名称	标题名称	报道时间
18	怒江广播电视	百余名国内香料行业专家学者实地考察调研怒江州绿色香料产业	2019 年 11 月 3 日
19	中国通讯社	助力脱贫攻坚，怒江州举办首届"草果文化周"活动	2019 年 11 月 2 日
20	云南微生活	云南怒江州首届"草果文化周"启动绿色香料产业助力脱贫	2019 年 11 月 1 日
21	海南新闻联播	普及科技知识实施精准帮扶橡胶所在白沙对俄村开展的农业科技培训	2019 年 10 月 31 日
22	新华社	海南探索推广新技术应对橡胶产业低迷	2019 年 10 月 30 日
23	中国新闻网	中国天然橡胶产业发展面临困境专家探讨脱困之路	2019 年 10 月 24 日
24	农民日报	胡椒成为海南农民增收优势产业	2019 年 9 月 28 日
25	海南日报	乡村振兴传统文化不能缺位	2019 年 8 月 1 日
26	海南日报	草地贪夜蛾入侵海南 18 个市县致农作物减产农业专家来琼问诊	2019 年 5 月 20 日
27	农民日报	中国热科院助力热区"粮经轮作"优化提升	2019 年 3 月 25 日
28	海口日报	脱贫户：地里种竹荪日子有奔头	2019 年 3 月 25 日
29	新华社	海南省启动 2018 年"全国科普日"系列活动	2018 年 9 月 17 日
30	央视网、海南新闻联播	第九届海南省科技论坛海口开幕-发展热带农业助推乡村振兴	2018 年 9 月 13 日
31	中国农业新闻网	所地科技合作助力湛江农业提质升级	2018 年 7 月 13 日
32	梅州市广播电视台	精准选种精深加工三产融合梅州：特色产业撬动乡村振兴新支点	2018 年 5 月 24 日
33	农民日报	沉香树成致富树	2018 年 5 月 21 日
34	海南电视台	精准扶贫在海南：胶林下科技种菌山区贫困户喜脱贫	2018 年 5 月 10 日
35	海南电视台	乐东：以"蜂"为媒推动哈密瓜产业健康发展	2018 年 3 月 8

（续）

序号	媒体（栏目）名称	标题名称	报道时间
36	海南电视台	《脱贫致富电视夜校》带您一起走进兴隆咖啡大世界	2017 年 12 月 5 日
37	新华社	中国热带农业科学院为打造民族咖啡品牌提供科技支撑	2017 年 12 月 4 日
38	海口日报	热科院开展技术培训提升蕉农种植积极性	2017 年 11 月 4 日
39	百色新闻	中国热科院科技助推田阳"三农"快速发展	2017 年 9 月 15 日
40	中国农业新闻网	中国热科院科技助力海南石山互联网小镇农业产业再升级	2017 年 9 月 1 日
41	海南日报	海南首次对蜂农进行职业技能培训	2017 年 7 月 31 日
42	海南日报	扶贫工作如何变"输血"为"造血"？精准扶贫科技先行	2016 年 11 月 11 日
43	南国都市报	黎家山兰稻形成"产业链"	2016 年 11 月 7 日
44	新华网	中国热科院助力黔西南扶贫攻坚	2016 年 8 月 22 日
45	海南日报	贫困村来了"科技国家队"	2016 年 6 月 4 日
46	海南日报	科技"果实"百姓共享	2016 年 5 月 13 日
47	国际商报	小芒果撬动大产业精准斩穷根	2016 年 3 月 2 日
48	农民日报	科技支撑强产业，支部结对保长远	2020 年 6 月 20 日
49	海南新闻联播	普及科技知识实施精准帮扶	2019 年 10 月 31 日
50	南海网	白沙拥处村"第一书记"刘钊——科技种植助村民脱贫	2016 年 11 月 3 日
51	海南日报	林下种粉蕉增收上千元——挂职乌坡镇副镇长谢学方事迹报道	2016 年 10 月 17 日
52	海南电视台	寻找海南"最美第一书记"：秦韶山使出"浑身解数"带领村民脱贫	2017 年 6 月 27 日
53	海南日报	中国热科院橡胶研究所研发出新型电动割胶刀已在 13 个国家推广使用	2020 年 8 月 3 日
54	海南日报	中国热科院橡胶所经过近 20 年引种试种我国第一个油棕品种培育成功	2019 年 4 月 11 日

（续）

序号	媒体（栏目）名称	标题名称	报道时间
55	中新网	疫情当下 电动胶刀助力海南天然橡胶产业复工复产	2020 年 5 月 22 日
56	南国都市报	省时省力省树皮 热科院电动胶刀让琼中胶农"加速"割胶	2020 年 7 月 16 日
57	科技日报	中国热科院试验场全面推广应用电动胶刀	2020 年 12 月 13 日
58	南海网	白沙第六届割胶技能竞赛火热开赛电动胶刀提高农民积极性	2020 年 8 月 27 日
59	农民日报	一粒胡椒的产业振兴之路——中国热科院香饮所科技助推胡椒产业发展寻迹	2016 年 4 月 14 日
60	海南日报	海南鹧鸪茶：甘洌清爽味醇香	2018 年 4 月 16 日
61	农民日报	生态复合种植实现一地两收胡椒成为海南农民增收优势产业	2019 年 9 月 28 日
62	万宁电视台	吕彩霞率队到我市开展脱贫攻坚调研工作	2019 年 11 月 16 日
63	农民日报	我国科研团队揭示胡椒"辣味基因"	2019 年 1 月 20 日
64	农民日报	中国热科院香饮所：科研成果进基地助力农企"走出去"	2020 年 6 月 16 日
65	农民日报	热科院香饮所助力云南绿春县发展胡椒产业兴边富民	2020 年 6 月 20 日
66	三沙卫视	《从海出发》带你探寻香料背后的"秘密"	2020 年 7 月 4 日
67	海南卫视	潮起海之南．自贸/让科技成果"变现"	2020 年 8 月 31 日
68	农民日报	胡椒深松施肥机期待长大变强	2020 年 9 月 25 日
69	海南农技通	中国热科院香饮所科技人员赴斑兰叶产业集散地开展科技与文化培训	2020 年 12 月 8 日
70	南海网	斑兰叶组培快繁技术在海南万宁被攻克产业前景可观	2021 年 5 月 11 日
71	万宁市广播电视台	中国热带农业科学院香料饮料研究所科研人员攻克斑兰叶组培快繁技术与热作高科前段专利实施许可	2021 年 5 月 12 日

（续）

序号	媒体（栏目）名称	标题名称	报道时间
72	南海网	椰视频"三棵树"下大作文章海南院企联手推动斑兰叶产业发展	2021年7月9日
73	海口日报	提升"东方香草"效益助力海南乡村振兴	2021年7月10日
74	三沙卫视	科研＋企业合作模式带动海南斑兰产业链发展	2021年7月11日
75	人民日报（网络版）	这些热带水果在西藏长势不错	2018年4月13日
76	农业农村部老干部园地	坚守岗位使命担当——记中国热科院南亚所扶贫"第一书记"张新民	2019年10月29日
77	农业农村部老干部园地	丹心耀南疆	2020年9月30日
78	学习强国	摆脱小农"单打独斗"局面阳春这个村铺就全新产业振兴路	2021年3月20日
79	凤凰新闻	《乡村振兴正当时：广藿香托起农民致富梦》（视频）	2021年3月12日
80	南方农村报	三月春耕忙，南药新品种、新技术登上了黄沙村"舞台"	2021年3月10日
81	新华网	珠海工信局携手阳江打造百亩广藿香基地	2021年3月16日
82	腾讯为村	科学种植培训，助力乡村振兴	2021年3月8日
83	南方农村报	"种"下扶贫梦收获"致富宝"	2020年6月18日
84	阳春市广播电视台	双滘镇黄沙村贫困户喜领扶贫物资	2020年4月7日
85	南方日报	春砂仁红了，小日子火了	2020年10月30日
86	学习强国	春砂仁逆势增长，阳春市双滘镇黄沙村乡村振兴有好路子	2021年1月30日
87	新快网	春砂仁逆势增长，老人节凝聚人心	2021年1月28日
88	科技日报	热科院南亚所：调研农村科技需求，开展技术推广活动	2021年3月19日
89	农民日报	右江河谷支农忙	2017年10月23日
90	农民日报	让"科技果"结满农民"摇钱树"	2014年12月10日
91	四川经济日报	芒果让你认识一个不一样的攀枝花	2015年7月24日

（续）

序号	媒体（栏目）名称	标题名称	报道时间
92	中国农业新闻网	中国热科院：右江河谷支农忙	2017 年 9 月 26 日
93	攀枝花日报	美丽蝶变成精致传奇	2014 年 5 月 16 日
94	农民日报	干热河谷镌刻金色"记忆"	2017 年 5 月 23 日
95	湛江云媒	农村科技特派员下乡，循因施策破生产难题	2020 年 11 月 5 日
96	湛江日报	农村科技特派员助农解决生产难题	2020 年 11 月 5 日
97	科技日报	带着技术奔走田间，"土专家"把论文写在大地上	2021 年 2 月 24 日
98	南方日报	中国热科院农村科技特派员联合企业，推动遂溪农业现代化发展	2021 年 2 月 3 日
99	南方日报	农村科技特派员：让科技的旗帜在田间地头高高飘扬	2021 年 2 月 19 日
100	中国热带作物学会官网	农产品加工专业委员会组织科技志愿服务队奔赴云南，助力产业发展和乡村振兴	2021 年 5 月 26 日
101	南方日报	韦丽娇：农机联网，让农户得实惠	2021 年 8 月 9 日
102	南方日报	李国杰：田间地头"显身手"，农业机械化助农增收	2021 年 8 月 8 日
103	南方日报	刘义军：科技帮扶，做农民的"土专家"	2021 年 8 月 1 日
104	湛江日报	徐闻良姜增产丰收品牌建设迫在眉睫	2017 年 5 月 4 日
105	中国农业新闻网	海南文昌：多种椰子致富快	2017 年 7 月 17 日
106	央视新闻移动网	优化椰子产业结构打造海南热带农产品品牌	2018 年 5 月 23 日
107	海南日报	文昌公坡镇"矮椰间种"向瘦地荒地要效益	2018 年 8 月 20 日
108	南海网	刘立云——农民喜欢的"田教授"	2019 年 1 月 15 日
109	南海网	海南培育出"矮"椰子树株年结果 200 个产量提升近 5 倍	2019 年 6 月 21 日
110	海南日报	中国热科院示范推广花生——甘薯轮作模式助力海南撂荒地复耕	2019 年 1 月 11 日

（续）

序号	媒体（栏目）名称	标题名称	报道时间
111	科技日报	以科技为支撑促进海南椰子产业可持续发展	2020 年 11 月 8 日
112	农民日报	海南：严控种源推进椰子产业提质增效	2021 年 3 月 23 日
113	海南广播电视总台	槟榔黄化防控明白纸研讨推介会万宁召开	2020 年 8 月 14 日
114	新华网	探秘"伸手就能摘到"的椰子	2021 年 3 月 21 日
115	海南广播电视总台	"跨屏访谈"：接续奋斗 把乡村振兴蓝图变成现实	2021 年 3 月 5 日
116	南国都市报	"云聊两会"第一期 乡村经济发展和生态环境保护找到经济发展和生态保护契合点	2020 年 5 月 24 日
117	新"三农"	徐小俊：实施乡村振兴战略要防止"大拆大建"	2020 年 7 月 28 日
118	海南日报	深读"扩种养促务工增收入"海南多举措助农稳定脱贫	2020 年 8 月 28 日
119	中华工商时报	民俗经济的困境及破解	2020 年 9 月 4 日
120	理论周刊	农业文化遗产视角下的海口火山荔枝文化	2020 年 9 月 11 日
121	中国科学报	三产融合须探索利益联结机制	2020 年 9 月 15 日
122	中国农业监测预警	我国百香果市场与产业调查分析报告	2020 年 11 月 8 日
123	中国环境报	在海南自贸港建设过程中践行好"两山"理论	2021 年 2 月 5 日
124	海南日报	五指山农户又种上了树仔菜	2014 年 1 月 26 日
125	海南日报	热科院研发出酸性土壤改良降镉肥，可有效抑制土传作物病害农作物"癌症"可治了	2017 年 2 月 22 日
126	广东农业推广网	南方避雨葡萄大有可为——广州实验站举办葡萄北果南种技术沙龙	2017 年 7 月 27 日
127	广东农业推广网	我站精品西瓜专家工作站在珠海揭牌	2018 年 5 月 3 日
128	新华网	乡村振兴见行动精品西瓜甜客家梅州横坊采摘闪亮开园	2018 年 5 月 22 日

（续）

序号	媒体（栏目）名称	标题名称	报道时间
129	河源广播电视台	龙川鹤市村：引进哈密瓜让扶贫"甜蜜"更持久	2020 年 7 月 2 日
130	南方农村报	江门台山市农村科技特派员为乡村振兴引来创新"活水"	2021 年 2 月 19 日
131	南方农村报	马帅鹏：专注葡萄适栽品种筛选与推广	2021 年 8 月 3 日
132	南方农村报	中国热带农业科学科学院广州实验站：助力地方突破农业产业发展瓶颈	2021 年 8 月 4 日
133	南方农村报	关注丨这批农村科技特派员和组织实施单位被广东省科技厅通报表扬	2021 年 7 月 2 日
134	海南日报	科技特派员助推精准扶贫	2020 年 7 月
135	海南电视台	实践教学种植技术助力脱贫攻坚	2019 年 5 月
136	海南日报	传授农业知识，助力乡村振兴	2019 年 5 月
137	海南电视台	科技人才引领乡村振兴	2019 年 5 月
138	人民网	指导临高东英镇黄皮间作大蒜，助力临高产业结构调整，实现脱贫攻坚	2019 年 12 月
139	农民日报	牛油果高热低糖的"森林黄油"	2018 年 12 月
140	海南日报	承办临高举办科技人才引领脱贫攻坚专题培训班	2018 年 12 月
141	农民日报	燕窝果种植技术指导和经济效益分析	2018 年 1 月
142	农民日报	培养农业科技推广"二传手"——中国热科院海口实验站服务海南"三区"科技人才培训纪实	2018 年 7 月
143	海南电视台	科技引领扶贫攻坚科技服务	2018 年 12 月
144	贵州日报天眼新闻	培育金果子鼓起钱袋子贞丰县"一江三果"产业进入丰收季	2021 年 7 月 5 日
145	黔西南州电视台	直播带货助力贞丰"一江三果"黔货出山	2020 年 7 月 17 日
146	贵州日报天眼新闻	种好芒果树脱贫不用愁-贞丰县鲁容乡卡务村产业培训见闻	2020 年 4 月 29 日

（续）

序号	媒体（栏目）名称	标题名称	报道时间
147	中央电视台央视新闻《共同战"疫"》节目直播	黔西南州贞丰县一江两岸种"三果"田间农忙正当时	2020 年 3 月 6 日
148	贵州日报天眼新闻	盘江河畔果飘香——贞丰鲁容乡发展特色精品水果产业见闻	2019 年 7 月 17 日
149	云南日报	兰坪县恩棋村——精品西瓜拓宽致富路	2021 年 8 月 16 日
150	海南日报	海南大力发展南药产业助力农民增收	2021 年 4 月 10 日

【附表7】

中国热科院科技帮扶示范点情况及成效

序号	单位	示范点名称	科技帮扶示范点基本情况及帮扶成效
1	品资所	海南省白沙县青松乡拥处村	拥处村地处海南省中西部山区，距白沙县城54公里，交通极为不便。村内下辖7个村民小组，现有323户1 504人，全部为黎族。全村耕地面积2 490亩，主要经济收入来源为橡胶、槟榔、益智、山兰稻等经济作物种植，2014年全村建档立卡贫困户198户共836人，贫困发生率达到了55.6%，远远超过了当年海南省全省贫困发生率10.2%的平均数据。通过派驻挂职干部，精心策划，产业帮扶，多措并举，探索出"政府＋科技＋合作社＋项目＋贫困户"的科技支撑乡村振兴和脱贫攻坚"拥处村模式"，重点围绕南药、山兰稻、火龙果等特色产业升级、提质增效、绿色发展，推广农业产业化关键技术示范应用，指导村产业发展，有效保障贫困农户的长期稳定增收
2		海南省白沙县牙叉镇对俄村	对俄村是革命老区，同时也是国家"十三五"深度贫困村，2013年贫困发生率为83.2%。经过省县镇各级多年来的共同努力，2018年10月28日对俄村全村脱贫出列，贫困发生率降至0%。村辖4个村小组，总人口163户661人，是少数民族村庄，全村大部分为黎族，共有土地面积8 017.5亩，林地面积约2 000亩，水田426亩、橡胶种植面积4 815亩（开割橡胶3 616亩）、槟榔种植面积770亩
3	橡胶所	海南省白沙县青松乡拥处村	2015年橡胶所开始选派优秀干部入村挂职担任驻村第一书记和科技副乡长，2016年已完成58户，152人脱贫。2017年白沙拥处村委会为扶贫整村推进村，脱贫任务为111户470个贫困人口。2018年完成169户624个贫困人口的脱贫。2019年10月，拥处村因"两项制度衔接"的最后8户13人已经脱贫，实现整村全部农户脱贫
4		海南省白沙县七坊镇拥阜村	拥阜村委会位于白沙县七坊镇，下辖12个自然村，7个村党小组，全村共412户，2 300人，耕地面积2 278亩，主要经济作物有橡胶、木薯、甘蔗等，通过共同努力，全部贫困人口脱贫

（续）

序号	单位	示范点名称	科技帮扶示范点基本情况及帮扶成效
5	橡胶所	海南省屯昌县枫木镇冯宅村	罗案村委会有 7 个自然村 13 个经济社，全村 288 户人家，总人口为 1 399 人。自 2015 年以来，村委会紧紧围绕"抓经济、促发展"这条主线，利用罗案村的山地优势大力发动群众发展橡胶、槟榔等种植业和黄牛、黑山羊等养殖业。其中黑山羊为罗案村新经济增长点
6		海南省万宁市新中农场 52 队	新中农场现有 6 个作业区，55 个生产队，总人口 1.7 万多人，拥有土地面积 26.03 万亩，其中橡胶 8.39 万亩。其中的 PR107 胶园橡胶树死皮日趋严重。通过集中攻坚，该队找准新产业，全部贫困人口脱贫
7		云南省西双版纳州勐腊县勐捧镇勐捧三队	云南省西双版纳州勐腊县勐捧镇位于中缅边境，热带海洋季风性气候，丘陵地形，交通闭塞，属国家级贫困县，天然橡胶是老百姓主要收入来源。我所通过示范速生高产橡胶树组培苗栽培种植，种苗、栽培、植保、割胶等专家以跟踪指导的方式，开展科技帮扶，培育速生高产橡胶示范园，效果良好
8	香饮所	槟榔间作斑兰叶示范基地	2018 年开始在万宁市北大镇北大村贫困户胡世飞槟榔地林下种植斑兰叶，免费提供斑兰叶苗、义务进行技术指导，通过 2 年多的技术帮扶，斑兰叶长势良好，经济效益和生态效益可观，已经成功帮助贫困户胡世飞脱贫，帮助他们家庭走上了勤劳致富奔小康的新道路
9		海南槟榔间作可可示范基地	提供优良可可品种热引 4 号可可种苗，基地运行期间定期进行槟榔间作可可高效栽培技术、病虫害绿色防控技术指导，基地可可已经投产，示范效果良好
10		海南省五指山市水满乡毛脑村	以该村集体经济绿橙种植基地为主要帮扶示范点，帮助解决种植生产问题。目前已成功解决该基地绿橙烂根问题，植株长势良好，已售卖部分绿橙
11		海南省五指山市水满乡新村	以该村集体经济百香果种植基地为主要帮扶示范点，帮助解决种植生产问题。目前该基地百香果长势良好，已有部分百香果上市

（续）

序号	单位	示范点名称	科技帮扶示范点基本情况及帮扶成效
12	南亚所	广西壮族自治田阳县新景村澳洲坚果示范基地	2013 年 3 月开始种植，种植面积 100 亩，2016 年开始挂果，目前每年产青皮果 40 吨，产值 60 万元
13		广东省澳盛坚果示范基地	2018 年开始种植澳洲坚果，目前种植面积约 1 万亩。通过合作帮扶，公司澳洲坚果基地植株生长良好
14		西藏自治区察隅澳洲坚果示范基地	2017 年开始种植，面积 200 亩，2020 年开始挂果
15		云南省红水河澳洲坚果示范基地	2018 年 12 月开始种植，面积 300 亩，目前植株生长良好
16		旭诚农业坚果示范基地	2013 年开始种植，面积 300 亩，目前植株生长良好，已进入丰产期
17		菠萝新品种种植示范基地	该示范基地为省级科技扶贫项目，基地为广东省徐闻县锦和镇那板村村委会所有，南亚所作为技术指导。示范品种为金钻、甜蜜蜜、金菠萝等品种。新品种收入效益显著，比传统品种每亩增收 2 000 元
18		海南省南三岛巴东村黑山羊一体化循环养殖示范基地	目前建立黑山羊一体化循环养殖示范基地 1 个，占地面积 100 亩，存栏黑山羊 350 头，优质牧草 50 亩，开展黑山羊一体化循环养殖技术帮扶，年出栏黑山羊 150 头以上，年增加经济收入 50 万元以上
19		广东省河源市龙川县民乐西村黑山羊一体化循环养殖示范基地	建立黑山羊一体化循环养殖示范基地 1 个，占地面积 100 亩，存栏黑山羊 500 头，优质牧草 80 亩，开展黑山羊一体化循环养殖技术帮扶，年出栏黑山羊 200 头以上，年增加经济收入 80 万元以上
20		海南省雷州半岛芒果科技扶贫产业基地	建成新品种示范园 1 个（2 亩）、芒果标准化生产示范园 1 个（12 亩），示范的"热农 1 号"芒果新品种获广东湛江东盟农产品交易博览会最受欢迎农产品奖
21		广东省阳春黄沙种养合作社	开展阳春砂仁种植技术指导和技术培训，指导农户改进阳春砂仁管理技术，黄沙村春砂仁产量由 2020 年比 2019 年翻了 10 倍

（续）

序号	单位	示范点名称	科技帮扶示范点基本情况及帮扶成效
22		广西壮族自治区扶绥县昌平乡	建立示范基地，建立示范平台，长期培育技术人才支撑甘蔗产业
23		海南省白沙县金波乡白打村	派人到金波乡村挂职，支部结对帮扶
24		海南省澄迈县大丰镇信宜村	开展蔬菜种植绿色防控，效果良好
25		海南省海口市龙华区新坡镇龙丰村	政府建了100多个塑料大棚，由于棚里温度高，加上台风破坏，基本废弃，后来菜农根据我们建议，换上通风透气、抗台风能力强、夏季棚里温度不会太高的防虫网，并按"同种同收、晾地饿虫"技术种菜，现在基本不打农药了
26		海南省儋州市宝岛新村	基地总面积400亩，2020年6月份开始种植香蕉，品种为宝岛。主要开展了生物所香蕉产业技术体系研发的复合微生物菌肥的试验示范工作
27	生物所	广西壮族自治区龙州响水村	基地总面积1 300亩，2018年10月种植，品种为威廉斯。该示范点主要开展了生物所香蕉产业技术体系研发的复合微生物菌肥的试验示范工作
28		海南省海口市龙华区城西苍东村	菜地面积1 000亩左右，菜农来自广西、湖南，现有防虫网棚400多亩，因为棚内虫多、大多敞开使用，任凭虫子出入，仅通过分散雨水起到防病作用，而且每亩多在2万元左右，很多农户搭不起，考虑到防虫网很轻，在棚上面用塑钢线代替钢管托起防虫网，搭建每亩4 000～8 000元、两种样式的简易防虫网棚；另外展示防虫网棚新用法，可大幅度减药增产，种植叶类蔬菜基本不打药
29		海南省琼中县长征镇南什村	百香果产业技术支持，效果良好
30		海南省海口市秀英区石山镇官良村	联合申报项目，建立示范基地，技术支撑石斛产业，对天然产物分析提取，联合开发新产品
31		海南省三亚市崖州区	到崖州区各村进行农民培训，培训农民共1 300多人，现场对农民在种植中出现的问题派专家解决，提高农民种植管理技术

（续）

序号	单位	示范点名称	科技帮扶示范点基本情况及帮扶成效
32	环植所	海南省琼中县什运乡三联村	举办培训班 6 个，现场会 8 次，调研调查 12 次，技术咨询、支持 112 次，发放技术资料 1 万余份；培训种桑养蚕大户 4 户，培训农民 540 余人次。发展桑园面积 1 400 亩，建设蚕房 1 200 平方米；桑园改造 50 亩，蚕技术示范 1 500 张，赠送蚕药等农资约 4.5 万元；帮扶贫困人口 38 户 191 人
33		海南省儋州市南丰镇油麻村	举办培训班 2 个，现场会 4 次，调研调查 7 次，技术咨询、支持 60 次，发放技术资料 3 000 余份；培训种桑养蚕大户 2 户，培训农民 306 人次。发展桑园面积 800 亩，建设蚕房 840 平方米；蚕技术示范 520 张，赠送蚕药等农资约 1.6 万元；帮扶贫困人口 21 户 102 人
34		海南省临高县多文镇红华农场	举办培训班 4 个，现场会 4 次，调研调查 26 次，技术咨询、支持 129 次，发放技术资料 1.5 万余份；培训种桑养蚕大户 6 户，培训农民 1 067 人次。发展桑园面积 850 亩，建设蚕房 1 400 平方米；桑园改造 260 亩，蚕技术示范 3 200 张，大棚改造 400 平方米，赠送蚕药等农资约 6.3 万元；帮扶贫困人口 27 户 137 人
35		海南省定安县龙湖镇	自 2017 年以来，依托环植所生态循环农业团队提供的栽培技术支持，生产猪肚菇、秀珍菇、黑皮鸡枞、灵芝食用菌产品，能够克服高温天气，鲜菇生长良好，可实现全年稳定生产，产品受到市场广泛好评。3 年以来，直接带动贫困户 380，提供就业岗位 230 多个，技术培训农户 300 多户
36		海南省白沙县南开乡高峰新村	生态循环农业团队提供的技术指导，生产黑皮鸡枞食用菌产品，能够克服高温天气，鲜菇生长良好，可实现全年稳定生产，所产产品受到市场广泛好评；2020 年在白沙县开展"菌菜轮作"示范项目，将菌渣进行高温无害化熟化处理后，种植叶菜，化肥施用量减少 40% 左右、节省肥料投入 2 000 元/亩，蔬菜产品客户反映口感好，十分受市场欢迎。目前已建成 40 亩"菌菜轮作"示范基地，直接带动贫困户 452 人脱贫
37		海南省东方市大田镇抱板村	自 2019 年以来，按环植所生态循环农业团队提供的栽培技术，生产猪肚菇食用菌产品，能够克服高温天气，鲜菇生长良好，可实现全年稳定生产，所产产品受到市场广泛好评。1 年半以来，直接带动贫困户 236 人就业脱贫，技术培训农户 30 多户

（续）

序号	单位	示范点名称	科技帮扶示范点基本情况及帮扶成效
38	椰子所	海南省五指山市通什镇应示村	应示村现种植的椰子大部分为传统的海南高种，且不成规模，普遍存在椰心叶甲、红棕象甲病虫害，影响产量，村民对新品种椰子认知接受程度不高，对病虫害的防治措施了解不够。通过多次的帮扶工作，示范点对椰子新品种的认识改观，基本了解了椰心叶甲、红棕象甲及其防治措施
39		海南省五指山市通什镇牙日村	牙日村现有种植椰子大部分为传统的海南高种，且不成规模；个别农户对新品种椰子有所耳闻并进行了种植，但经鉴定，属于假冒品种；椰心叶甲危害比较严重，对病虫害的防治措施不了解。通过多次的帮扶工作，示范点对椰子新品种的认识更为清楚，掌握了椰心叶甲的防治措施，基本控制住了椰心叶甲的危害
40		海南省屯昌县南昆镇大朗村	南坤镇加总村委会位于南坤镇西部，全村下辖 4 个自然村，4 个村民小组，共计 103 户 576 人，现有贫困户 4 户 20 人，巩固户 11 户 41 人，低保户 8 户 18 人，五保户 4 户。2015 年外出打工人数为 85 人。全村主要耕地面积共计 3 789 亩（其中水田 285 亩，橡胶 1 972 亩、槟榔 1 532 亩），人均耕地 6.6 亩。针对村民对槟榔栽培、种苗、病虫害防治的技术需求开展帮扶，成效显著
41		海南省屯昌县南昆镇加总村	全村下辖 5 个自然村，5 个村民小组，共计 160 户 830 人，现有贫困户 4 户 18 人，巩固户 20 户 78 人，低保户 15 户 42 人，五保户 6 户。2015 年外出打工人数为 42 人。全村主要耕地面积共计 640 亩（其中水田 480 亩，旱田 160 亩、橡胶 3 046 亩、槟榔 1 487 亩），人均耕地 6.3 亩。针对村民对槟榔栽培、种苗、病虫害防治的技术需求开展帮扶，成效显著
42		海南省屯昌县南昆镇吕狗村	村委会有水田面积 268 亩，槟榔面积 388 亩，橡胶面积 745 亩。现在有农业总人口 216 户 1 100（其中建档立卡的贫困户 49 户 230 人）。由于胶价低迷，目前主要收入依赖槟榔。村内年轻人多外出务工，村内剩余人员劳动能力不强。针对该村的经济作物种类和劳动力类型。有针对性提出帮扶方案。发展林下经济和养殖产业。对主要产业作物槟榔，进行技术培训，提升村民对槟榔的种植和病虫害防治能力

（续）

序号	单位	示范点名称	科技帮扶示范点基本情况及帮扶成效
43	椰子所	海南省屯昌县南昆镇长圮村	全村土地面积7 077.8亩，其中耕地面积6 451亩（水田面积930.2亩，坡地面积1 080.7亩，林地面积4 440.1亩）。目前种植橡胶面积2 797亩，水稻面积577亩，槟榔面积1 218亩，其他作物720亩。现在有农业总人口356户1 580人（其中建档立卡的贫困户40户189人）。村里年轻劳动力少。针对该村的经济作物种类和劳动力类型。有针对性提出帮扶方案。发展林下经济。对主要产业作物槟榔，进行技术培训，提升村民对槟榔的种植和病虫害防治能力，并加大对椰子产业的发展力度
44		海南省屯昌县乌坡镇青梯村、美华村、坡心村	采取"企业＋村集体＋基地"模式发展村集体经济。乌坡镇青梯村、美华村、坡心村组成联营农场，种植面积398亩，种植品种为椰子所培育的"文椰3号"新品种椰子，于2020年8月23日开始定植，9月1日完成种植，种植数量近8 000株
45		海南省陵水本号镇亚欠村、黎跃村	针对当地的主要作物特色热带水果、瓜菜和水稻种植，土壤偏酸，槟榔基本发病绝收的问题，进行技术帮扶，效果良好
46	测试中心	海南省五指山市番阳镇毛道村	针对当地的主要作物瓜菜和百香果种植，开展技术指导，效果显著
47		海南省五指山市番阳镇番阳村	五指山市番阳镇是海南省冬季瓜菜的主要种植基地之一，特别是青瓜种植是当地的主要产业和传统产业，当地的地理环境条件特别适宜青瓜种植，2021年青瓜种植面积约5 000亩，种植模式主要为农户种植。番阳政府高度重视青瓜产业，希望通过品牌建设来推动青瓜产业提质增效和转型升级，但是品牌建设的基础较为薄弱。2020年9月开始对接帮扶，每月开展一次具体帮扶工作，通过帮扶，当地政府和种植户对青瓜品质和安全的意识明显提升，当地政府着手品牌建设前期准备工作，包括成立合作社、注册商标等

（续）

序号	单位	示范点名称	科技帮扶示范点基本情况及帮扶成效
48		广东省云浮市新兴县湾中村	该村现有耕地 25 420.6 亩（其中山地面积 24 000 亩），主要种植麻竹（产竹笋）、水稻和花生。存在问题：劳动力不足、机械化难。扶助村民发展绿色粗粮产业
49		广东省云浮市新兴县料坑村	该村有 2 744 人，760 户，耕地 30 856 亩（其中山地面积 28 371 亩）。主要种植青梅、荔枝，养殖蜜蜂，其中蜜蜂养殖户已经有 120 户，村民在养殖过程中缺乏技术指导，养蜂标准化水平低，蜂蜜产量不高，销路也不稳定。青梅和荔枝效益低；养蜂技术标准化水平低。扶助村民发展林下经济产业
50		广东省云浮市新兴县大朗村	该村主要种植青梅、茶叶和牛大力等，存在青梅效益低的问题。经过技术指导，效果良好
51		广东省河源市东源县新民村	根据该村良田集中、无污染及劳动力现状，联合驻村企业深圳国际控股有限公司，在新民村建立 100 亩左右优质无公害水稻生产示范基地
52	广州实验站	广东省河源市东源县李白村	深圳市特发集团与村委在李白村投资 200 万，建立了 160 亩佛手瓜、贝贝南瓜、苦瓜等供港蔬菜生产基地，由于缺乏生产技术，产量低。经过联合攻关和持续技术指导，效果良好
53		广东省河源市东源县新轮村	引进中国热科院优良牧草，在现有规模下规划 50 头牛的种草养牛模式示范，指导该村养牛大户科学养殖，逐步增加养牛数量，通过示范效应带动更多农户参与。对该村火龙果规模种植户提供技术指导
54		广东省肇庆市四会市迳口镇	现有耕地面积 3.53 万亩，林地面积 8.3 万亩，水产养殖面积 1.16 万亩（含水库水面面积 0.44 万亩）。迳口镇农业产业主要以畜禽、水产养殖和水果、蔬菜种植为主。其中，畜禽类以商品猪、鸡、鸭、鹅、鸽子为主，水产类以四大家鱼和桂花鱼为主，种植类以沙糖橘、南药（霍香、穿心莲、黄姜）、西瓜、香瓜为主。发挥科研优势，开展技术服务，效果良好
55		广东省河源市龙川县鹤市镇鹤市村	近年来，该村通过发展光伏发电、绿壳蛋鸡养殖、精品农业种植、农贸市场等扶贫产业，目前全村建档立卡贫困户全部达到脱贫标准。本团队科技帮扶的重点为精品农业（瓜果）种植

（续）

序号	单位	示范点名称	科技帮扶示范点基本情况及帮扶成效
56	广州站	广东省河源市东源县义和镇下屯村	河源市东源县下屯村是广东省审计厅的对口扶贫点。经过对该村粤菜文化背景及周边休闲餐饮产业现状调研分析，扶贫工作队选定我院的黄金木薯（华南9号）作为该村扶贫产业工作突破口，结合客家菜师傅培训基地建设、休闲旅游产业发展及电商服务站建设，实施产业扶贫、精准扶贫。本团队科技帮扶的重点为木薯种植加工体验全程技术指导
57		广东省河源市江东新区桂林村	近年来，该村总结了"五个一批"：产业扶贫稳定脱贫一批、一户一策勤劳致富一批、致富带头人带动一批、政策兜底帮助一批、教育帮扶重点扶持一批。本团队科技帮扶的重点为都市休闲农业产业扶贫
58		广东省江门市台山市冲蒌镇伞塘村	广东檀香湖生态农业发展有限公司，在冲蒌镇建设了檀香种植基地，计划围绕都市休闲农业主题，开展农产品种植与休闲农业相关工作，相继推出花海、特色农产品采摘（挖）等活动。在广州站木薯课题组技术支持下，开展食用木薯绿色栽培及科普采挖体验工作，效果显著。2021年，该公司联合我站申报并获批台山市科技特派员项目
59		广东省广州市黄埔区黄陂镇王屋村	广州市天鹿农牧经济发展有限公司，在广州实验站技术指导下，建立热带作物科技示范基地20亩，主要开展热带都市农业技术示范、技术培训、产业孵化和产业运营等，打造广州黄埔都市休闲农业产业示范样板
60		广东省和平县青州镇星塘村	广东聪明人集团有限公司青州现代农业生态基地，2017年广州站与该公司开展技术合作，并陆续引入精品西瓜、鲜食葡萄、食用木薯、牛油果等新品种新技术在基地内实施，这次团队成员实地察看了葡萄等瓜果成熟情况，针对性提出水肥管理措施，并对牛油果引种适应性栽培基地内果树长势情况进行了记录

（续）

序号	单位	示范点名称	科技帮扶示范点基本情况及帮扶成效
61		海南省临高县东英镇居留村	以黄皮间作大蒜等短期脱贫长期致富的项目作为技术服务对象带领农户脱贫致富
62	海口实验站	海南省尖峰镇长田村	2016 年建立海南火龙果冬果调控高效栽培示范基地 100 亩，通过火龙果人工补光诱花、营养调控和树体养护等技术集成示范，实现了海南火龙果全年有鲜果上市，延长了火龙果采收时间，这一技术在 2018—2021 年期间在海南大面积辐射推广，仅合作企业实施这项技术后直接带动地方贫困户 3 000 多户 1 万余人脱贫
63		海南省澄迈县福山镇红光农场和平队	建立福橙无病容器大苗繁育与配套高效栽培示范基地 600 亩，通过基地核心技术示范，仅核心示范基地每年带动周边农民务工 300 人次以上
64		海南省五指山毛道乡和水满乡	分别合作建立山竹高效栽培示范基地 210 亩，有机茶园土壤提肥增效示范基地 200 亩，通过新技术的示范，一方面为其他增加效益 20%以上，另一方面促进周边农户年新增务工 400 余人次

注：数据由中国热科院各院属单位提供。

【附录1】

中国热带农业科学院
进一步加强科技支撑怒江州脱贫攻坚工作方案

为加快推进我院科技支撑云南怒江州特色农业产业发展，助力脱贫攻坚和乡村振兴工作，按照院常务会、院党组会会议精神，制定本工作方案。

一、指导思想

以全面贯彻党的十九大和十九届二中、三中、四中全会及中央经济工作会议、中央农村工作会议精神为指导，认真落实《中共中央、国务院关于抓好"三农"领域重点工作确保如期实现全面小康的意见》《农业农村部关于落实党中央、国务院2020年农业农村重点工作部署的实施意见》有关内容，立足怒江州现有资源优势和产业基础，为推动怒江州特色农业产业发展、促进农民增收提供强有力的科技支撑。

二、主要内容

（一）健全工作机制

香饮所作为执行主体单位，牵头负责推动怒江州绿色香料产业研究院建设和院在怒江州工作的组织实施。相关院属二级单位作为具体项目（任务）执行的责任主体，负责各项工作任务的落地落实落细。

建立项目工作责任制。项目作为工作落实的具体形式和支撑保障。相关院属二级单位根据项目（任务）的内容，成立相应的项目专家工作组，专责负责推动项目实施。专家工作组须根据项目的性质和工作的实际需要，采取短期出差、时段进驻、长期驻点等的工作方式，确保工作高效推进。

完善干部挂职工作机制。根据怒江州工作的实际需要，长期选派优秀干部到怒江州兼职、挂职。兼职干部每年在怒江州的工作时间不得少于3个月，挂职干部每批3～4人，挂职期1～2年，工作方式以驻点工作为主。参照国家、农业农村部和地方关于挂职干部和兼职干部的相关管理规定，给予前往怒江州工作的挂职、兼职干部适当的待遇激励。

健全分级对接的沟通机制。怒江州脱贫攻坚专项工作领导组办公室主要负责与怒江州政府的对接，重点是面上重大综合性事务。相关院属二级单位主要负责与怒江州相关单位的对接，重点是具体项目、工作的协商、策划和落实。

（二）加快工作落实

1. 选派推荐挂职干部

工作内容：5 月底前，完成第一批挂职干部的选派推荐工作。

责任单位：人事处。

责任领导：龚康达。

工作小组：张智、黄得林。

2. 国家草果种质资源圃建设

工作内容：5 月底前，落实项目建设用地和完成建设方案；9 月底前，完成种植准备，深入开展资源收集、保存和鉴定评价等工作；持续推进项目建设，推进纳入国家资源圃"十四五"工作规划，开展项目申报等工作。

责任单位：品资所。

责任领导：赵建平。

专家工作组：王祝年、苏尚义、郭海萍、于福来、元超、王清隆、陈振夏、杨虎彪。

3. 绿色香料产业园建设

工作内容：5 月底前，完成怒江州绿色香料产业园总体规划和香料园区香料植物种植规划；落实草果科研试验基地用地；6 月份，启动香料植物引种、种植、香料植物博览园建设等工作，完成草果科研试验基地项目可行性方案，适时开展项目申报，积极争取农业农村部和云南省的资金支持。

责任单位：香饮所、品资所、加工所、信息所。

责任领导：郝朝运、赵建平、杨春亮、胡盛红。

专家工作组：信息所田童、杨奕嘉、谢龙缘；香饮所秦晓威、王学良、庞永青、杨建峰、王灿、李志刚、谷风林、初众；品资所王祝年、苏尚义、郭海萍、于福来、元超、王清隆、陈振夏、杨虎彪；加工所周伟、廖良坤、刘飞。

4. 举办"绿色香料产业发展研讨会"

工作内容：结合"草果文化周"开展活动策划，9 月前，制定完成活动方案，纳入"草果文化周"总体方案。

责任单位：香饮所。

责任领导：郝朝运。

专家工作组：秦晓威、王学良、庞永青、杨建峰、谷风林、初众。

5. 特色香料等农产品开发及加工

工作内容：开展怒江州草果、花椒等特色农产品精深加工研究，开发多元化、附加值高的特色产品；9 月底前，完成新产品样品生产；10 月底前，完成新产品出品；全年开发 10 款以上产品，实现 3～4 款产品的技术推广及上市销售，推动怒江州农产品产地初加工基础设施建设；12 月底前，完成 2 种产品

初加工设施的改进、引进 2 套以上节能高效初加工设备并推广应用，开展现场技术指导 3～5 次，力争获得国家产地初加工资金补助。

责任单位：香饮所、加工所。

责任领导：郝朝运、杨春亮。

专家工作组：香饮所秦晓威、谷风林、初众、朱科学、房一明；加工所周伟、曹玉坡、叶剑芝、廖良坤。

6. "怒江草果" 农产品地理标志申报

工作内容：构建怒江州特色农产品全产业链质量追溯系统，配合开展 "怒江草果" 农产品地理标志申报工作，8 月份，进行项目申报工作。

责任单位：信息所、香饮所。

责任领导：胡盛红、郝朝运。

专家工作组：信息所孟猛、梁伟红、宋启道、李汉棠、方纪华；香饮所秦晓威、王学良、杨建峰、谷风林。

7. 科技推广培训及信息咨询服务

工作内容：围绕 "种植结构优化" 和 "怒江花谷" 建设，在怒江沿线低海拔区引进中晚熟芒果、三角梅等特色品种开展试种和推广工作，建立新品种展示及提质增效示范推广基地 1～2 个；开展热带水果、花卉、独龙牛和羊等当地特色品种种植和健康养殖专题技术培训班 3～4 期；利用 "12316" 短信平台、热带农业工程咨询和热带农业科技服务等微信公众号推送热带作物优良品种信息、种植管理技术、病虫害防治、农业致富、新技术、农业政策等各类农业信息。

责任单位：品资所、信息所。

责任领导：赵建平、胡盛红。

专家工作组：品资所苏尚义、周汉林、杨光穗、党志国、黄素荣、雷照鸣；信息所李玉萍、孟猛、高静、宋启道、叶露、邓春梅、阳庆铃。

8. 推动企业参与，助力产业发展

工作内容：通过技术支持等，促进调味料加工、农产品加工、农产品销售的企业在怒江州设立分支机构或办事处，支持怒江州农业产业发展，12 月底，促成 3 家及以上企业入驻怒江州开展相关业务；通过与美菜网、天猫、京东等电商平台和各省大型批发市场建立固定采购联系点，建立长期的合作，支持怒江州农产品走出去，12 月底，促成 2 个电商平台和 2 个以上大型批发市场建立固定采购联系点。

责任单位：加工所。

责任领导：杨春亮。

专家工作组：周伟、曹玉坡、叶剑芝、廖良坤、杨子明。

9. 深入调研产业发展需求

工作内容：深入调查研究泸水市、福贡县等未摘帽县的农业产业资源禀赋和发展需求，为地方农业特色产业提出确实可行的建议措施，5月底，完成调研，6月初，完成调研报告。

责任单位：信息所。

责任领导：尹峰。

专家工作组：陈诗高、侯媛媛、卢琨、金琰、徐磊磊、宋启道。

（三）加强项目策划

在前期中国热科院专项资金支持的基础上，进一步加强科技攻关项目策划，重点围绕种质资源收集、良种繁育、品质评价和精深加工等，策划草果种质资源圃和科研试验基地建设项目，草果等特色香料种质资源的保护评价、选育种、种苗繁育、绿色防控、高效栽培和精深加工等关键技术研发以及高效种植技术的示范推广和新产品研发、产品质量追溯研究等项目，积极争取农业农村部和云南省的经费支持。

1. 开展草果等特色香料种质资源收集保存和评价利用　通过种质资源的收集、评价，筛选出适合怒江州种植的优质高产特色香料品种，解决优良品种缺乏、老产区病害严重、产量不稳定等问题。

2. 研发草果等特色香料优良种苗组培快繁技术　重点开展草果等特色香料外植体诱导愈伤组织，最佳条件筛选及以带芽茎段直接诱导丛生芽的组培快繁关键技术研发，解决草果等特色香料分株繁育无法高效繁育优良后代的问题，确保种苗安全，保障草果等特色香料产业健康发展。

3. 研发林下高效种植特色香料作物技术　充分利用各种林下空间，集成良种良苗、轻简栽培、合理施肥、绿色防控等技术，构建草果等特色香料立体复合种植生态系统，促进特色香料产业提质增效。

4. 草果等特色香料品质评价和精深加工技术研发　构建草果等特色香料鲜果和干果品质评价体系，形成标准化生产技术规程，保证产品质量；重点开展鲜果保鲜、腌制、制浆、干燥、制粉与风味调配等技术研究，突破风味复合调理食品与休闲食品加工技术，研发草果等特色香料休闲方便食品和草果复合调味品，解决产品种类少、附加值低等瓶颈问题，打造"怒江草果"等农产品品牌，促进怒江特色香料产业高质量发展。

三、组织领导

（一）成立院科技帮扶怒江州脱贫攻坚工作领导小组

成立院科技帮扶怒江州脱贫攻坚工作领导小组，负责全面统筹资源，整体推动工作，确保各项工作有力推进、有序落实。

　组　　长：崔鹏伟。

副组长：张以山、谢江辉、何建湘、唐冰。

　成　　员：院科技处、人事处、计划基建处、成果转化处、产业发展处主要负责人，品资所、加工所、信息所主要负责人。

（二）设立科技帮扶怒江州脱贫攻坚工作领导小组办公室

科技帮扶怒江州脱贫攻坚工作领导小组下设办公室，办公室设在院产业发展处，负责具体工作的组织协调和推动落实。

办公室主任：张智。

办公室副主任：郝朝运。

办公室下设 5 个任务组

1. 科技攻关任务组　院科技处牵头，负责组织开展科技攻关项目策划、申报、组织实施等。

2. 人才保障任务组　院人事处牵头，负责组织开展人才交流学习、干部挂职锻炼、人才资源保障等。

3. 条件保障任务组　院基建处牵头，负责组织条件设施的规划、项目申报、实施建设等。

4. 科技服务任务组　院产业发展处牵头，负责组织开展科技示范展示、培训推广、指导咨询等。

5. 工作督办任务组　院纪检监察审计室牵头，负责组织各项工作的落实检查和督促督办等。

四、强化监督

1. 强化责任落实　按照院重点领域监督工作视频会议和院党组怒江州科技扶贫专题会要求，强化工作部署和落实情况的监督，督促各单位党组织特别是党政主要负责同志履行好对怒江州科技扶贫的主体责任、纪检组织特别是纪委书记履行好监督责任，各单位领导班子成员和各部门负责人履行好"一岗双责"。

2. 加强扶贫工作调研和开展现场监督　各单位要开展科技扶贫调研，听取各单位纪委书记、分管扶贫工作副所长工作汇报，与科技扶贫一线同志、纪委委员互动交流，跟进督促扶贫工作落实；开展怒江州扶贫材料建档情况检查；组织开展怒江州现场督查和集体督导谈话。

3. 加强形式主义、官僚主义问题整治　加强科技扶贫领域形式主义、官僚主义的监督检查，深化运用监督执纪"四种形态"特别是第一种形态，对科技扶贫领域存在的问题线索，优先研判处置，及时谈话提醒、约谈函询，防止小毛病酿成大问题，加大督促整改力度，确保科技扶贫工作落地见效。

五、有关要求

第一，要进一步提高政治站位，增强责任感和使命感。把做好科技支撑怒江特色产业发展工作作为增强"四个意识"、坚定"四个自信"、做到"两个维护"的直接检验。

第二，要加大倾斜支持力度，强化措施落地，优化支撑条件，全力保障各项工作任务顺利推进，争取尽快见到成效，切实为怒江州打好打赢脱贫攻坚战、实施乡村振兴战略、全面建成小康社会提供强有力的科技支撑。

第三，要进一步落实落细工作措施，制定具体工作方案，并于 5 月 18 日前报院产业发展处。

【附录2】

中国热带农业科学院
科技助推中国热区乡村振兴行动计划
（2018—2020年）

为全面贯彻落实党的十九大精神和中央一号文件关于实施乡村振兴战略的统一部署，根据《中共中央、国务院关于实施乡村振兴战略的意见》《农业部关于大力实施乡村振兴战略加快推进农业转型升级的意见》，特制定我院科技助推中国热区乡村振兴行动计划。

一、总体思路

以习近平新时代中国特色社会主义思想为指导，以实施乡村振兴战略为总抓手，以推进农业供给侧结构性改革为主线，以优化热带农业产能和增加热区农民收入为目标，坚持质量兴农、绿色兴农、品牌强农，按照部"五推进一加强"整体部署，强化责任担当，加强自身能力建设，创新体制机制，推动科技人员投身热区"三农"工作主战场，开展农业技术集成创新、科技成果转化、技术推广、技术扶贫、技术服务、技术培训，为促进"产业兴旺、生态宜居、乡风文明、治理有效、生活富裕"提供强有力的科技支撑和人才保障。

二、基本原则

（一）坚持主动作为 强化"四个意识"，深入贯彻落实党的十九大、中央农村工作会议和全国农业工作会议精神，按照乡村振兴战略的总要求，牢记农业农村部赋予我院当好热区"火车头""排头兵""孵化器""主力军"的使命，勇于担当、主动作为。

（二）坚持目标聚焦 坚持质量第一，推进质量兴农、品牌强农；坚持效益优先，促进热区农业竞争力不断提升和农民收入稳定增长；坚持绿色导向，提高热区农业可持续发展水平；坚持市场导向，着力调整优化热区农业结构；坚持改革创新，加快培育热区农业农村发展新动能。

（三）坚持问题导向 针对当前热区农业农村发展中技术、人才、服务供给不平衡、不充分等突出问题，立足热区产业发展实际和农民现实需求，加强农业农村重大共性关键技术的研究、熟化和推广应用，补齐现代热带农业发展短板。

（四）坚持因地制宜 根据资源禀赋、生态功能、生产规模、产业基础、经营主体等差异，因地制宜、分类施策，提供适用于不同区域、不同主体的技术解决方案，推动形成各具特色、平衡协调的热区乡村发展新模式。

（五）**坚持协同联动** 紧密联系地方政府，发挥协作网作用，建立协同工作机制，加强顶层设计，引导院属单位与农业技术推广机构、农民合作组织、涉农企业等紧密衔接，整合资源，优势互补，形成横向联动、纵向贯通、多方协同的服务热区"三农"新格局。

三、总体目标

围绕制约热区 9 省（自治区）乡村振兴重大瓶颈问题的科技需求，实施"六个一工程"：集成创新一批核心关键技术，应用转化一批先进实用科技成果，示范推广一批农业可持续发展模式，精心打造一批科技引领示范基地，培训壮大一批新型生产经营主体，积极带动一批社会组织参与实施。到 2020 年，科技成果的有效供给基本满足热区农业农村现代化发展的需求，科技对现代热带农业产业发展的支撑引领作用进一步加强，热带农业质量效益竞争力显著提升。

四、主要任务

按照产业兴旺、生态宜居、乡风文明、治理有效、生活富裕的总要求，围绕海南热带特色"王牌"农业、广东现代都市农业和岭南特色农业、广西甘蔗等现代种植业、贵州山地特色现代农业和石漠化治理、云南高原特色现代农业、川滇金沙江干热河谷现代农业等热区现代农业发展需求，制定我院科技助推中国热区乡村振兴行动实施方案，通过"八推进一加强"，助推热区 9 省（自治区）农业农村现代化。

一是推进现代农业技术集成创新，强化热区乡村振兴科技引领；二是推进成熟技术成果转移转化，提高热带农业竞争力；三是推进热区科技创新中心建设，服务地方乡村振兴；四是推进现代农业技术推广服务，支撑热区农业产业兴旺；五是推进科技引领示范基地建设，促进热区农村生态宜居；六是推进各类组织积极参与实施，促进热区乡村乡风文明；七是推进热区农业农村人才培养，促进热区乡村治理有效；八是推进热区科技扶贫精准脱贫，促进热区农民生活富裕；九是加强科技体制机制创新，形成协调推进热区乡村振兴新局面。

五、重点实施内容

（一）**集成创新 30 项科技成果** 围绕热区九省（区）农业产业发展需求，集成创新热带现代农业发展必要的综合技术模式，加快促进热作产业升级跨越，集成创新化肥农药减施、节水技术和绿色农业投入品，推进热带农业绿色发展；集成创新热区耕地改良和地力提升技术，推动农业可持续发展；集成创新废弃物资源化利用技术，推动资源高效利用；集成创新大宗热带作物绿色增产增效技术模式，科技支撑大宗热带农产品增产增效，保障有效供给；集成创新热带特色经济作物绿色增产增效技术模式，促进产业转型升级，提质增效；集成创新设施作物提质增效标准化技术模式，推动现代设施产业发展；集成创新农机农艺结合技术，提高热作农机化水平，降低生产成本；集成创新热带农业信息技术，提高农业信息化水平；集成创新热区稻田绿色增效技术模式、石漠化地区综合治理技术模式、山区草畜一体化模式、林下经济模式等农业综合模式，科技支撑热区典型生态区可持续发展；集成创新热带水果、天然橡胶、香辛饮料、热带油料等热带农产品加工增值技术，改善产品品质、提高产业效益。

（二）转移转化 60 项技术成果　院热带农业技术转移中心服务平台，构建专业化的行业内和区域性技术转移机构，为热带农业技术成果转移提供一站式服务，转移科技成果 20 项以上；优化调整国家重要热带作物工程技术研究中心，建成新型科技成果转化平台与开发的实体，促进我国重要热带作物产业结构调整和产业升级；联合企业开发特种天然橡胶新材料、热带农业绿色专用农药、热带农业高效专用肥、畜禽水产健康饲料产品、热带作物功能性新产品、热带作物机械装备 30 种以上。推动良种良苗育繁推一体化，培育优良品种和繁育优质种苗，良种良法配套，推出优质健康种苗 10 种以上，推广特色优质高值品种 10 个以上。实施热带农产品品牌培育工程，打造一些叫得响、过得硬、有影响力的特色热带农业品牌，提高热带农业竞争力。

（三）示范推广 60 套品种和技术模式　构建符合热区特点的农业推广体系，推介发布热带经济作物、南繁种业、热带粮食作物、热带冬季瓜菜、热带饲料作物与畜牧和热带海洋生物等领域新品种和新技术 30 项以上，促进一二三产业融合发展。实施，百名专家兴百村行动，组织 100 名专家进驻 100 个村庄，应用新品种、新技术、新模式 60 套以上，打造地方特色高效农业，支撑热区农业产业兴旺。构建南繁科技服务中心，利用生物技术为国家南繁育种基地提供全方位技术服务。打造乡村振兴咨询服务平台，为热区提供乡村振兴战略规划及咨询服务；构建热带农产品产业监测预警体系，为热区农户热带农产品生产和贸易提供技术支撑；构建热带农产品安全风险评估体系，为政府决策、保障华南区（热区）农产品质量安全提供技术支撑。

（四）精心打造 30 个示范基地　围绕热区 9 省（自治区）科技需求，建设 20 个科技引领特色示范基地，保护好绿水青山和田园风光。其中，在海南重点建设好乡村振兴试验田—海南儋州热带农业科技博览园，打造特色热带水稻、热带花卉产业化、南药产业化、天然橡胶节本增效、橡胶林下经济、槟榔产业技术集成等示范基地；在广西建设甘蔗、木薯等高效栽培示范基地；在云南打造澳洲坚果、咖啡高效栽培示范基地；在广东打造生态农业、都市农业示范基地；在贵州打造石漠化综合治理、中晚熟芒果优质栽培、草畜一体化循环农业示范基地，在"攀枝花"模式的基础上，凝练总结科技扶贫的"兴义模式"；在福建打造山地循环农业示范基地等。建设 6～9 个热区科技创新中心（示范区），服务地方产业发展。包括云南普洱创新中心、广西创新中心、广州创新中心、贵州兴义创新中心、四川攀枝花创新中心、福建漳州创新中心。建设 3～5 个科技扶贫精准脱贫示范点，多措并举做好定点扶贫，打造一批"有干头、有看头、有说头"可复制的科技扶贫样板田。

（五）培养壮大一批新型生产经营主体 充分发挥我院的人才、资源和条件优势，进一步加强科技人才挂职助推乡村产业振兴，并与国内涉农高校广泛开展合作，努力提高研究生的专业技能和综合素质，每年在热带作物学、植物保护、园艺、农产品加工等专业领域培养应用型专业硕士研究生 100 名以上，为热区农业和科技发展提供高学历人才支撑。

依托"阳光工程"培训项目开展热区农业农村人才教育培训。实施高素质农民培育计划、现代青年农场主培养计划、实施农村实用人才培训计划，做好实用技术、专业技能和创业培训，每年在热区争取培训 5 000 名以上农场主、农民合作社负责人、种养大户等农业新型生产经营主体，提高其科学种养水平和经营管理能力，培育一批名副其实的乡村振兴实施和参与主体，促进热区乡村治理有效。

（六）积极带动一批社会组织参与实施 优化完善全国热带农业科技协作网组织体系，协同热区 9 省（自治区）农科院、农业技术推广机构、农民合作组织、涉农企业等紧密衔接，形成特色鲜明的网络化的热区农业技术推广体系。发挥中国热带作物学会作用，建立海南、广西、云南等服务站，为地方、企业提供科技咨询、技术转化或人员培训等服务，有针对性地开展天然橡胶、热带香辛饮料、热带水果等领域的实用技术培训，组织专家为农户提供现场科技咨询活动，组织开展农业农村科普展览等。充分利用国际农业组织资源，合作引进世界热区国家成功的农业科技、农业产业和农村发展模式，为中国热区乡村振兴战略提供国际经验，促进热区乡村乡风文明。

【附录3】

中国热带农业科学院
2020年度拥处村定点扶贫实施方案

根据《中共海南省委海南省人民政府关于打赢脱贫攻坚战的实施意见》和全省扶贫开发工作会议精神，我院重点在科技帮扶上做文章，并在2019年定点帮扶工作的基础上，确保2020年巩固提升脱贫户增产增收的任务，结合拥处村实际，制定本方案。

一、指导思想和目标任务

（一）指导思想

为全面贯彻落实党的十八大、十九大会议精神以及习近平总书记在决战决胜脱贫攻坚座谈会上的讲话精神，分析当前形势，克服新冠肺炎疫情影响，凝心聚力打赢脱贫攻坚战，确保如期完成脱贫攻坚目标任务。切实落实好省政府提出的"巩固脱贫攻坚成果"决策部署和总体目标，结合拥处村实际，重点抓好产业扶贫和就业扶贫，加大扶智扶志力度，健全稳定脱贫和逐步致富的长效机制，确保拥处村脱贫致富。

（二）目标任务

1. 巩固提升脱贫攻坚成果，推动乡村产业振兴　2019年10月，拥处村因"两项制度衔接"的最后8户13人已经脱贫，实现整村全部农户脱贫。2020年底要以更大决心、更强力度推进脱贫攻坚，坚决克服新冠肺炎疫情影响，进一步巩固落实贫困人口"两不愁三保障"的脱贫成果；在实现扶贫对象家庭年人均纯收入高于3 755元基础上，理清工作思路，积极探索乡村振兴方案，建立以技能培训、科技合作为主的帮扶机制。

2. 主要抓好三方面工作　一是按照"橡胶保收、益智增收、山兰稻创收"的发展思路和发展模式，在天然橡胶、南药、热带果树、山兰稻、热带畜牧业和养蜂、菌菇等项目上进行科技服务和帮扶，进一步建设以橡胶、槟榔、热带果树为代表的热带特色示范基地。着力加强新品种、新技术、新模式的集成创新和示范推广，突破产量低、价格低、收益低等产业发展瓶颈。积极探索多种经营模式，开展林下种养试验示范，推动畜禽高效养殖标准化、生态化、集约化，促进多产融合，增加边际效益；结合"啦奥门山兰文化节""南药大观园"等发展乡村休闲旅游和区域特色文化旅游，进一步促进农业产业提质增效，加大农产品宣传力度，拓宽销售增收渠道，巩固提升脱贫成效；二是我院将加大力度支持拥处村乃至白沙县规划建设现代农业示范村点，全面推广应用现代农业科技成果，打造"一村一品"，实现以点带面、以村带（乡）镇、辐射全县的示范推广目标，为白沙县乡村振兴战略提供科技支撑和保障；三是加大"生产经营型、专业技能型、社会服务型"高素质农民培育工作，采取"分段式、重实训、参与式"培养模式，加快构建新型职业农民队伍。加强专家日常进村指导，开展南药（牛大力、益智、槟榔、海南砂仁等）、山兰稻、橡胶高产栽培，养殖（猪、羊、鸡、鹅、蜜蜂等）管理、菌菇生产、电子商务等技术培训，培育新型职业农民。改变村民传统生产观念，加大扶智扶志力度，提高种养技术水平。

二、拥处村基本情况

（1）拥处村是白沙县青松乡管辖的行政村，有 4 个自然村，344 户 1 395人，共有 7 个村民小组，村"两委"成员 5 人，党员 66 人。

（2）2018 年初已实现整村脱贫出列，摘掉了贫困村的帽子；2019 年 10 月拥处村因"两项制度衔接"的最后 8 户 13 人已经脱贫，实现整村全部农户脱贫。2020 年底实现克服新冠肺炎疫情影响，巩固脱贫成果，形成稳定脱贫和逐步致富的长效机制，实现小康的奋斗目标。

（3）全村耕地面积 2 490 亩，其中水旱田面积 1 240 亩、旱地面积 1 250亩；热带、亚热带作物种植面积 7 905 亩，其中橡胶 7 304 亩，槟榔 560 亩，椰子 41 亩。多数耕地缺乏水利灌溉，生产条件差，经济发展缓慢，经济收入以橡胶、益智、山兰、养蜂特色产业为主。

（4）经过详细实地调查，发现贫困户主要致贫原因多为因病和因学，占比率达 60%，缺技术和资金占比率 25%，缺土地和自身发展动力不足占比率 15%。

（5）存在的问题：一是脱贫户整体"等、靠、要"思想得到改善，但是仍需要巩固提升；二是脱贫户发展种养业缺乏相关技能，需要举办科技扶贫培训班，培养新型农民，促进多产融合发展，提升综合效益；三是拥处村目前产业集中在初级阶段，产品加工、储运环节薄弱，农产品附加值低，经济效益低，下一步应结合拥处村实际情况，培育特色品牌，延长产业链，提高农业产业的竞争力。

三、帮扶工作内容

（一）工作措施

根据拥处村贫困户情况，主要从以下三个方面开展帮扶工作：

1. 党建帮扶 从思想上进行教育引导，解决思想问题，通过每周扶贫电视夜校，由我院选派的第一书记每堂课对贫困户进行思想教育、案例分析、课后讨论、相互谈心等多种形式，引导贫困户主动谋划，摒弃"等、靠、要"思想，抓住脱贫攻坚机遇，早日通过勤劳双手发家致富奔小康。

2. 产业帮扶 继续按照"橡胶保收、益智增收、山兰稻创收，'一村一品'打造山兰稻基地和山兰文化节"的发展思路和发展模式，加强"拥处村精准扶贫专家工作组"指导力度，在天然橡胶、南药、热带果树、山兰稻、热带畜牧业和养蜂等进行科技服务和帮扶，建设林下经济、特色果树、南药、种草养畜等科技创新示范基地；继续稳定和扩大村现有天然橡胶林下种植益智、牛大力和山兰稻规模，帮助引进实用、适用型新品种、新技术，使其能逐步达到标准化、高效化、规模化发展；同时分别提供肥料、农药等农资用于农业生产，提出发展养蜂、五脚山猪、豪猪等养殖新思路，扩大建设益智、砂仁等南药种苗基地规模，丰富脱贫致富等手段。

3. 智力帮扶 针对示范农户种植作物种类，组织帮扶专家小组，建立示范户对接技术服务平台。大力开展有针对性的农业技术培训，发放技术手册和资料，提高村民种植技术水平。重点开展示范户面对面、手把手的技术跟踪指导，逐步提升村民脱贫致富的技能水平，为精准扶贫提供智力支撑和人才保证。

（二）帮扶项目内容

1. 合作共建示范点 引进实用、适用型新品种、新技术，建设林下经济、特色果树、南药、种草养畜等科技创新示范基地；利用当地优质自然资源、特色传统文化及有机农产品发展区域特色文化旅游和乡村休闲旅游；支持发展养蜂、五脚山猪、豪猪等养殖新思路，扩大建设益智、砂仁等南药种苗基地规模，丰富脱贫致富等手段。

2. 开展高素质农民培育 以"科教兴农、人才强农、高素质农民固农"的战略要求为指引，加大"生产经营型、专业技能型、社会服务型"高素质农民培育工作。培养造就一支懂农业、爱农村、爱农民的"三农"工作队伍。

3. 深度挖掘文化内涵 开展丰富多彩的山兰文化节活动。发展庭院经济、本地黎菜和"南药大观园"等特色项目，结合攀爬仙婆岭、啦奥门栈道等旅游资源开发，发展乡村休闲旅游和区域特色文化旅游，拓宽乡村增收渠道，巩固提升脱贫成效。

（三）工作步骤

1. 明确任务 在我院服务"三农"工作领导小组领导下，为加强我院定点扶贫工作，成立拥处村精准扶贫专家工作组，由品资所牵头。组长：王家保；副组长：苏尚义；成员：王清隆（南药）、谢振宇（水稻）、徐铁山（畜牧）、安锋（橡胶）、高景林（养蜂）、覃伟权（槟榔）、方纪华（电子商务）。领导小组要整合资源，协调各方力量做好产业扶贫工作。产业扶贫实行责任制，小组组长要把握重点，亲自协调、调度，各有关部门要积极配合，采取切实有效的措施发展扶贫产业，帮助扶贫对象脱贫。

扶贫专家工作组由院产业发展处负责协调，驻村第一书记王凯同志负责在拥处村扶贫的日常工作，跟踪和帮助实施豪猪养殖、木耳种植、山兰稻的高产栽培、橡胶林下益智高效栽培、火龙果栽培等扶贫项目，将专家组开展的扶贫工作信息报送至院产业发展处。

2. 开展帮扶 选派 1 名优秀年轻干部，赴拥处村驻村担任第一书记，带领所驻村庄脱贫致富。全年按计划帮助拥处村，巩固提升脱贫户的计划任务。根据该村的产业情况重点开展南药、山兰稻、橡胶提质增效等种养技术及电子商务操作等培训班，针对示范户开展面对面、手把手的技术指导，科技助力青松乡"南药大观园"建设，帮助完成拥处村乃至青松乡南药良种良苗繁育基地建设，提供肥料、农药等农资支持发展特色产业，促进贫困户精准脱贫。鼓励贫困户之间合作，实行联户经营，鼓励农民合作社、种养大户、龙头企业单位带动贫困户发展产业，帮助实现就业。

四、保障措施

（一）加强领导 精心组织 为全面贯彻落实党的十九大会议精神以及习近平总书记关于脱贫攻坚系列重要讲话精神，切实解决贫困群众面临的各种困难，要坚持扶贫开发与贫困村的经济社会发展相互促进的基本原则，不断探索扶贫帮困新思路、新形式、新办法，确保扶贫帮困工作发挥最大的社会效应。

（二）明确责任 落到实处 牵头责任单位为院品资所，扶贫专家工作组各成员要进一步强化责任意识，建立责任追究制度，逐级落实责任，确保各项任务落到实处。

（三）广泛宣传 以点带面 加大扶贫工作中的典型事例宣传力度，确保新技术、新模式起到良好的示范带动作用，实现以点带面、以村带（乡）镇、辐射全区域的示范推广效果，为当地实施脱贫攻坚和乡村振兴战略提供坚强的科技支撑和保障。

【附录4】

中国热带农业科学院
"百名专家百项技术兴百村"行动工作方案

　　为进一步贯彻落实党和国家、农业农村部实施乡村振兴战略和脱贫攻坚工作部署，充分发挥我院的科技和人才优势，推动新农村建设和热带现代农业发展，我院决定在热区全面开展"百名专家百项技术兴百村"行动（以下简称："三百"行动），为我国热区省区农业发展和农民增收提供科技支撑。现制定工作方案如下：

一、指导思想

　　紧密围绕党和国家《乡村振兴战略规划（2018—2022年）》、农业农村部乡村振兴战略和脱贫攻坚等"三农"工作部署，落实我院助推乡村振兴规划和院改革创新发展意见，本着依托专家、项目带动、创新形式和务求实效的原则，"立足海南，面向全国热区"，找准区域农业产业的需求点、关键点和突破点，充分发挥我院现有的技术成果和人才优势，在热区开展"三百"行动，把科技成果送到农民手中，通过以点带面，促进我院科技成果的转化和示范推广，使我院科技工作与热带农业产业发展、热区农民需求更加紧密结合，为热区农业发展和农民增收提供科技支撑。

二、工作目标

　　通过实施"三百"行动，在热区九省区示范村（点），开展持续、有效的科技入村服务、示范和帮扶行动，到2022年，实现百名专家联系或进驻百个村庄，推广百项新品种、新技术与新模式，带动广大新型生产经营主体参与打造地方特色高效农业，最终打造百个院科技助推乡村振兴联系点，使我院科技成果得到充分展示、科技助推热区乡村振兴的位置和作用得到充分彰显。

三、组织领导

　　（1）成立院"三百"行动领导小组，负责工作方案的制定、组织实施、评估调整和监督检查，协调院机关部门、院属单位与热区省（区）相关管理部门的对接，确保"三百"行动的持续开展并取得实效。

　　组　　长：李开绵。

　　副组长：院基地管理处负责人、科技处负责人。

　　成　　员：院基地管理处、科技处、人事处、研究生处、机关党委有关负责人及各院属单位分管领导。

（2）"三百"行动领导小组办公室设在院基地管理处，具体负责按照"三百"行动工作方案要求做好年度计划、组织、协调、总结、分析、反馈等工作，开展科技助推乡村振兴项目库、专家库、成果库、示范库遴选及推荐等工作，保证"三百"行动工作的有效开展。

四、重点任务

（一）策划热区9省（自治区）重点支持农业产业项目

结合我院各单位服务"三农"责任区域，在充分调研的基础上，依据热区九省区乡村振兴规划、优势农业产业区域规划以及区域资源禀赋、产业现状、市场空间、环境容量、新型主体带动能力和产业覆盖面等综合因素，以提升区域农业产业科技内涵为目标，以市场前景好、潜力优、对地方农民增收贡献大的优势特色高效产业为重点，依据国家、部委、地方政府的政策，联合各方资源，策划一批"乡村振兴、脱贫攻坚"农业科技项目，建立我院"科技助推乡村振兴项目库"，多途径立项申报，通过项目有计划、有目标、有重点地开展"三百"行动。

牵头部门：院基地管理处、科技处。

责任单位：院属各单位。

（二）建立百名科技助推乡村振兴专家团队

结合我院各单位研究方向及热区地方产业需求，集中全院科技人才优势资源，遴选我院热带经济作物、南繁种业、热带粮食作物、热带冬季瓜菜、热带饲料作物与畜牧和热带海洋生物等六大创新领域和17个一级学科的专家，建立我院"科技助推乡村振兴专家库"，并优先从专家库中推荐100名参加和任职热区各省区地方科技特派员、科技挂职干部、支持"三区"科技人员、扶贫专家服务团等，开展持续、有效的"一对一"热带农业科技入户服务、示范和帮扶行动。

牵头部门：院基地管理处、人事处、科技处。

责任单位：院属各单位。

（三）推介百个科技助推乡村振兴品种、技术与模式

围绕热区9省（自治区）特色优势产业发展需求，征集遴选一批我院自主培育推广的优质高效作（动）物品种，研发应用的节本增效、优质安全、绿色环保热带农业技术与模式，建立我院"科技助推乡村振兴成果库"，并优先从成果库中推荐100个（项）品种（技术、模式），采取编写、制作、出版技术图书、科普读物、音像制品、技术标准和技术信息资料等形式，利用农业展会、对接会、发布会、推介会、网站、微信公众号等平台推介，并争取进入省

部推广目录，扩大品种覆盖率和技术普及率，加快促进区域热作产业升级跨越，扩大我院热区的科技影响力。

牵头部门： 院基地管理处、科技处。

责任单位： 院属各单位。

（四）打造百个科技助推乡村振兴示范村（点）

结合我院各单位服务三农责任区域，遴选与我院创新领域相关特色、高效、优势、绿色产业的村庄（农场），建立我院"科技助推乡村振兴示范库"，并优先从示范库中推荐 100 个"科技助推乡村振兴示范村（点）"，通过与地方共建一批"一乡一业""一村一品"产业集成示范基地（园区），科技精准帮扶若干个可复制、可推广的扶贫点，建设科技小院、乡村课堂、科技服务站、党建服务站等平台载体，广泛开展科技示范、科技扶贫、技术培训、技术指导、技术咨询，带动广大新型生产经营主体参与打造地方特色高效农业，助力热区乡村振兴。

牵头部门： 院基地管理处、科技处、研究生处、机关党委。

责任单位： 院属各单位。

（五）宣传表彰"三百"行动典型与经验

及时总结凝练"三百"行动中的优秀典型和好做法、好模式，挖掘"亮点"基地和突出人物，对先进集体及先进个人予以推荐表彰。大力宣传报道"三百"行动工作典型与经验，实时跟踪报道新品种、新技术、新模式，通过地方政府、新闻媒体、网络微信等，不断激发科技人员服务"三农"的热情和潜力，打造热科院的形象和品牌，把热科院的"声音"传出去、传上去，积极扛起国家促进热带农业科技成果转化应用的"排头兵"的责任与担当。

牵头部门： 院基地管理处、人事处、机关党委。

责任单位： 院属各单位。

五、保障措施

（一）**组织保障** 在院"三百"行动领导小组的指导下，院基地管理处协同院机关有关职能部门做好"三百"行动日常管理工作，院属单位结合各自服务"三农"区域，主动作为，与地方建立良好对接渠道并组织落实，形成"工作有人统筹，业务有人管理，任务有人执行"的良好工作组织保障。

（二）**经费保障** 院属单位作为"三百"行动的执行责任主体，根据工作方案，要结合本单位创新团队和科研项目的实施，开展"三百"行动，并加强所地、所企合作，协同创新、协作推广，争取扶贫专项、基地人才专项、基本科研业务费专项和企业投资等多渠道资金支持"三百"行动的持续开展。

（三）**制度保障**　院基地管理处作为牵头管理部门，按照"三百"行动的工作目标和重点任务，与相关职能部门共同做好年度工作计划制定、组织实施、考核评价，并将各单位开展"三百"行动的工作成效与年终考核、专家推荐、先进表彰挂钩，以充分调动科技人员工作积极性，确保"三百"行动的顺利开展并取得预期效果。

【附录5】

中国热带农业科学院
科技助推热区乡村振兴行动实施方案

为深入贯彻党的十九大精神，落实《中共中央、国务院关于实施乡村振兴战略的意见》《乡村振兴战略规划（2018—2022年）》和农业农村部《乡村振兴科技支撑行动实施方案》（农办科〔2018〕22号）有关部署要求，结合我院实际，特制定本实施方案。

一、实施原则

（一）**规划引领，统筹部署**　坚持规划引领，依据国家和农业农村部关于实施乡村振兴战略的有关部署要求，在院的统一领导部署下，加快形成一批引领和支撑乡村振兴的关键技术和典型模式，为乡村振兴战略提供技术支撑、前沿引领和典型样板，通过示范引领，以点带面，推动热带农业科技创新能力和水平整体跃升。

（二）**目标聚焦，突出重点**　按照乡村振兴战略的总要求，以科技支撑为核心，以实施"百名专家百项技术兴百村"为重点，主动对接中国热区各省区，立足热区产业发展实际和农民现实需求，加强农业农村重大共性关键技术的研究、熟化和推广应用，提供适用于不同区域、不同主体的技术解决方案。

（三）**院所联动，担当作为**　我院科技助推热区实施乡村振兴战略各项工作，在院的统一领导部署下，各院属单位为执行责任主体，研究制定具体工作实施计划方案，上下联动抓督导落实。形成院所"一盘棋"全力攻坚良好局面，高起点、有实效、促长效，全面推动我院科技助推热区乡村振兴各项工作的有序开展。

（四）**多方协同，合力推进**　紧密联系地方政府，发挥中国热带作物学会、热区石漠化山地绿色高效农业科技创新联盟、全国热带农业科技协作网等平台作用，引导院属单位与农业技术推广机构、农民合作组织、涉农企业等紧密衔接，整合资源，优势互补，形成横向联动、纵向贯通、多方协同的工作新格局。

二、工作目标

强化热带农业科研国家队的使命担当，强化科技支撑引领，以项目为载体，"立足海南、广东，面向全国热区"，找准区域农业产业的需求点、关键点和突破点，充分发挥我院现有的技术成果和人才优势，聚力"一个行动"，推进"八个计划",加强"一个体系",力争通过四年(2019—2022年)努力,使我院科技支撑引领产业发展的现代化水平显著提高,全面支撑热区产业兴旺、生态宜居、生活富裕和农业农村现代化。

三、组织领导

成立中国热带农业科学院科技助推热区乡村振兴行动领导小组,统筹、协调和指导全院科技助推中国热区乡村振兴工作。

组 长:王庆煌、李尚兰。

副组长:李开绵、张以山、谢江辉。

成 员:院属各单位主要领导及院办公室、财务处、科技处、人事处、计划基建处、研究生处、开发处、基地管理处、机关党委等部门负责人。

领导小组下设乡村振兴服务办公室,具体负责日常组织和协调工作,组织制定实施方案并督促检查任务完成情况,组织开展评估评价等。

各院属单位成立相应工作组,由所长、书记亲自抓,进一步细化本单位工作计划和分工,具体任务要落实到各研究室、平台等,责任到人。

四、重点任务

(一)全面实施"百名专家百项技术兴百村"行动

统筹全院科技、人才资源,策划召开科技助推乡村振兴和扶贫攻坚专题会议,以"百名专家百项技术兴百村"行动为中心,组织百名专家联系或进驻百个村庄,推广百项新品种、新技术与新模式,带动广大新型生产经营主体参与打造地方特色高效农业,最终打造百个院科技引领乡村振兴示范点,争取在海南白沙县、广西扶绥县、云南耿马县等联合创建农业农村部"乡村振兴科技引领示范村镇",为实施乡村振兴提供强有力的科技支撑和引领,使我院科技成果得到充分展示、科技创新支撑作用得到充分彰显。

实施计划:到2022年,选派100名科技专家,重点推广百项新品种、新技术与新模式100个,在热区9省(自治区)建立院科技引领乡村振兴和扶贫示范点100个。

牵头部门:院乡村振兴服务办公室。

责任单位:院属各单位。

(二)全力推进"八个计划"助力热区乡村振兴

1. 热带现代农业技术集成创新计划

实施重点:推进热带现代农业技术集成创新,强化热区乡村振兴科技引领。围绕热区9省(自治区)农业产业发展需求,集成创新热带现代农业发展必要的综合技术模式,加快促进热作产业升级跨越。集成创新大宗热带作物增

产增效技术，保障大宗热带农产品有效供给；集成创新热带特色经济作物增产增效技术，促进热带特色农产品提质增效；集成创新设施作物提质增效标准化技术，推动热区设施农业发展；集成创新热区耕地改良和地力提升技术，推动热带农业可持续发展；集成创新节水节肥减药技术，推进热带农业绿色发展；集成创新废弃物资源化利用技术，推动资源高效利用；集成创新热带水果、天然橡胶、香辛饮料、热带油料等热带农产品加工增值技术，改善产品品质、提高产业效益。集成创新农机农艺结合技术，提高热作农机化水平；集成创新热带农业信息技术，提高农业信息化水平；集成创新热区稻田绿色增效技术模式、石漠化地区综合治理技术模式、山区草畜一体化模式、林下经济模式等农业综合模式，支撑热区典型生态区可持续发展。

实施计划： 到 2022 年，集成创新科技成果 100 项以上，科技成果有效供给基本满足热区农业农村现代化发展的需求，科技对现代热带农业产业发展的支撑引领作用得到有效体现。

牵头部门： 院科技处。

责任单位： 院属各单位。

2. 成熟技术成果转移转化计划

实施重点： 大力推进成熟技术成果转化运用，依托国家重要热带作物工程技术研究中心、院热带农业技术转移中心及院属各单位技术成果转移平台，优选转移一批特色鲜明、品质优良、市场欢迎的热带作物品种、脱毒健康种苗等新品种和良种繁育、高效安全栽培、产品精深加工、农业资源综合利用、农业生态环境、农产品质量安全、农业机械化、农业信息化等新技术；联合企业开发一批功能性食品、绿色专用农药、高效专用肥、健康饲料等新产品和特种天然橡胶、橡胶炭化木、新型可降解材料等新材料，以及电动胶刀等热带作物田间管理、收获、加工、检验检测等机械化、自动化、信息化、智能化装备新装备，打造一些叫得响、过得硬、有影响力的特色热带农业品牌，提高热带农业竞争力。

实施计划： 到 2022 年，转移转化科技成果 40 项以上；推出特色优质高值新品种 20 个以上；联合开发新材料及绿色农药、专用肥料、健康饲料、农机装备等热带农业绿色投入品 40 种以上。

牵头部门： 院开发处（基地管理处）。

责任单位： 院属各单位。

3. 热带现代农业技术推广服务计划

实施重点： 构建符合热区特点的农业推广服务体系，在院试验场，结合建设海南儋州国家农业科技园区、现代农业产业园，打造"有干头、有看头、有说头"科技助推乡村振兴样板田，形成海南农业新技术新模式集成示范推广核心区、热区热带现代农业发展引领示范区，加快推动新技术成果推广应用；与热区九省区共建一批具有示范和带动作用的区域乡村振兴战略研究院（中心），打造成为区域经济发展与产业升级的助推器，加速新技术新模式集成示范推广，增强服务地方乡村振兴实力和能力；发挥"科技110服务站"和科技活动月等载体作用，大力推介发布院新技术新模式，支撑热带农业产业提质增效和热区农民持续增收。

实施计划：到2022年，设立具有示范和带动作用的乡村振兴战略研究院（中心）6个以上；推广应用新技术、新模式60套以上。

牵头部门：院计划基建处、开发处（基地管理处）。

责任单位：院属各单位。

4. 热带特色高效示范基地建设计划

实施重点：围绕热区9省（自治区）科技需求，结合国家热带现代农业基地建设，在热区建设一批热带特色高效示范基地。其中，在海南重点建设好乡村振兴试验田—海南儋州热带农业科技博览园，打造天然橡胶节本增效、橡胶林下经济、冬季瓜菜、热带水果、特色热带水稻、热带花卉、南药、热带畜禽等产业技术集成示范基地；在海南文昌，打造椰子、椰枣、槟榔、油棕规模种植、立体生产、产品加工技术集成示范基地；在海南万宁，打造一二三产融合发展示范基地；在海南海口，打造高效安全栽培、农业资源综合利用、农业生态环境、农产品质量安全、农业信息化等技术集成示范基地；在广西建设甘蔗、木薯等高效栽培示范基地；在云南打造澳洲坚果、咖啡高效栽培示范基地；在广东打造生态农业、都市农业示范基地；在贵州打造石漠化综合治理、中晚熟芒果优质栽培、草畜一体化循环农业示范基地，在"攀枝花"模式的基础上，凝练总结科技扶贫的"兴义模式"等，服务地方实施乡村振兴战略。

实施计划：到2022年，结合服务三农责任区域，高标准建设好50个院内精品试验示范基地，"双挂牌"共建好50个院外品牌集成示范基地。

牵头部门：院科技处、开发处（基地管理处）。

责任单位：院属各单位。

5. 热区科技精准扶贫示范计划

实施重点：围绕热区坚决打赢脱贫攻坚战的总要求，针对贵州石漠化地区的兴义，广东的湛江、河源，海南的中西部市县及文昌、万宁，"三区三州"中的云南怒江州以及西藏林芝等深度贫困地区，重点帮扶若干定点扶贫点、科技帮扶点。以挂职干部、专家服务团队为桥梁纽带，通过科技帮扶，突破一批关键技术、扶持建立一批特色主导产业、集成一批绿色高效技术模式、建设一批成果转化推广基地、培养一批脱贫致富带头人，提升贫困地区自我发展的内生动能，打造一批"有干头、有看头、有说头"科技精准扶贫样板田，总结推

广接地气、效果好、易复制的"攀枝花模式"等成功模式，促进贫困地区农业农村经济发展，助力地方打赢脱贫攻坚战。

实施计划： 到 2022 年，打造 8～10 个科技扶贫亮点村（点），重点打造 4～5 个科技扶贫新模式。

牵头部门： 院开发处（基地管理处）、人事处。

责任单位： 院属各单位。

6. 热区农业农村人才队伍培养计划

实施重点： 加强与高等农业院校合作，扩大联合培养应用型专业研究生规模，重点培育一批"一懂两爱"的"三农"科技工作队伍，提升青年科技人才扎根基层一线、奉献乡村振兴的服务意识。积极推动实施以专业大户、家庭农场经营者、农民合作社带头人、农业龙头企业负责人和农业社会化服务组织负责人等为培训对象的农业经营主体带头人轮训计划；以中等教育及以上学历的返乡下乡创业青年以及农村务农青年为培训对象的现代青年农场主培养计划；以产业发展带头人、大学生村官等为主要培训对象的农村实用人才带头人培训计划；以村党组织成员、种养大户等为培训对象的农业产业精准扶贫带头人培训计划，培养壮大一批懂技术、善经营、会管理、扎住根的新型生产经营主体，为乡村振兴提供智力支持和人才支撑。

实施计划： 到 2022 年，在热带作物学、植物保护、园艺、农产品加工等专业领域培养应用型专业研究生 400 名以上；帮助热区培养 2 万名以上贫困村创业致富带头人、新型职业农民等新型生产经营主体。

牵头部门： 院研究生处。

责任单位： 院属各单位。

7. 集聚社团组织共同参与实施计划

实施重点： 发挥中国热带作物学会、海南蜂学会、海南博士学会等社团组织作用，建立海南、广西、云南等热带作物学会服务站，为地方、企业提供科技咨询、技术转化或人员培训等服务，有针对性地开展天然橡胶、热带香辛饮料、热带水果等领域的实用技术培训，组织专家为农户提供现场科技咨询活动，组织开展农业农村科普展览等。

实施计划： 到 2022 年，建立热带作物学会服务站 5 个，组织开展农业农村科普展览活动 20 次以上。

牵头部门： 院研究生处。

责任单位： 生物所、环植所及其他院属各单位。

8. 科技引领乡村振兴典型塑造计划

加大宣传和组织党员干部学习习近平总书记关于"三农"工作论述、扶贫论述等重要讲话精神，以及党的乡村振兴战略和脱贫攻坚战政策；通过党建引领、挂职第一书记为纽带，联合建立乡村振兴党建工作站，助力提升新时代党领导农村工作的水平；组织开展科技引领乡村振兴和扶贫攻坚典型塑造，应用多方式宣传若干个典型示范点和个人，引导广大科技人员自觉投身于服务乡村振兴热潮，促进各项工作有效推进。

实施计划： 到2022年，打造5个乡村振兴党建工作站，重点宣传10～15个典型示范点和个人。

牵头部门： 院机关党委。

责任单位： 院属各单位。

（三）加强院所科技支撑乡村振兴体系构建

规划设计院科技助推热区乡村振兴体系方案，建立健全服务热区"三农"网络系统，促进院服务"三农"工作有效推进；打造乡村振兴科技咨询服务平台，研究形成一批研究成果，为热区提供实施乡村振兴战略政策制度建议、规划及咨询服务；构建热带农产品产业监测预警体系和热带农产品安全风险评估体系，为热区农户热带农产品生产贸易、政府决策提供技术支撑；加强对院属单位业务的服务和管理，建立健全科技助推热区乡村振兴评估指标，建立分类评价指标体系，完善服务"三农"长效机制；改进科技服务人才职称评价体系，建立在基层服务"三农"和扶贫工作经历的绿色通道。

实施计划： 到2022年，研究形成一批政策制度建议以及农业产业发展规划等战略研究成果，为热区实施乡村振兴战略提供智力支撑。

牵头部门： 院乡村振兴服务办公室。

责任单位： 信息所及其他院属各单位。

五、组织保障

（一）加强组织领导 在院科技助推热区乡村振兴战略行动领导小组的指导下，院乡村振兴服务办公室协同院机关有关职能部门做好科技助推热区乡村振兴战略行动日常管理工作，院属单位结合各自责任区域，主动作为，与地方建立良好对接渠道并组织落实，形成"工作有人统筹，业务有人管理，任务有人执行"的良好工作组织保障。

（二）争取政策扶持 院乡村振兴服务办公室积极对接和争取上级主管部门和地方政府支持我院科技助推热区乡村振兴行动计划项目实施和示范区（点）建设，积极溶入地方政策支持范畴，争取各类财政资金及政策支持；加强合作和协同创新，支持地方农业产业结构调整和升级。

（三）加强协调协同 围绕行动计划目标任务和实施重点，院乡村振兴服务办公室积极协调，强化协同，统筹院各部门、各单位力量，优化资源配置，优先向产业升级关键技术、特色产业扶贫实用技术研发倾斜，引导各类资源向

乡村振兴科技支撑行动的重点领域和重点研究方向集聚。

（四）加强考核评价 根据职责定位和主体责任，明确责任目标，将相关工作纳入与单位、个人年度绩效考核内容，进一步制定和完善目标考核和追责机制，强化责任落实检查督导，确保我院科技助推热区乡村振兴工作出实招、务实策、办实事、见实效。

【附录6】

中国热带农业科学院
科技服务"三农"工作指导意见

"三农"问题是我国现代化建设的根本问题，中共中央提出到 2020 年我国要全面建成小康社会，最艰巨最繁重的任务在农村。热区是国家实施扶贫开发规划的重要攻坚区域，在国家 11 个连片特困地区 505 个特困县中有 136 个特困县在热区，贫困人口占全国贫困人口 1/4，热区"三农"工作形势严峻，依靠科技发展现代农业促进农民脱贫致富任重道远。我院作为带动热带农业科技创新的"火车头"、促进热带农业科技成果转化应用的"排头兵"和培养优秀热带农业科技人才的"孵化器"，支撑热区发展现代热带农业和脱贫攻坚肩负着义不容辞的义务和责任，为进一步做好新形势下我院科技服务"三农"工作，特提出本指导意见。

一、指导思想

深入贯彻党的十八大、十八届三中、四中、五中全会和 2016 年中央一号文件精神，认真落实创新驱动发展战略，坚持以产业需求和市场需求为导向，以促进热区农民增收、农业增效和农村繁荣为目标，按照"创新强农、协调惠农、绿色兴农、开放助农、共享富农"的发展理念，通过广泛深入开展院（所）地合作和院（所）企合作，加强协同创新和协作推广，充分发挥我院作为热带农业科技国家队的作用，切实为我国现代热带农业的发展和热区农民增收脱贫提供坚强的科技支撑。

二、工作原则

（一）坚持公益性服务与有偿服务相结合的原则 一方面，认真完成好国家有关部门及地方政府安排的科技救灾减灾和扶贫救济等工作，履行好本单位的公益职责与使命；另一方面，加强院（所）地合作、院（所）企合作，按照政府购买服务和技术有偿转让服务等方式，实现合作共赢。

（二）坚持项目带动与成果转化相结合的原则 科技服务"三农"是农业科研和成果转化中重要的环节，要积极争取技术示范、成果转化类项目立项，强化项目设计的科学性和预算合理性，推动科技服务"三农"工作。同时，要通过科技服务，带动我院科技成果物化转化，保障科技服务"三农"持续开展。

（三）坚持统筹安排和具体服务相结合的原则 院基地处是科技服务"三农"工作的牵头职能部门，负责全院性大型科技服务活动的统筹、组织和协

调，各所（中心、站）作为执行责任主体，除了做好责任省区内常规科技服务工作外，要集中力量重点做好每年由院统一部署的大型科技服务活动和重点任务，进一步扩大院所影响力。

三、组织机构

成立院所两级科技服务"三农"领导小组，负责院所科技服务"三农"工作的组织和协调。院科技服务"三农"领导小组组长由分管院领导担任，副组长由院基地管理处处长和院开发处处长担任，成员由院办公室主任、科技处处长和各所（中心、站）业务分管领导组成，办公室设在院基地管理处；所科技服务"三农"领导小组组长由业务分管领导担任，并指定所内相关职能部门专门具体负责本单位科技服务"三农"工作的组织和协调，同时要根据本单位的研究领域和重点组建科技服务"三农"专家团队。

四、主要任务

（一）加强热区院（所）地合作，助力热区农业产业转型升级　坚持以产业需求为导向，以全国热带农业科技协作网为平台，广泛深入开展热区院（所）地合作，加强热区科技协同创新，着力解决热带农业产业关键技术和问题。通过建设高科技农业示范园区和现代农业示范基地，加强技术集成和示范推广，不断培育新兴产业，推动热区农业生产方式和产业结构调整，促进热区产业转型升级。围绕热区产业精准扶贫，深入开展产业调研，提出发展特色产业合理化建议，帮助地方发展特色产业，为热区产业扶贫提供科技支撑。

（二）加强热区院（所）企合作，加快热区农业科技成果转化　坚持以市场需求为导向，加强院（所）企合作，发挥我院科技平台优势，为企业提供开发优质热带农产品、农产品标准化生产和品牌建设等服务，为加快培育特色农产品知名品牌提供强有力的科技支撑。加强机制创新，着力营造"产学研用"相结合的技术创新氛围，鼓励和引导广大科技人员与产业部门、企业及各类农业经营主体进行科技需求对接，多层次、多渠道建立互利共赢合作关系，加快推动热区科技成果的转移与扩散，提高热带农业科技成果转化率，不断增强院所综合实力和影响力。

（三）推动热区农业品牌建设　农业品牌建设可以带动农业产业升级，提高农产品附加值和市场竞争力，增加农民收入，也是现代农业的重要标志之一。要充分发挥我院科技、人才和平台优势，通过基地建设、品种改良和技术推广，促进农业区域品牌建设。积极参与地方标准特别是生产技术规程的制定，加强标准宣贯培训，普及无公害农业生产技术。发挥我院现有的农业农村部质检机构作用，为热区农产品质量安全检验检测服务，为地方"三品一标"

认证提供技术支撑。

（四）广泛开展科技培训和科技下乡活动 以提高农民素质、促进农民增收为目标，开展以新型职业农民培育为主的各种科技培训服务，不断提高热区农民科技素质和职业技能，促进农村劳动力就业和创业空间拓展。根据热区"三农"实际需求，创造性地开展科技下乡服务活动，不断探索和创新科技服务"三农"新模式。

五、保障措施

（一）组织保障 在院科技服务"三农"领导小组的指导下，院基地管理处负责全院科技服务活动日常管理工作，各所（中心、站）根据上级部门工作安排和院重点工作，结合各自责任省区需求、科研项目实施及成果转化情况，制定具体的工作方案，并组织专家和技术队伍具体实施，形成"工作有人统筹，业务有人管理，任务有人执行"的良好工作局面。

（二）经费保障 各所（中心、站）作为科技服务"三农"工作的执行责任主体，要结合本单位科科研项目的实施带动服务"三农"工作。要通过所地、所企合作，加强协同创新和协作推广，争取多渠道资金支持科技服务工作有效开展。

（三）制度保障 院基地管理处作为院科技服务"三农"牵头责任部门，要围绕院的总体工作目标和重点任务制定院相关奖惩制度和考核办法，各所（中心、站）作为执行责任主体，要建立健全单位科技服务"三农"相关制度，建立科技服务"三农"专家库，充分调动科技人员工作积极性。

六、工作要求

（一）大力宣传引导 利用电视、报纸、网络、微信等媒体，大力宣传报道我院科技服务"三农"工作典型与经验。"亮点"事迹和突出人物要通过国家级报刊、网络、电视等媒体作重点宣传，对新技术、新成果要实时跟踪报道，积极营造良好的服务"三农"工作氛围，不断激发我院科技人员服务"三农"的热情和潜力，引导广大科技人员自觉投身到服务"三农"热潮。

（二）严格信息报送制度 各院属单位要及时报送科技服务"三农"相关信息到职能部门，年度工作总结和下年度工作计划于当年 12 月 20 日前报送；季度工作材料于下季度首月 5 日前报送；专项或大型科技服务"三农"工作信息按要求实行"一事一报"制度。

【附录7】

中国热带农业科学院
关于实施科技支撑我国热区农业特色产业
促进贫困地区精准脱贫的工作意见

我国热区大部分布在边境贫困地区和少数民族聚居区，经济基础较薄弱，是国家"十三五"期间精准扶贫攻坚的重要区域之一。热作产业是我国热区特色农业的重要组成部分，是热区经济中的重要的基础产业和热区农民增收的主要渠道，发展热作产业对热区贫困农民脱贫意义重大。我院作为热带农业科技的国家队，为发展我国热区特色农业产业、促进贫困地区精准脱贫提供科技支撑具有义不容辞的责任和义务。为深入贯彻落实中央脱贫攻坚战略决策和农业部等九部门《关于印发贫困地区发展特色产业促进精准脱贫指导意见的通知》（农计发〔2016〕59号）精神，根据我院实际，特制定本工作意见。

一、工作原则

（一）**坚持市场导向、科技支撑的原则** 围绕贫困地区经济和产业特点，以市场为导向，以科技为支撑，一方面要重视贫困地区农业新技术和新品种的引进、消化与吸收，同时也注重当地优良品种的保护和更新，加强科技创新，提升产业科技内涵，重点发展市场前景好、潜力优、对贫困农民增收贡献大的优势产业和特色产业，走可持续发展道路。

（二）**坚持产业精准和帮扶精准相结合的原则** 围绕热区贫困县（市）、乡镇进行产业调研，开展热作新品种引进试种等科研试验，培育特色产业，因地制宜，提出产业发展规划和建议。加强院地（企）合作，积极争取地方各类扶贫项目，重点针对建档立卡的贫困户，找准项目实施与贫困户受益的结合点，以项目带动贫困地区产业扶贫工作。

（三）**坚持统筹安排和具体服务相结合的原则**

产业扶贫工作在院的统一领导下，由各所（中心、站）具体工作分工落实。院服务"三农"领导小组负责过程领导，院基地管理处负责牵头组织协调，各所（中心、站）为责任主体，负责制定具体工作方案和实施。

二、工作目标

"十三五"期间，通过科技和人才支撑热区农业产业，促进贫困地区精准脱贫。帮助热区贫困县建设一批贫困人口参与度高、对贫困户脱贫带动能力强的热带农业生产示范基地，初步构建特色农业产业体系；贫困乡镇和贫困村产业特色突出，逐步打造"一乡（多乡）一业"、"一村（多村）一品"的产业格局；加强科技培训，不断提高贫困户科技素养和劳动技能，每户掌握1～2项实用农业技术，自我发展能力不断增强。

三、重点帮扶区域及主要工作内容

（一）重点帮扶区域

产业扶贫工作，在院的统一领导下，重点围绕海南省"一市一县两村"（儋州市、临高县、拥处村和良坡村）和地处热区的国家连片特困山区（如滇桂黔石漠化区、滇西边境山区等）开展产业帮扶，明确责任单位、帮扶区域和帮扶内容。

（二）主要工作内容

1. 深入开展产业调研，提出特色产业发展规划与建议 依据当地资源禀赋、产业现状、市场空间、环境容量、新型主体带动能力和产业覆盖面等综合因素，建议并帮助贫困市（县）科学规划产业，优化产业布局，帮助贫困乡镇、村找准特色支柱产业，逐步打造"一乡（多乡）一业"、"一村（多村）一品"的特色产业格局。

2. 以产业需求为导向，加强技术研发，服务脱贫攻坚 发挥我院科技资源优势，深入开展院地（企）合作，进一步加强热区科技协同创新和协作推广。加强特色产业技术研发，着力解决产业关键技术问题，建设现代农业示范基地，加快热带农业技术集成与应用推广，推动农业产业结构调整和产业转型升级。鼓励广大科技人员积极投身科技成果转化和科技服务活动，加快新品种、新技术的应用推广，促进当地农业提质增效，帮助贫困农民增收脱贫。

3. 开展科技培训，为特色产业培养人才 开展各种农技培训服务，提高贫困农民劳动技能，不断增强自我发展能力。同时，围绕贫困地区特色产业发展，加大高素质农民培育力度，将传统、单一的农民实用技术培训逐步拓展到"生产经营型、专业技能型、社会服务型"的高素质农民培育，加强农村实用人才带头人培养。

4. 选派优秀科技人员到贫困地区挂职 发挥我院科技人才优势，通过与地方建立科技协作战略关系，根据地方产业人才需求和我院干部培养规划，定期选派德才兼备、有培养前途和发展潜力的中青年科技人员到贫困地区担任科技副职、到定点扶贫村任"第一书记"，为科技支撑地方特色产业提供纽带和桥梁作用。

四、保障措施

（一）**加强组织领导** 院服务"三农"工作小组负责统一领导，院基地管理处牵头，各部门相互配合，形成合力。院属单位承担主体责任，负责制定具体实施方案和实施，切实推进产业帮扶目标如期实现。

（二）**加强沟通联动** 产业精准扶贫工作必须紧扣地方政府精准扶贫规划，并考虑与其他相关工作有机衔接，加强同热区地方政府、相关社会组织沟通与合作，实现帮扶资源有效整合，有效推动产业精准扶贫。

（三）**加强检查和督导** 建立健全工作考评机制，加强院产业精准扶贫工作的检查和督导。

参 考 文 献

李玉清，陈巍等，2019. 南京农业大学农村科技服务发展报告［M］.

郭学雨，2016. "三区"科技扶贫推广模式的探索与实践［D］. 西北农林科技大学.

殷悦，2017. 马克思主义反贫困理论视阈下精准扶贫战略实践思考［D］. 青岛理工大学.

詹万里，2019. 西藏地区科技扶贫实践与挑战［D］. 河南大学.

李秉钊，2020. 习近平新时代精准扶贫重要论述研究［D］. 东北石油大学.

钟凯，2020. "后扶贫时代"深贫地区贫困治理的理论思考［J］. 农村经济（11）.

娄可伟，陈宏，2020. 产业扶贫发展模式的实践与思考［J］. 现代金融导刊（2）.

马飞，2021. 城市电视台服务精准扶贫的实践与思考——以海口广播电视台为例［J］. 科
　　技传播（4）.

胡祎，2020. 巩固脱贫攻坚成果衔接乡村振兴战略——《中国农村经济》《中国农村观察》
　　第四届"三农论坛"征文研讨会综述［J］. 中国农村经济（12）.

彭富国，彭泽洲，2020. 湖南省科技精准扶贫的实践探索与前瞻思考［J］. 长沙理工大学
　　学报（6）［J］.

郝庆红，翟玉建等，2020. 精准扶贫工作的实践与思考［J］. 河北农业大学学报（社会科
　　学版）（4）22.

汪恭礼，2018. 科技创新助推精准扶贫的实践与思考［J］. 当代农村财经（1）.

杨正书，刘亚男等，2021. 辽宁省中药材产业助推扶贫的实践与思考［J］. 辽宁农业科学
　　（1）.

郎亮明，张彤等，2021. 农业科技扶贫的多维效应：增收、扶智与扶志——基于陕西省 821
　　份农户调研数据［J］. 农业技术经济（10）.

武祥伟，赵平等，2021. 农业科技精准扶贫中的工作创新与可持续途径——以云南农业大
　　学扶贫为例［J］. 安徽农业科学（8）49.

李毅，2020. 农业科研院所坚持党建引领促进脱贫攻坚的实践与思考——以安徽省农业科
　　学院为例［J］.（5）39.

朱冬亮，贫穷的本质：基于精准扶贫实践的思考［J］. 人民论坛，2020.

黄淑惠，2020. 实施精准扶贫推进县域发展的实践与思考—基于福州市罗源县的调查启示
　　［J］. 福州党校学报（4）.

刘立芳，2021. 系好防止返贫"安全带"打好乡村振兴"组合拳"——我市扎实做好巩固
　　脱贫攻坚成果同乡村振兴有效衔接［N］. 石家庄日报（8-13）.

吴映雪，2021. 项目接续：脱贫攻坚与乡村振兴有效衔接的路径［J］. 重庆行政（4）.

马彦，黄锐，2021. 以科技为原动力的扶贫模式探索与实践—以甘肃省农业科学院为例
　　［J］. 农业科技管理（6）40.

张峭，徐磊，2007. 中国科技扶贫模式研究［J］. 中国软科学（2）.

黄祖辉，钱泽森，2021. 做好巩固拓展脱贫攻坚成果同乡村振兴有效衔接［J］. 南京农业

大学学报（社会科学版）（6）21.

汪志军，高秀云等，2021. 农科教融合高质量发展 [J]. 农民科技培训（4）.

中华人民共和国人民政府，2021. 人类减贫的中国实践白皮书 [DB/OL].

刘玲，2019. 精准脱贫攻坚战略下高校图书馆文化扶贫探析 [J]. 甘肃科技 35（24）.

刘艳，2019. 创建农技推广新模式助推产业扶贫见成效 [J]. 世界热带农业信息 507
（09）.

李云伏，2020. 发挥教科研优势助力脱贫攻坚 [J]. 北京观察 361（11）.

胡萍，周小兰，2019. 科技助力脱贫攻坚科研助推生态保护——西藏农牧学院采访纪实
[J]. 西藏教育 000（006）.

郭同军，2019. 发挥优势为脱贫攻坚提供技术支撑 [J]. 农业科研经济管理 102（01）.

张爱莉，2019. 如何让博士后人才更好服务脱贫攻坚 [J]. 中国人才 000（001）.

洪向华，2016. 打赢脱贫攻坚战要从六个方面同向发力 [J]. 理论学习 391（04）.

陈诗琦，蔡佳琪，王文颖等，2020. "三下乡"社会实践活动中普及种植知识对脱贫攻坚作
用的研究 [J]. 锋绘 000（001）.

丁书仙，刘利玲，方艳玲等，2019. 农业科研院所基层党组织助力脱贫攻坚的实践与探
索——以中国热带农业科学院热带作物品种资源研究所为例 [J]. 中国科技纵横 000
（014）.

张溯源，张令宏等，2009. 论文写在大地上，成果惠及千万家——中国热带农业科学院科
技推广与服务"三农"工作 55 年总结 [J]. 热带农业科学 11（29）.

李雪云，杨军虎等，2021. 打赢打好脱贫攻坚战 开启乡村振兴新征程——脱贫攻坚"平
凉答卷"综述 [N]. 平凉日报 4-27（003）.

陈锡文，罗丹等，2018. 中国农村改革 40 年 [M]. 北京：人民出版社.

王庆煌，孙好勤，2012. 中国热带农业科技战略研究 [M]. 北京：中国农业出版社.

敖坤，2017. "博士书记"年轻但挺能办事 [N]. 南国都市报 10.25.

容朝虹，2020. 科技扶贫到田头农民致富有奔头 [N]. 南国都市报 1.8.

傅人意，2019. 中国热科院"蚕博士"入村记 [N]. 海南日报 11.22.